KB265325

신편 가야사

윤 석 효 지음

혜안

금동관
부산 복천동 10·11호분 주곽, 부산대학교박물관 소장

금동관
고령 지산동 32호분, 계명대학교박물관 소장

금동관
대구 비산동 37호분

금관 전 고령 출토, 호암미술관 소장

금귀걸이
합천 옥전, 경성대학교박물관 소장

⇒
여러가지 구슬
대구 경북지역

곱은옥장식목걸이　창원 삼동동 25호 옹관,　곱은옥장식목걸이　달성 현풍
부산여자대학교박물관 소장

대왕명이 새겨진 뚜껑목단지
출토지 미상, 충남대학교박물관 소장

『신편 가야사』를 내면서

한국고대사에 있어서 가야의 연구는 거의 미진한 상태이다. 한국고대사 연구의 기본사료라고 볼 수 있는『삼국사기』에서도 가야에 관한 사료를 본기(本紀)에 포함시키지 않고 오로지 신라와 관계되어 있는 부분만을 간략하게 기록할 정도로 한 고대국가로서의 면모를 소홀히 다루어 왔다. 특히 가야에 관한 자료를 다루고 있는『일본서기』에서는 심지어 가야를 하나의 자주적인 국가가 아니고 왜에 조공이나 바친 부용적인 집단으로 설정하고 있으며, 또한 임나일본부설의 진원지로 둔갑시켜 가야의 실체를 알 수 없게 만들고 있다. 국내 사료 중에서 가야를 하나의 고대국가 형태로 왕력(王歷)에 넣고 있는 사서로는『삼국유사』뿐이다. 이『삼국유사』중 기이(紀異) 제1에서는 '5가야조'에 대하여, 기이 제2에서는 '가락국(駕洛國)'에 대하여 기록을 하고, 탑상(塔像) 제4에서는 금관성 파사(婆娑)석탑을 다루어 가야 건국 전후 상황 및 불교전수 관계를 보여주고 있다.

따라서 본서에서는『삼국유사』에 기록된 관계 사료를 근간으로 하고 나머지 사서 및 그 동안 우리 학계에서 연구된 선학들의 전문적인 연구결과, 그리고 최근 활발히 진행되어 온 가야지역에서의 고고학적 발굴성과를 종합하여 가야사에 관한 이론을 정립해 보고자 하였다.

종래 가야에 관한 연구는 주로 단편적인 분야만을 취급한 것이었고 종합적이고 체계적인 연구가 없었으므로 본서는 가야가 고대의 독립국가로서 발전하였다는 전제하에 가야의 형성에서부터 멸망에 이르기까지 전체의 흐름을 체계있게 구성함으로써 가야사를 복원시키는 데 목적을 두었다.

본서의 내용은 크게 네 부분으로 구성되어 있다.

첫째 부분은 가야 제국(諸國)의 형성 부분으로 가야 성립에 관한 이론적 배경과 가야 역사의 시대구분 및 강역을 가야의 발전 추세와 더불어 새로이 설정하여 보았다.

둘째 부분은 가야의 발전 부분으로 자주국가 형태로서의 독자적인 제도에 역점을 두고 본가야의 정치, 신분, 군사 제도와 이들 제도의 하부구조인 산업의 발전에 관하여 서술하였다. 그리고 문화양상으로서 가야의 여러 사상을 찾아보았고 특히 불교의 유입 시기 및 경로 등에 관한 서술을 통해 가야가 불교와 관련이 많았음을 밝혀보고자 하였다.

세번째 부분은 가야의 왜지(倭地) 진출과 세력확장에 관한 내용으로 본가야가 세력을 확장하여 규슈(九州) 지역에까지 진출하는 역사적인 과정을 기술하고 가야본국과 왜지와의 교역이라는 측면에서 '임나일본부'설을 규명해 보았다.

네번째 부분은 가야의 멸망으로 그 요인을 대내적 요인과 대외적 요인으로 나누어 국제적 요건과의 관계 속에서 파악해 보았다.

본서는 이러한 시각에서 마련되었으나 사료의 부족으로 논지 전개에 비약이 많고 부족한 점도 많으리라 생각한다. 그리고 가야사의 전개과정을 통시대적으로 정리하다 보니 세부적인 문제에 대하여는 간과해 버린 부분도 있었을 것이다.

그러나 가야는 6세기 중엽까지 삼국과 공존하면서 자기의 세력을 유지한 국가로서 그 나름대로의 체제를 가지고 있었다는 근거하에 이 소고가 준비되었다는 점을 이해하여 주기 바란다.

선학 여러분의 폭넓은 가르침과 격려 있으시길 기원하며 본서가 나오기까지 많은 지도 편달하여 주신 박성봉 교수님께 감사드린다.

(『가야사』 머리말에서)

필자는 『가야사』 초판을 1990년 2월 28일에 출판하였다.

가야에 관한 통사가 완벽하게 되어 있는 것이 없기에 지속적인 연구를 통해 여러 부분을 보완하는 것이 내용면에서 실상에 부합되는 것이라고 늘 생각해 왔다.

『가야사』 발행 후 가야지역인 김해 대성동과 양동리, 그리고 봉황대 유적 등에서 새로운 유물이 출토된 바 있는데, 이들 유물이 일본 규슈의 동남쪽 해안을 끼고 있는 사이토바루(西都原)와 북규슈 후쿠오카 남쪽 내륙의 사가 현 요시노가리(吉野里)에서 출토된 유물과 비교되면서 가야사에 관한 새로운 사실(史實)이 밝혀지게 되었다.

또한 필자 스스로 문헌을 중심으로 오랫동안 '아라가야'와 '가야불교', '대가야의 형성과 정치·군사·제도 및 사상' 분야, 임나일본부의 성격과 구체적인 위치 비정 등에 대한 연구 고찰을 해 왔다.

최근에는 부산대학교 지질학과의 윤선, 장두곤 교수가 가야지역의 지질학적 연구를 근거로 '자연환경의 변화'라는 새로운 시각에서 가야 멸망에 관한 새로운 이론을 설득력있게 제시하고 있다.

그리하여 『신편 가야사』에서는 이와 같은 새로운 사실과 이론들을 가야의 형성과 발전, 가야의 왜지 진출과 세력확장, 그리고 멸망 요인 등에 추가하여 게재해 놓았다.

선학 여러분의 폭넓은 가르침과 격려 있으시길 기원하며 많은 조언을 부탁드린다. 본 졸작의 출판에 흔쾌히 응해 주신 도서출판 혜안의 오일주 사장님과 직원들에게 감사드린다.

1997년 3월 22일
우촌관 연구실에서
필자

차 례

Ⅰ. 서 론

1. 연구의 필요성

가야가 국가 성립 이후부터 6세기 중엽까지 신라와 백제 사이에서 그 명맥을 유지할 수 있었던 것은 그 나름대로 독자적인 문화적 저력과 주체적인 역사발전이 있었기 때문이다. 가야의 건국은 백제·신라와 동시대에 이루어졌으며 6세기까지 강력한 국가로서 존립하였고 그들의 배후집단인 가야계 왜세력과 결속하여 신라·백제와 대등한 위치에서 국가를 영위해 왔다.

그럼에도 불구하고 가야 제국(諸國)에 대한 인식이 극히 부족한 것은 다음과 같은 이유 때문이다. 우선 가야사에 대한 일반적인 연구자세가 삼국시대라는 개념의 틀 속에서 가야를 단순히 신라와 백제의 부수적인 존재로 보고 결국 신라에 의해 병합되어 버린 소집단으로만 인식하는 식이었다는 점이다. 이와 같은 인식은 물론 가야에 대한 사료가 매우 빈약하고, 더욱이 『삼국사기』에 보이는 가야 관계 기록 역시 신라의 정복과정에 따른 피동적인 위치로서 단편적인 기술에 그치고 있다는 점에서 기인하는 것이다.

또한 가야사에 관한 연구가 부진했던 또 다른 이유 중의 하나는 가야 제국을 왜와. 표리일체한 것으로 파악하고 있었다는 점이다. 즉 종래 '왜'를 현재 일본의 전신으로 생각하여 왜의 세력이 한반도에 도입된 것은 가야와 왜가 손을 잡았기 때문이며, 바로 이 왜가 곧 가야라고 인식하였던 것이다. 그리고 가야가 일본의 한반도 지배시 그 거점이 되었다고 믿고 있었으므로 가야 제국의 흥망사는 고의로 회피하는 경향이 농후하였다. 나아가 가야사는 곧 일본고대사의 중심인 '임나일본부'설의 요체라는 점에서 연구가 더욱 금기시 되었다.

반면, 일본에서는 우리와는 달리 가야사에 관한 연구가 활발히 진행되었는데, 그 목적은 순수한 학문적인 면에 있었던 것이 아니라 일본제국주의의 한반도 침략의 합리화를 위한 이론적 근거, 즉 상대(上代)에 있어서의 왜의 한반도 지배론 등을 정립하기 위한 정책적 의도에 있었다. 이와 같은 일본의 불순한 연구태도는 국내 학자들로 하여금 더욱더 가야사의 연구를 경시하게 하는 풍조를 초래하였다.

그런데 근래에 이르러 가야에 대한 관심이 증대하고 가야지역의 유적 발굴이 점차 늘어남에 따라 이에 관한 연구도 활기를 띠게 되었다. 또한『삼국사기』상대 기사에 관한 적극적인 해석[1]과『일본서기』에서의 소위 '임나일본부'에 관한 기사들에 대한 비판적 검토는 보잘것 없는 가야 사료의 보완을 가능케 하였다.[2] 따라서 이러한 사료들을 근거로 종래의 소극적인 연구자세를 지양하고 왜곡된 일본의 고대사를 바르게 이해할 뿐만 아니라 진정한 고대 한일관계를 인식하기 위해 적극적인 가야사 연구가 필요하다고 하겠다.

가야의 정치사가 규슈 왕조인 왜의 정치사와 상호 밀접한 관계에 있었음은 부인할 수 없는 중요한 사실로 대두되고 있다. 특히 가야사는 일본학자들이 주장하는 임나일본부 문제와도 밀접한 관계가 있으므로

---

1) 김원룡, 「삼국시대 개시에 관한 일고찰」『동아문화』7집, 1967, 16~31쪽.
2) 천관우, 「복원 가야사」『문학과 지성』, 1977, 913~929쪽.

가야사의 정확한 원형의 복구란 곧 그 문제를 해결하는 실마리가 될 수 있음은 주지의 사실이다.

종래의 가야 제국에 관한 연구들은 흔히 가야를 중앙집권적인 고대 국가의 단계에 이르지 못한 사회로 인정하여 부족국가 혹은 부족연맹 사회로 보거나 아니면 한정된 소국으로 낮추어 보고 있다. 또한 연구 대상을 삼는 데 있어서도 가야 제국 자체의 역사를 기본으로 하지 않고, 이를 일본열도에다 붙여서 그 정치적 세력이라든가 또는 가야 내지 임나 제국과의 관계 분석에 역점을 두는 등 빗나간 경우가 적지 않았는데 이제는 가야 제국 자체의 역사적 발전에 관한 사실적 검토가 먼저 이루어져야 한다고 본다. 즉 가야에 대한 발전적 인식이 전제된 뒤에 일본열도의 문헌적 사료와 고고학적 자료들과의 올바른 비교연구가 가능할 것이며, 그렇게 함으로써 고대 한일관계에 대한 참된 인식과 실체의 규명에 도움이 될 수 있을 것이다.

2. 내용전개와 서술방법

가야사에 관한 연구는 자료상의 한계를 보완하기 위해 연구 방법론상 새로운 방향을 모색하면서 지속적으로 발전해 왔다. 예컨대 『삼국사기』의 초기 기록에 대한 신뢰와 단편적으로 기록되어 있는 가야와 삼국과의 관계 기사에 대한 적극적인 해석, 그리고 『일본서기』와 『고사기』에 대한 객관적인 해석 등의 노력이 시도되고 있다든가 외국의 인류학적 연구성과를 한국사에 적용시키려는 시도 등이 그것이다. 그러나 가야사 연구에 가장 큰 공헌을 한 것은 고고학이라고 할 수 있다. 수많은 가야지방의 발굴을 통하여 인멸된 실증적 사료가 제시됨으로써 가야사 연구의 전환점을 이루게 된 것이다.

이에 본고에서는 지금까지 진행되어 온 제반 연구업적을 토대로 가야의 형성과 발전, 문화 등을 파악하고 가야의 왜지(倭地) 진출 과정과 멸망 등에 관하여 아래와 같이 고찰하여 보고자 한다.

① 가야의 형성과 강역에 관한 연구는 『삼국사기』와 『삼국유사』 가락국기(駕洛國記) 및 『삼국지 三國志』 위지 동이전 한조(韓條), 『일본서기』 등의 사료들 외에 가야 고분 및 토기를 중심으로 가야의 형성과정을 검토하고 『삼국유사』와 『본조사략 本朝史略』, 고고학적 조사 결과를 통하여 강역을 밝힐 것이다. 시대구분 문제는 한국·일본·중국 측의 문헌적 사료와 고고학적 자료를 재검토하면서 해결하여 보고자 하였다.

② 가야 자체 내에 확립되었던 독자적인 신분질서, 자국과 주변국에 영향을 끼쳤던 문화 및 산업의 발달에 대한 연구는 기본사료로서 『일본서기』와 『삼국지』 위지 동이전, 『남제서 南齊書』 동이전, 『삼국유사』 가락국기 등을 이용하였다.

③ 위에 열거한 사료들을 중심으로 가야 제국의 규슈 지역으로의 세력확장 과정을 구체적으로 고찰하고 가야와 왜의 교류가 일본고대사 및 임나일본부설에 미친 영향에 관하여 검토하고자 한다.

④ 가야의 멸망 원인에 대해서는 백제와 왜의 새로운 외교관계의 설정으로 인한 왜의 가야에 대한 방관적인 태도에 역점을 둔 국제정세의 동향 속에서 파악하여 보고자 한다.

이러한 문제들을 고찰하는 데 이용될 기본적인 문헌사료는 『삼국유사』와 『삼국사기』, 『일본서기』 등이며 부분적으로는 중국 정사인 『삼국지』 위지 동이전이나 『후한서』, 『남제서』 한전(韓傳) 및 일본의 『고사기』, 『신찬성씨록 新撰姓氏錄』 등이 참고가 될 것이다.

특히 가야지역의 분묘유적에서 발견된 토기류와 관모, 각종 무기류는 각 시대, 각 지역별로 대두한 지배자와 정치집단의 존재를 반영하는 직접적인 자료가 된다. 동시에 이것들은 주거지 등 기타의 유적에서 출토되는 금속제 생활용구와 함께 가야사회의 정치집단의 분포, 문화계통, 사회 경제적 기반, 시대구분 등을 반영하는 함축된 자료로서의 가치가 크다고 생각한다. 이들 자료는 왜지에서 출토되는 유물, 유적과 비교할 수 있는 기준이 될 것이며 또한 왜지의 역사성과 가야와의 관련성을 규명하는 데에도 도움을 줄 것이다.

따라서 본고에서는 고고학적 발굴조사 자료를 문헌자료의 한계를 보충해 줄 수 있는 중요한 연구자료로 활용해 보고자 한다. 이와 함께 가야사회의 제반 성격에 대한 단편적인 지식을 종합하여 이 사회의 역사적 성격을 다른 시각에서 검토하고 체계화시킨 다음 인접지역인 왜지에 끼친 영향을 아울러 살펴보고자 한다.

Ⅱ. 가야 諸國의 형성

1. 문헌으로 본 가야의 성립

가야 제국의 존재를 살펴볼 수 있는 기록을 찾아보면 『삼국지』 위지 동이전에는 3세기경에 변한(弁韓) 12국이 등장하고 일본의 기록에는 4세기경 그리고 고구려 광개토왕비에는 4세기 말에 이미 강대국으로 나타나며 5세기경의 중국측 사서에도 광범하게 등장하고 있다.[1] 이렇게 볼 때 가야 제국의 성립 연대의 하한은 일단 3세기로 잡을 수 있을 것이며 그 상한은 『삼국사기』와 『삼국유사』의 기록을 근거로 하여 A.D. 1세기까지 거슬러 올라갈 수 있다고 본다.

그런데 사마천 『사기』에 '眞番傍衆國 欲上書見天子 又擁關不通 元封二年 漢使涉何誘論 云云'이라는 기록이 있는 바, B.C. 3세기 한무제(漢武帝) 때에 남방 여러 나라들이 중국과 국교를 개방하려고 노력하였음을 알 수 있는데 이들 중에는 가야 제국으로 발전하는 소국들도 포함되어 있었을 것을 상기 문헌을 통해 짐작할 수 있다. 따라서 가야

---

1) 문경현, 「가야연맹 형성의 경제적 고찰」 『대구사학』 제12·13집, 1977, 39~40쪽.

지역에 있어서의 국가의 성립의 시작은 기원전으로 올라갈 가능성도 있다고 볼 수 있으며 가야의 국가 형성 문제를 좀더 자세히 구명해 볼 필요가 생긴다. 『삼국유사』 가락국기에는 본가야의 형성이 설화적인 형태로 나타나 있는데 그 시조가 탄생하여 개국하는 과정을 다음과 같이 전하고 있다.

<사료 1>
開闢之後　此地未有邦國之號　亦無君臣之稱……屬後漢世祖光武帝建武十八年壬寅三月禊浴之日　所居北龜旨　有殊常聲氣呼喚　衆庶二三百人集會於此　有如人音　隱其形而發其音曰　此有人否　九干等云吾徒在　又曰　吾所在爲何　對云龜旨也　又曰　皇天所以命我者　御是處惟新家邦　爲君后　爲玆故降矣　你等須掘峯頂撮土　歌之云　龜何龜何首其現也　若不現也　燔灼而喫也　以之蹈舞　則是迎大王　歡喜踴躍之也　九干等如其言　咸忻而歌舞　未幾仰而觀之　唯紫繩自天垂而着地尋繩之下　乃見紅幅裏金合子　開而視之　有黃金卵六圓如日者　衆人悉皆驚喜　俱伸百拜……而六卵化爲童子　容貌甚偉　仍坐於床　衆庶拜賀盡恭敬止……其於月望日卽位也　始現故諱首露　或云首陵　國稱大駕洛　又稱伽耶國　卽六伽耶之一也　餘五人各歸爲五伽耶主

　<사료 1>에 의하면 6가야의 시조가 탄생하여 개국하게 되는 연대가 후한 세조 광무 18년 임인 3월이었다고 서술하고 있다. 이 연대는 서기 42년으로서 금관가야의 시조인 수로왕과 6가야 왕들이 이 때 동시에 탄생하여 동 15일에 왕에 즉위하였다는 것이다. 이와는 다른 사료인 『삼국사기』 지리지의 기록에는 진흥왕 23년에 대가야가 멸망할 때 역년(歷年)이 시조로부터 말왕까지 520년이라고 하였다. 이렇게 볼 때 진흥왕 23년은 서기 562년에 해당하므로 그 해를 기점으로 520년을 소급해 보면 그 연대가 서기 42년 곧 후한 광무제 18년이 된다. 이것은 김수로왕을 위시한 6가야 시조가 즉위한 연대와 일치하고 있는 것이다. 이러한 사실은 아마 『삼국사기』 지리지의 기록이 가락국기와 동일

한 사료에 의거했던 것이 아닌가 생각된다.

어쨌든 위 <사료 1>에 의한 가야의 성립 시기는 대략 A.D. 1세기경 이라고 할 수 있다.[2]

그런데 위 가락국기에는 나머지 5가야의 명칭이 나타나 있지 않은 데『삼국유사』권1, 5가야조에 그 5가야의 국명이 전해지고 있다.

<사료 2>
㉠ 阿羅(一作耶) 伽耶(今咸安) 古寧伽耶(今咸寧) 大伽耶(今高靈) 星山伽耶(今昌寧恐高靈之訛) 小伽耶(今固城) ㉡ 又本朝史略云 太祖天福五年庚子 改五伽耶名 一金官(爲金海府) 二古寧(爲加利縣) 三非火(今昌寧恐高靈之訛) 餘二 阿羅 星山(同前星山或作碧珍伽耶)

위의 5가야 중에는 금관가야의 이름이 없는데『삼국유사』의 찬자는 주에서 가락국기에 6개의 알에서 탄생한 동자 중에 하나는 수로왕이 되었고 나머지 다섯 동자는 5가야의 왕이 되었다고 하였으니 금관은 다섯 수에 들어가지 않는 것이 당연하다고 하였다.[3]

그런데 <사료 2>의 ㉡에는『본조사략』을 인용하여 태조 천복 5년 (940) 경자에 5가야명을 고쳤다고 하고 5가야명을 열거하고 있는데,『본조사략』이란 고려초에 편찬된 사서로 추측된다. 그러나 일단 상기 와 같이 천복 5년에 가야의 명칭을 고쳤다고 하는 것은 이해하기 어렵 다. 이미 오래 전에 없어진 가야의 명칭을 고려시대에 와서 고쳤다는 것이 무엇을 뜻하는지 정확히 알 수가 없다. 다만 여기의 5가야 중에는 대가야, 소가야의 이름이 빠지고 대신 금관가야, 비화(非火)가야 등의 국명이 들어 있는 것이 주목된다.[4]

---

2) 위의 글, 203쪽.

3)『삼국유사』권1, 5가야조, '按駕洛記贊云 垂一紫纓 下六圓卵 五歸各邑 一 在玆城 則一爲首露王 餘五各爲五伽耶之主 金官不入五數 當矣'.

4) 김정학, 「고대국가의 발달」『한국고고학보』12, 한국고고학연구회, 1982,

이러한 국명의 변화는 가야 제국 내의 정치세력의 변동을 의미하는 것으로 생각되기 때문이다. 즉 위 사료 ㉠에서는 금관가야가, ㉡에서는 대가야가 각각 빠져 있는데, 이것은 금관가야가 맹주였던 시기에는 금관가야를 제외한 5가야만이 기록되었고 또 대가야가 맹주였던 시기에는 대가야를 제외한 5가야만이 기록되었기 때문으로 추정해 볼 수도 있다.[5]

<사료 2>의 금관가야는 곧 가락국기의 수로가 왕으로 즉위한 가락국으로 설정할 수 있다. 이에 이병도는 『삼국유사』 가락국기조의 수로 출현 설화도 가락국이 부족국가로서 출발했던 당시의 사실을 전하는 것이 아니고 '가야연맹'의 맹주가 되었다는 사실을 보여주는 것이라고 보았다.[6] 그리고 이러한 시기를 대개 김해가야의 말왕인 구해(仇亥)로부터 약 300여 년 전, 김유신으로부터는 약 360년 전에 해당하는 A.D. 3세기경에서 더 올라가지 못한다고 보았다.

그러나 수로왕 설화에는 부족국가의 성립을 전하는 요소와 가야 세력권의 형성을 반영하는 요소의 두 가지 사실이 모두 다 포함되어 있다고 생각된다. 즉 가락국이라는 소국은 가락국기의 기록대로 A.D. 1세기경에 성립되었으며, 그 후 이 가락국이 금관가야로 발전하여 A.D. 3세기경에는 가야 세력권의 주도세력으로 등장한 것으로 보인다. <사료 1>에서 6동자의 등장 설화는 6가야 세력권의 형성 사실을 전하는 것이겠지만 수로왕의 등장 설화는 그 이전의 소국들의 성립을 반영하는 것으로 생각되므로 이 점은 고고학적 검토를 통해서 다시 한 번 자세히 살펴보아야 할 문제일 것이다.

물론 가락국이 성립되는 시기에 가야지역에는 이미 다수의 소국들이 성립, 정착했을 것이다. 이는 『삼국지』 위지 동이전 변진조(弁辰條)

16쪽.

5) 이병도, 『한국고대사연구』, 박영사, 1981, 311~313쪽.

6) 위의 책, 314~317쪽.

의 내용에서 찾아볼 수 있는 일이다. 변진조에는 변한과 진한의 24개 국명을 기록하고 있는데 이 중 변진으로 칭한 국명이 가야지역에 존재했던 소국의 국명으로 보여진다. 이를 들어보면 다음과 같다.

<사료 3>
有巳柢國・弁辰彌離彌凍國・弁辰接塗國・弁辰古資彌凍國・弁辰古淳是國・弁辰半路國・弁辰樂奴國・弁辰軍彌國・弁辰彌烏邪馬國・弁辰甘路國・弁辰狗邪國・弁辰走漕馬國・弁辰安邪國・弁辰瀆盧國・優由國

물론 3세기 당시에는 가야지역에 위 12국보다도 더 많은 소국이 존재하였을 것이나 당시 무역, 문화교류 등을 통해 중국인들이 인식한 국가들인 상기 12국은 그 중에서도 세력이 강했던 집단 내지는 해안지방의 국가였을 것임은 의심할 바 없다.

그런데 위 12국과 『삼국유사』의 6가야의 관계는 현재로서 명확히 연계시켜 볼 수 없어서 잘 알 수가 없다. 단 현재로서는 그 중 구야국(狗邪國)은 수로왕의 가락국(금관가야)에 비정되고 있을 뿐이다.

즉, 『삼국지』 위지 동이전 한조(韓條)에

<사료 4>
辰王治月支國 臣智或可優呼臣雲遣支報安邪踧支瀆臣離兒不例 拘邪秦支廉之號 其官有魏率善 邑君歸義侯中郎將都尉伯長

이라고 하였으니 '구야진지(拘邪秦支)'는 바로 '구야신지(狗邪臣智)'로서 구야국은 신지의 나라로서 변진 여러 소국 가운데 으뜸 가는 나라였다는 것이다.7) 결국 이 시기에 있었던 이러한 변진의 주도세력은 연

---

7) 『위지』 변진조에 '弁辰 亦十二國 又有諸小別邑 各有渠帥 大者名臣智 其次有險側 次有樊濊 次有殺奚 次有邑借'라 하여 변진 12국은 각각 거수가

대상으로 보아서 곧 금관가야로 추정할 수 있는 것이다. 이 구야국은
당시의 중국문화를 받아들이는 문호였던 요지에 위치하고 있었고 또
문물교류의 국제항이었다. 이에 대하여 『삼국지』 왜인전에도

<사료 5>
倭人在帶方東南大海之中……從郡至倭 循海岸水行歷韓國乍南乍東
到其北岸狗邪韓國 七千餘里 始度一海 千餘里至對馬國 其大官曰卑
狗 副曰卑奴母離 所居絶島 方可四百餘里 土地山險 多深林 道路如
禽鹿徑 有千餘戶 無良田 食海物自活 乘船南北市糴 又南渡一海千
餘里 名曰 瀚海 至一大國 官亦曰卑狗 副曰卑奴母離……至末盧國

이라 하였거니와 구야국은 중국 각지의 문화를 수용하여 문화적 선진
지역으로 발전하고 또 철을 생산하고 철기를 사용하던 철기문화의 중
심지역으로 발달하였으며,[8] 철기의 사용을 계기로 농업 생산능률의 향
상과 이것을 기반으로 한 풍부한 경제발전 지역으로 성장한 것을 찾아
볼 수 있다.[9] 이것이 결국 구야국의 국가 발전의 기반이 되었다고 할

정치를 담당하였다. 큰 것은 신지이며 다음은 험측이고 그 다음은 번예
살해 읍차로 되어 있어 5개의 차등이 있었던 것으로 추정된다. 그런데 구
야진지의 '진지'는 신지와 동음이자로 구야국은 대자 신지의 나라로 변진
여러 소국의 대표적인 나라였다.

8) 『위지』 변진전에 '國出鐵 韓濊倭皆從取之 諸市買皆用鐵 如中國用錢 又以
供給二郡'이라 한 것은 변진에 철이 생산되어 한예왜(韓濊倭)에서 모두
사 갔고 이는 중국의 용전과 같았으며 낙랑 대방의 2군에도 역수출하였
다는 사실을 전해 주는 기사이다. 그리고 『일본서기』 권9, 神功 46년조에
도 '遣斯摩宿禰于卓淳國…… 時百濟肖古王 深之歡喜 而厚遇焉 仍以五色
綵絹各一匹 及角弓箭 幷鐵鋌卌枚 幣爾波移'라고 한 내용 가운데 나오는
철정은 '如中國用錢'의 계보적인 것으로 추정한다. 이은창, 「미추왕릉지
구 제4지역 고분군 ① 扁平鐵(鐵鋌)」 『경주지구고분 발굴조사보고』 제2
집, 231~232쪽.
9) 『위지』 변진조, '土地肥美 宜種五穀及稻 曉蠶桑 作縑布 乘駕牛馬 嫁娶禮
俗 男女有別'.

수 있다.

이상에서 살펴보았듯이 가야 제국은 가락국기에 기록된 6가야 시조 탄생설화와 『삼국사기』 지리지의 기록을 기반으로 하였을 때 그 성립 시기를 대략 A.D. 1세기경으로 추정할 수 있으며 『삼국지』 동이전 한 조의 내용을 통해서도 가야국의 성립 여건이 신라나 백제에 비하여 뒤떨어지지 않았음을 알 수 있다. 또 김해 양동리(良洞里) 유적, 회현동 (會峴洞) 패총, 부원동(府院洞) 유적 등에서도 구야국은 A.D. 1세기경부터 국가체제를 갖추기 시작하였음을 상정할 수 있는 문화 양상과 정치적, 경제적 기반을 갖추고 있었음을 알 수 있다. 이것은 고고학적 분석조사에서 다시 정리하겠다.

일단 A.D. 1세기경에 성립된 것으로 볼 수 있는 가야 소국들은 점차 국가 발전의 기틀을 다지고 이를 발판으로 세력을 확대하여 갔던 것은 『삼국사기』 신라본기를 보면[10] 가락국의 신라 침공이 강화되어 마침내 수로왕이 경주에까지 거동하여 자신의 환영연에 지위가 낮은 자를 보낸 한지부(漢祗部)의 추장 보제(保齊)를 참하라고 한 기사를 통해서도 알 수 있다.

이미 위 변진 12국의 검토에서 지적한 바와 같이 가야 제국은 6국에 그치지 않은 것으로 추정되는데, 그것은 『일본서기』에서 들고 있는 임나 제국의 수만 해도 10국이고 긴메이기(欽明紀) 23년조에는 다음과 같은 기사도 보인다.

<사료 6>
總言任那 別言加羅國 安羅國 斯二岐國 多羅國 卒麻國 古嵯國 子他國 散半下國 乞湌國 稔礼國 合十國

---

10) 『삼국사기』 신라본기, ‘婆娑尼師今 二十三年 秋八月 音汁伐國與悉直谷國 爭疆 詣王請決 王難之 謂金官國首露王年老多智識 召問之 首露立議 以所 爭之地 屬音汁伐國 於是王命六部會饗首露王 五部皆以伊爲主 唯漢祗部以 位卑者主之 首露怒 命奴耽下里 殺漢祗部主保齊而歸’.

위 <사료 6>은 6세기 가야 제국이 신라에 통합되기 직전의 서부 경상지역 10개 국명을 열거한 데 지나지 않으며 이 밖에도『일본서기』에서는 가야국명으로 생각되는 여러 개의 국명이 나오고 있어 그 수에 있어서는 시대에 따라 변경이 있었을 것으로 생각되고 있다.[11]

또한『삼국사기』권32, 잡지(雜志)와 악지(樂志)에 전하고 있는 악성 우륵이 작곡하였다고 하는 가야악 12곡명은 가야에 12국이 존재하였음을 암시하는 것이라는 연구 결과도 있다.[12] 이렇게 기본적으로 가야의 전신인 변진이 12개국이며 이들이 발전하여 김해를 비롯한 여러 가야지방에서 찾아지는 것이 가야국들의 국가 발전의 모체가 되었다고 볼 수밖에 없겠다.

따라서 가야국의 수는 지금까지 일반적으로 알려져 온 것처럼 6개국이 아니라 시대에 따라 그 수를 달리하는 많은 나라가 있었으며 이들이 연맹체를 형성하였다는 6개국은 가야의 여러 독립국 중 지도적 입장에 있던 강성한 세력집단만을 언급한 것이라고 볼 수 있다.

가야 제국의 고지(故地)에는 예외없이 고총고분군이 집중적으로 분포해 있다. 고분의 규모나 출토 유물은 어느 것이 우월하다고 할 수 없을 정도로 비슷한 수준을 보여주고 있다. 이것은 가야 제국 간의 사회 발전 단계가 서로 차이를 보일 만큼 사회적 편차가 없었던 것을 의미하며 다수의 가야세력이 한 지역에 계속 존속하였음을 고분의 지역적 분포상태를 통해 알 수가 있다.[13]

최근에 가야연맹체설을 부정하는 견해가 대두되고 있는데, 이는 가야 제국이 수행한 대외전쟁에 관한 문헌적, 고고학적 자료를 검토하여 가야연맹체의 존부(存否)를 밝혀보고자 하는 논고들에서 찾아진다.[14]

---

11) 정중환, 「가야사 연구」『동아논총』(동아대학교논문집) 4집, 1968, 42~44쪽.
12) 末松保和,『任那興亡史』, 東京 : 吉川弘文館, 1949, 242쪽.
13) 이은창, 「가야고분의 편년연구」『한국고고학보』12, 1982(본고 그림1 참조).

이러한 논고에서는 A.D. 4세기경부터 가야 제국의 상호관계는 혈연이나 지연을 바탕으로 한 운명공동체적 성격이 아니라 자국의 이해관계를 우선으로 하여 때로는 동맹의 관계 때로는 적대적 관계를 지속하였던 것으로 이해하려는 견해이다.

또『삼국사기』의 기록을 검토할 때 가야 제국의 소위 소국들이 신라에 의해 1개국씩 복속되어 가는 과정에서도 다른 인근 소국과는 하등의 정치적, 경제적 또는 군사적 연맹 관계를 갖고 있음을 인정할 수 없는 기록이 많으며, 또한 이러한 가야계 여러 소국의 수도 결코 수개국이 아니라 기록 이상으로 많은 소국이 있었던 것으로 알려지고 있다. 이들 가야계 소국들은 정치적으로는 독립소국으로서, 가야연맹이라는 것은 일단 존재하지 않았다는 결론을 내리게 하는 새로운 자료의 제시가 가능하다고 보았다.[15]

이와 같은 문헌기록과 연구논저들을 검토해 볼 때 가야는 많은 소국들로 구성되어 있으나 그 중 큰 세력을 지닌 국가는 5, 6개국이었으며 나머지 소국들은 비교적 큰 규모의 이들 5, 6개의 국가를 중심으로 별반 충돌을 일으키지 않는 우호적인 연관 관계를 가진 몇 개의 세력권을 형성한 것으로 볼 수 있겠다. 그리고 이들 세력권을 대표하는 5, 6개의 국가들이 6가야 설화와 직접 연관이 있을 것으로 추정된다.

가야의 성립 및 발전기에 형성된 이들 세력권은 크게 나누어 김해나 웅주(熊州)의 본가야권, 고령과 대구 중심의 대가야권, 함안과 진해 등의 아라가야권으로서 이들은 각각 독자적으로 그들 세력권의 실리를 추구하였을 것으로 여겨진다.[16] 그리고 이들 중에서 보다 크다고 생각

---

14) 이영식, 「가야 제국의 국가형성 문제」, 고려대대학원 석사학위논문, 1983, 75쪽.

15) 강봉원, 「가야 제국의 형성 및 강역에 관한 연구」, 경희대대학원 석사학위논문, 1984, 97~98쪽.

16) 이들 대표적인 가야 제국의 활약상은『삼국유사』나『일본서기』,『삼국사기』 등에 언급되어 있다.

되는 세력권들은 본가야권, 대가야권, 아라가야권인데 본가야권과 대가야권은 문헌사료나 고고학적 발굴 성과로 많이 알려져 있으나 아라가야권은 아직 미개척 상태에 있다. 그러나 가야사에서 아라가야권이 차지하는 비중은 이제 점차로 커지고 있다. 그러므로 여기에서는 아라가야권을 좀더 자세히 고찰해 보기로 하겠다.

본가야권의 세력이 쇠약해진 다음 4세기 이후 가야의 2대 세력권은 일단 대가야권과 아시량(阿尸良)가야권으로 분류할 수 있다고 본다.

이 두 가야권은 상·하 가야로서 가야국의 2대 세력중심지로서 강대했으며 친신라적인 대가야보다 가야 제국을 이끌고 완강히 신라에 대항한 나라는 오히려 안라(安羅)가야였다.[17] 국력도 안라가야가 고령의 대가야와 백중지세였던 것 같다.[18] 지금 함안의 말산리, 도항리, 가야리, 신음리 등지의 수십 기에 달하는 거대한 고총고분군의 장엄한 유적을 볼 때, 안라가야의 국력이 얼마나 강대했던가를 짐작할 수 있으며 그 규모에 있어서도 단연 가야국 중 으뜸이다.[19]

광개토왕비문에 '임나가라(任那加羅)'와 '안라인수병(安羅人戍兵)'이라는 이름이 보인다. 이 때에 임나가라는 대가야를 말한 것으로 생각되며 안라인은 곧 아라가야인이다.[20] 당시에는 대가야와 안라가야가 가야 제국 중에서 가장 강대한 나라였으며, 또 일본과도 가장 밀접한 관계를 가졌던 나라들이었다.[21]

안라가야의 대외전쟁 기록을 광개토왕비문을 통해 살펴보면 다음과

---

17) 『일본서기』 권19, 欽明紀 5년조, '夫任那者 以安羅爲兄 唯從其意 安羅人者 以日本府爲天'.
18) 『일본서기』에는 안라가야가 본가야 쇠퇴 후 중심적인 국가였음을 수차례 인용하고 있다.
19) 문경현, 「가야사의 신고찰」 『대구사학』 9집, 21쪽.
20) 광개토왕비문의 내용 중 왜에 대한 기사 및 신라와의 관계에서도 추론할 수 있다.
21) 김정학, 「고대의 한일관계」 『한국고대문화의 제문제』, 한국정신문화연구원, 1973, 114쪽.

같다.

<사료 7>

十年庚子 教遣步騎五萬 往救新羅 從男居城 至新羅城 倭滿其中 官
軍方至 倭賊退…… 來背急追 至任那加羅 從拔城 城卽歸服安羅人
戍兵 □新羅城□城倭滿倭潰城□……□盡更□來安羅人戍兵滿□□
□□其……言……潰□以隨□安羅人戍兵 昔新羅寐錦 未有身來□
……□開土境好太王□□□□ 寐錦□□ 儀勾□□□□ 朝貢(광개토
왕비문 영락 10년조, 水谷悌二郎의 釋文)

<사료 7>은 대가야(임라)[22]와 아라가야(안라)가 왜와 연합하여 고
구려와 신라에 대항하여 전투를 벌이고 있는 상황을 서술하고 있다.
이 전쟁의 규모는 고구려군이 보기(步騎) 5만에 달할 정도로, 가야 제
국이 경험하지 못한 최대의 것으로 보여진다.

이 당시 전쟁지역은 광개토왕이 남하한 광주(廣州)·충주·문경·
상주·선산의 경로[23]와 임나를 고령지역으로 보고 안라의 세력이 신
라지역으로 진출하고 있었던 점을 함께 고려한다면 낙동강 이서의 고
령과 이동의 현풍, 창녕, 합천 등의 여러 지역이 이에 해당할 것으로
짐작된다. 전쟁의 양상은 보기(步騎) 합동전과 공성·수성전(攻城·守
城戰)으로 진행되었다. 특히 안라가 신라의 성에 진출하고 있었던 사
실로부터 안라가야의 세력이 상당히 성장하였음을 확인할 수 있으
며,[24] 가야·왜 연합군의 주력부대로서 전쟁에 참가했음을 알 수 있다.

---

22) 김정학은 임나가라를 김해가야로, 이병도와 천관우는 대가야로 보고 있
　　다. 金廷鶴, 『任那と日本』(日本の歷史 別卷1), 東京 : 小學館, 1977 ; 이병
　　도, 『한국사』 고대편, 을유문화사, 1959, 412쪽 ; 천관우, 「복원 가야사」
　　『문학과 지성』 29, 1977 가을, 920쪽.

23) 신형식, 「新羅軍主考」『백산학보』19, 1974(『한국고대사의 신연구』에 수
　　록), 65~66쪽.

24) 『일본서기』 권19, 欽明紀 2년(541) 4월조, '安羅次旱岐夷呑奚 大不孫 久取

540년 이후 가야지역의 정치중심지는 안라(함안), 가라(고령), 졸마(卒麻), 산반해(散半奚), 다라(多羅 : 합천), 사이기(斯二岐), 자타(子他 : 거창), 구차(久差 : 固城) 등이며 그 중에서 왕을 칭할 수 있는 유력자는 가라왕, 안라왕이었다.[25] 이들은 대체로 가야 남부지역을 병합한 신라를 두려워하여 백제와의 제휴를 꾀하고 있었으며, 538년에는 웅진에서 사비로 천도하고 중흥을 도모하고 있던 백제의 성왕은 이들에게 문물을 베풀어주면서 유인하여 신라에 대한 견제를 기도하였다.[26] 이때에 안라왕은 강력한 신라에 대한 가야의 자구책으로 백제의 성왕과 제휴를 하는 등의 외교적 노력을 기울여 가야 제국 내에서의 우월한 위치를 나타내었다. 또한 본가야 멸망 후 6세기 중엽에는 가야 제국의 정치중심지가 안라가야로 넘어가 왜지에서도 가장 기대를 걸 정도의 국력을 보유하고 있었다.

안라가야의 정치적 우위성은 다음 사료를 통해서도 살펴볼 수 있다.

<사료 8>
安羅次旱岐夷呑奚 大不孫 久取柔利 加羅上首位 古殿奚 卒麻旱岐 散半奚旱岐兒 多羅下旱岐夷他 斯二岐旱岐兒 子他旱岐等與任那日本府吉備臣往赴百濟 俱聽詔書[27]

<사료 8>에서 산반해, 사이기, 자타, 졸마의 회의 참가자의 신분이 한기(旱岐)로 표기되어 있음을 알 수 있다. 한기는 그 나라의 왕[28]에

柔利 加羅上首位古殿奚 卒麻旱岐 散半奚旱岐兒 多羅下旱岐夷他 斯二岐旱岐兒 子他旱岐等 與任那日本府吉備臣 (闕名字) 往赴百濟 俱聽詔書'.

25)『일본서기』권19, 欽明紀 5년(544) 11월, '於是 吉備臣旱岐等曰 大王所述 三策 亦協愚情而已 今願 歸以敬諮日本大臣 (謂在任那日本府之大臣也) 安羅王 加羅王 俱遣使同奏天皇 此誠千載一會之期 可不深思而熟計歟'.

26) 윤동석·이남규,『가야의 제철공정과 기술발전 - 가야 내 제 소국의 이합집산』, 고대생산기술연구소, 1986, 50~51쪽.

27)『일본서기』권19, 欽明紀 2년(541) 4월조.

해당하는 가야 고유의 명칭이다. 하한기나 차한기는 어의상으로 한기의 하급신분이었을 것으로 짐작되며, 당시 다른 가야 제국보다 강한 세력이었던 안라의 하한기는 세력이 보다 약한 다른 가야의 한기와 대등한 위치였을 것으로 생각된다.[29] 이와 같은 구별은 상수위(上首位)와 이수위(二首位)에도 적용될 수 있을 것이다. 이를 알 수 있는 또 다른 기록으로는 『일본서기』 권19, 긴메이기(欽明紀) 5년(544)조에 "일본의 기비노오미(吉備臣), 안라의 하한기(下旱岐), 대불손(大不孫), 구취유리(久取柔利), 가라의 상수위 고전해(古殿奚), 졸마군(卒麻君) 사이기군(斯二岐君) 산반해군(散半奚君)의 아들, 다라의 이수위 흘건지(訖乾智), 자타(子他)의 한기, 구차(久嗟)의 한기가 백제에 갔다"고 한 사실이 그것이다. 따라서 6세기경에는 안라가야가 가야 제국을 선도하는 위치에 있었다고 할 수 있다.

『일본서기』 권17, 게이타이기(繼體紀)에도 "안라가 높은 당(堂)을 지어 칙사를 인도하여 오르게 하였다. 국왕이 그 뒤를 따라 계단을 올랐다. 국내의 벼슬아치 중 당에 오른 자는 한둘뿐이었다. 백제의 사자, 장군 등은 당하(堂下)에 있었다. 무릇 수개월 간 재삼 당상(堂上)에서 의논하였다. 장군 등이 그 뜰에 있는 것을 분하게 여겼다"[30]라고 기록되어 있다. 이 사료는 안라가 국왕과 더불어 위계질서를 갖춘 관직을 보유한 독자적인 영역국가이면서 백제와 대등한 국가였음을 보여주고 있다.

이어서 『일본서기』에는 다음과 같은 괄목할 만한 기록이 이어진다.

---

28) 기토(鬼頭淸明)는 한기를 아시아적 공동체에서 족적 유대가 강한 수장적인 성격으로 이해하고 있다. 그러나 6세기경 가야사회의 왕은 초자연적인 권력을 가진 지배집단의 장이다.

29) 『일본서기』 권19, 欽明紀 5년조, '夫任那者 以安羅爲兄 唯從其意'.

30) 『일본서기』 권17, 繼體紀 23년, '於是 安羅新起高堂 引昇勅使 國主隨後昇階 國內大人 預昇堂者一二 百濟使將軍君等 在於堂下 凡數月再三 謨謀乎堂上 將軍君等 恨在庭焉'.

"성명왕은 옛적에 우리 선조 속고왕(근초고왕, 貴首王)의 치세 때 안라, 가라, 탁순의 한기 등이 처음 사신을 보내어 서로 친밀하게 친교를 맺었다."[31] 즉 아라(안라)가야가 처음으로 사신을 백제에 보낸 것은 4세기 중엽 때이며, 그 때부터 양국 사이에는 친교가 유지되었음을 알 수 있다.

이 기록은 아라가야의 연원이 4세기 이전임을 밝혀주고 있고 또한 4세기 중엽부터 이웃국가들과 통교하여 6세기에 멸망할 때까지 가야 제국 중 대표국으로 활동하였음을 나타내주고 있다.

또한 『일본서기』 권17, 게이타이기에 "그 글에 말하기를 태세 신해 3월에 군사가 안라에 가서 걸탁성에 주둔하였다. 이 달에 고구려가 그 왕 안장왕을 죽였다"[32]고 기술되어 있다. 이것은 6세기에도 계속되는 삼국 및 가야 제국 그리고 왜의 패권 다툼 속에서 아라가야가 고구려의 침입을 받아 국왕이 전사하는 장면을 묘사하고 있다.

아라가야가 4세기에 이어 5, 6세기에도 한반도의 격변하는 세태 속에서 그 당시의 강국인 고구려가 남하정책을 취할 때 기습을 가해야 할 정도로 고구려에게 부담을 준 하나의 국가였음을 말해 주고 있다.

이와 같은 문헌기록을 검토하여 볼 때 아라가야는 본래 아시량국으로서 4세기 이전에 이미 성립하였고 4세기 중엽 전후에는 한기를 중심으로 하는 관료체계가 형성되었으며 5, 6세기에는 가야 여러 국가 중 이 시기를 이끈 대표적인 국가로서 활약하였음을 알 수 있다. 『일본서기』 권19, 긴메이기에도 "임나는 안라를 형으로 알고 있습니다. 따라서 그 뜻을 따릅니다.……만일 둘이 안라에게 있어 나쁜 짓을 많이 하면 임나를 세울 수 없으며 서해의 제국도 반드시 말을 듣지 않을 것입니

---

31) 『일본서기』 권19, 欽明紀, '聖明王曰 昔我先祖速古王 貴首王之世 安羅 加羅 卓淳旱岐等 初遣使相通 厚結親好'.
32) 『일본서기』 권17, 繼體紀, '其文云 太歲辛亥三月 軍進至于安羅 營乞乇城 是月 高麗弑其王安'.

다"33)라고 하여 아라가야가 사실상 가야 제국을 이끄는 맏형으로서 이 당시 어려운 상황을 극복하고 새로운 임나를 세우는 데 있어 중책을 맡고 있었음을 시사해 주고 있다.

고대 아라가야에 강력한 정치집단이 존재했음은 함안 도항리의 대형 광목곽묘가 이 시대의 수장급 묘제란 점에서도 알 수 있다. 이와 같이 아라가야가 정치세력을 가지고 있었기에 『일본서기』 긴메이기는 금관가야가 신라에 정복된 후 '임나 10국'이라 하여 가라(고령), 안라(함안)를 먼저 기록하고 나머지 8개국을 그 다음으로 언급한 것이다.

『신찬성씨록 新撰姓氏錄』에도 6, 7세기에 유력한 문벌로서 아야(漢) 씨와 하타(秦) 씨를 언급하고 있다. 아야 씨는 아라, 아나라고도 하는 고대한국어이며 가야 제국 중 대표적인 국가였던 아라가야를 지칭한다. 결국 아야 씨가 왜지에 진출하여 하나의 정치집단을 이루었음을 볼 수 있고, 『일본서기』에서 밝힌 신즐왕(神櫛王)은 '아야국'을 개척한 왕으로 비정할 수 있다.34)

아라가야 문화는 함안 말산리 34호분을 통해서도 알 수 있는데, 이 고분은 출토된 유물의 종류 및 양에서 볼 때 아라가야의 한기[王]가 묻혔을 것으로 추정된다. 이는 대구, 창녕 등지의 고분과는 달리 부장된 유물이 신라의 유물과는 뚜렷하게 구별되는 특징을 갖고 있어 당시의 아라가야의 특징적인 문화를 파악할 수 있게 해 주었다. 이를 뒷받침하는 것으로서 최근 함안의 도항리(道項里)에서 국내 최초로 전투용 말에 입힌 갑옷이 완형으로 출토되고, 또한 비늘갑옷, 아라가야의 독특한 토기양식인 화염문투창고배(火焰文透窓高杯) 등이 출토됨으로써 고대 아라가야에 강력한 정치집단과 문화가 존속했음을 알려주고 있

---

33) 『일본서기』 권19, 欽明紀 5년조, '夫任那者 以安羅爲兄 唯從其意……假使 二人 (二人者 移那斯與麻都也) 在於安羅 多行姦倭 任那雖建 海西諸國 必 不獲事'.

34) 졸고, 「아라가야에 관한 연구」 『가야문화』 제7호, 재단법인 가야문화연구원, 1994, 42쪽.

다. 국내에서 형성된 이러한 아라가야 문화는 왜지에도 지대한 영향을 주었고, 야마토노 아야 씨 같은 이주민집단이 그러한 고대한국 전래의 문화를 왜국에 전파한 대표집단이었다. 바로 이들에 의하여 일본고대사의 개화기라 불리는 6~7세기의 아스카 문화가 시작되었다.

이노우에(井上秀雄)는 이와 같은 5~6세기의 아라가야의 활약상을 통해 볼 때 4~5천 호를 소유한 대국일 것으로 추정했다. 이 호구 추정은 조선 최고의 지방 호수 및 인구수를 기재한 『경상도지리지』에서 함안 732호, 인접한 의령 1,059호, 사천(泗川)현 370호, 진주목 2,220호를 합치고 4,381호가 되는 4군을 포함하여 동서 70km, 남북 60km의 광대한 지역을 지배한 대국일 것이라는 생각에서 나온 것이었다.[35] 이 이노우에의 호구 추정은 매우 타당성 있는 훌륭한 견해로 생각된다.

이와 같이 가야 제국 중 아라가야는 본가야·대가야와 더불어 가야 제국을 영도하는 중심적 역할을 수행하였음을 볼 수 있으며 아라가야권의 형성은 당연히 있었던 역사적 현상으로 파악된다.

2. 고고학적 자료를 통해 본 가야의 성립

B.C. 1세기경의 유물 유적이 많이 산재해 있는 경남 남해안 및 낙동강 하류의 각 지역에서 아직도 이에 선행하는 다량의 청동기를 소유한 보다 강력한 정치집단의 대두를 반영하는 유물군은 별로 발견되지 않고 있다. 또한 이 지역에서는 경주, 대구에서와 같이 위씨조선계 유민과 문화의 적극적인 유입 과정이 인정될 수 있는 전형적인 청동기나 철기 유물군 등의 출현도 드물며 이 단계에 속하는 금속제 유물의 수량도 타지역에 비해 소수에 불과하다.[36]

---

35) 井上秀雄, 『任那日本府と倭』, 東京 : 寧樂社, 1978, 196쪽.
36) 이현혜, 「삼한사회 형성과정의 연구」, 이화여대대학원 박사학위논문,

그런데 이 지역에서 발견되는 고고학 자료상의 특징을 살펴보면 공통적으로 청동기유물에 비해 초기철기시대의 유물 유적의 비중이 상대적으로 커짐을 알 수 있다. 이 당시의 청동기 유물이 발견되는 부산 경남지방 22개의 중요한 유적 가운데 완전한 청동기 유적은 극히 드물다.

현재 신석기유적이나 철기유적에 포함되어 있는 5개의 청동기유적은 모두 분묘유적이어서 생활유물이 아니므로 이 지역 청동기시대의 생활내용을 알 수 있는 것은 진양 대평리 유적뿐이다. 대평리 유적의 출토 유물은 일상생활 공작, 어로, 수렵, 농경, 무기, 장신구 기타의 전 종목에 이르나 재질은 토기, 석기, 옥기뿐이고 골기(骨器)가 전혀 없다. 골기가 출토되지 않는 이유는 유적의 토질과 관계 있을지 모른다. 비록 골기나 패기(貝器)의 발견예는 없어도 유물의 용도로 보아 이 당시 생활내용은 매우 풍부하였음을 알 수 있다.

볍씨 자국이 남아 있는 무문토기 조각은 이 때에 이르러 다양한 도작(稻作)이 행해지고 있었음을 보여주며 주거지가 강변 저지대인 점도 도작농경과 관계된다고 보아야 할 것이다. 벽옥과 같은 현지산이 아닌 관옥(管玉)이 출토되고 있다는 것은 이들이 상당한 거리의 교역을 행하고 있었음을 보여주며 분묘 부장품으로 무기류가 주로 출토되는 것은 이러한 분묘가 지배신분의 묘라는 것을 말해주고 있다.

지석묘 주변의 지석묘와 주종관계를 이루고 있는 것으로 보이는 석관묘 등에서도 이 시대에 와서 지배·피지배의 신분관계가 발생하였음을 느끼게 한다. 이 당시의 대표적인 석관묘는 김해 회현리에서 6기가 발견되었는데 그 크기는 길이가 80cm에서 250cm, 폭과 깊이는 30cm에서 50cm 정도이다. 이 중 1기에서는 영남지방의 변형지석묘에서 흔히 출토되는 원저(圓底)의 단도마연(丹塗磨研) 토기가 나왔다.

이와 같이 석관묘와 지석묘에서 출토되는 유물로 보아 문화상으로

1983, 84~86쪽.

는 동화가 이루어졌으나 종족상으로는 아직 동화가 이루어지지 않아서 서로의 신분적 전통에 따라 무덤을 만들었음을 알 수 있다. 결국 이 시기는 생활내용이 풍부해진 만큼 사회구조도 조직화되기 시작하였다고 생각된다.[37] 나아가 지석묘, 석관묘계 소집단들이 통합되어 보다 확대된 정치집단으로서 성립되는 과정으로 설명되어질 수 있다.

이와 같은 소수의 청동기유적이나 청동기를 수반한 초기철기시대 유적과는 대조적으로 양산, 동래, 김해, 창원, 진해, 고성 등지에서는 수많은 대표적인 초기철기시대의 생활유적인 패총이 현저하게 증가하고 있다(<표 1> 참조).

낙동강 하류 및 남해안 일대에 분포되어 있는 패총들은 그 조성 연대가 각기 다른 것들이 존재하고 있으나 이들의 상당 부분은 이른바 김해문화기에 속하는 유적들로 알려져 있다. 패총유적들은 패각(貝殼) 퇴적기 및 그 하부문화층과의 변화관계, 그리고 층위별 편년관계, 그 중심연대의 설정 등의 문제에 있어서 상당한 쟁점이 내재하고 있는 것으로 알려져 있으나[38] 김해문화기의 상한을 기원 전후시기 A.D. 1세기 초엽으로 설정하는 학자들이 점차로 증가하고 있음을 찾아볼 수 있다.[39]

---

37) 안춘배, 「가야지역 선사문화의 변천」 『한국고고학보』 12, 한국고고학연구회, 1982, 148~149쪽.

38) 김해패총, 웅천패총, 양산패총, 성산패총의 중심연대를 A.D. 1~3세기경으로 편년하는 종래의 견해(김원룡, 「김해패총 연대에 대한 재검토」 『역사학보』 9, 1957 ; 김정학, 「고대국가의 발달(가야)」 『한국고고학보』 12, 1982, 6쪽)에 대해 성산 동구패총은 3~4세기가 중심시기이며 김해 회현리패총도 3~4세기, 웅천패총은 4~5세기가 중심연대라는 견해도 있다(신경철, 「부산경남출토 와질계토기」 『한국고고학보』 12, 1982, 75쪽).

39) 1970년대에 들어서서 김해문화기(웅천문화기)의 상한을 B.C. 4~3세기로 올려 보는 견해들이 제시되었으나 그 불합리성이 지적되고(신경철, 「웅천문화기 기원전 상한설 재고」 『부대사학』 4, 1980) 그 사이 새로운 자료가 증가됨에 따라 1~3세기를 김해문화기로 설정하는 데 있어 대개 견해

이 시기 패총유적에서는 와질토기,[40] 철도자(鐵刀子), 철부(鐵斧), 철촉(鐵鏃) 등과 같은 이기류(利器類)가 다수 발견되고 있어 토기 및 철기 제작기술의 발전, 철기 보급량의 확대를 비롯하여 생산력 증대와 같은 사회 전반적인 변화과정을 찾아보게 된다.

창원 성산 패총의 경우 야철지에서는 야철지층을 중심으로 그 하층에서는 무문토기, 상층에서는 김해토기가 출토되어 김해토기 초기부터 철이 생산되었음을 입증해 주고 있다. 김해 부원동 패총에서도 소도자철촉(小刀子鐵鏃), 철모(鐵鉾) 등과 더불어 탄화소맥, 좁쌀, 콩껍질, 복숭아씨 등이 발견됨으로써 철기 제작기술의 발전은 물론 도작농경이 보편화되어 가고 있음을 짐작할 수 있게 한다(<표 1> 참조).

이 때에 와서는 청동의 사용례가 전적으로 줄어들며 벽옥 외에 마노(瑪瑙)나 수정같은 보다 경도가 높은 옥류가 등장하는 것을 볼 수 있다.

그러나 이 때에는 금이 생활용품이나 부장품으로 쓰여지지 않은 것을 알 수 있는데 이는 다음 시대와 재질상의 구분을 가능하게 하는 증거들이라고 생각된다. 토기의 종류도 이 때에 오면 생활에 편리하게 기능별로 세분되기 시작하며 특히 의식용구가 많이 등장하는 것은 생활의 여유와 함께 복잡해진 규범생활의 변모를 드러내는 것이라고 보아야 할 것이다.[41]

고고학적 자료상에서 나타나는 이러한 변화 현상은 B.C. 1세기 말엽 이후 이들 지역의 단위집단들과 한군현을 비롯한 다수의 외부세력들과의 빈번한 접촉의 결과로 풀이될 수 있을 것이다. 여기에 지리적인

의 일치를 보이고 있다. 김원룡, 「김해부원동기의 설정」『한국고고학보』 12, 1982.

40) 최종규, 「와질토기 성립 전야와 전개」『한국고고학보』 12, 1982. 김해문화기의 표식적인 토기로서 중남부 지방화한 한식(漢式) 토기를 지칭하는 용어로 사용되고 있다.

41) 안춘배, 앞의 글, 149쪽.

<표 1> 낙동강 하류 및 경상남도 남해안지역 초기철기시대 패총과 주요유물 분석

출토지명 \ 유물종류	청동기							철기								
	銅二角鏃	細形銅劍	靑銅劍柄	銅鏃	廣峰銅鉾	釧	銅鈴	斧	鎌	鎗	鏃	銛	針	劒	鉾	釣
1.양산군 양산면 남부동 양산패총	○															
2.부산시 동래구 낙민동패총													○			
3.부산시 영도구 동삼동 조도패총									○		○		○	○		
4.부산시 동래구 수안동패총																
5.김해시 부원동패총								○	○		○				○	○
6.김해시 봉황동 회현리패총		○	○			○										
7.김해시 삼계동패총																
8.김해 칠산리패총																
9.김해 대동면 예안리패총		○				○										
10.김해 장유면 수가리패총																
11.김해 장유면 유하리 산183패총																
12.마산시 웅남동262내동농장패총																
13.마산시 외동 성산패총								○	○			○				
14.마산시 가음정동 당산패총					○											
15.진해시 여좌동패총								○	○	○	○	○	○			
16.진해시 성내동 자마산웅천패총																
17.고성군 고성읍 동외동패총																
18.고성군 고성읍 송학동패총			○	○												
19.남해군 고현면 도마리패총																

| 철 기 | | | | | | 기 타 | | | | 참 고 문 헌 |
錐	大刀	刀子	指環鐵製形品	鐵滓	鑿	기타	貨泉	炭化米	五銖錢	
		○		○						조선총독부, 1925, 『大正11년도 고적조사보고』
		○								문화재관리국, 『문화재대관 - 사적편 상』
		○	○							한병삼·이건무, 1976, 『조도패총』, 국립중앙박물관
			○							
○				○		○		○		
							○	○		심봉근, 1981, 『김해부원동유적』, 동아대박물관
										김정학, 1973, 『김해지방의 고사문화』, 부대한일문화연구소
		○				○				김정학, 1981, 『김해 예안리 85호분 출토 扁頭에 대하여』, 지식산업사
										김원룡, 1975, 「성산패총 출토 銅鏡形陶」『한국고고학보』 2
		○								문화재관리국, 1976, 『마산외동 성산패총 발굴조사보고』
	○	○								박경원, 1955, 『경남의 고적과 그 문화』, 동운사
										신경철, 1980, 「웅천문화 기원전상한설 재고」『부대사학』 4
				○	○				○	심봉근, 1980, 「경남지방출토 청동유물의 신례」『부산사학』 4

입지조건상의 요인[42]도 적잖은 작용을 했을 것이나 김해, 양산, 부산, 동래 지역의 패총유적 인근에 분포되어 있는 노두철광상(露頭鐵鑛床) 과 같은 철자원의 존재[43]가 주된 요인의 하나로 작용하였을 것으로 보인다.

한반도 중남부지역의 초기철기시대의 토광묘와 주거지 유적에서 발견되는 철부(鐵斧) 중에는 위씨조선계 토광묘에서 출토되는 한식 철부와는 그 형태가 상당히 다른 것이 포함되어 있는 것이 보고되어 있다.

서북한 및 경주지역의 B.C. 2~1세기경의 토광묘 또는 토광목곽분에 부장된 철부는 공부(銎部)의 횡단면이 장방형인 소형 철부가 주류를 이루고 있다.[44] 이에 비해 김해군 예안리 토광묘,[45] 웅천 패총[46]을 비롯하여 한강유역[47]의 소위 초기철기시대의 유적에서는 공부와 신부(身部)의 단면이 제형(梯形)의 것이 자주 발견된다.

이처럼 경상도지역의 철자원이 독자적으로 광범위하게 개발됨에 따라 각 토착집단들에게는 철광석의 채굴과 제련을 통한 제철기술의 발달, 그리고 이들의 판매 등에서 얻어지는 이익이 엄청났을 것이다. 그리고 이들이 이 지역 국가발전의 원동력의 하나로 등장하게 되는 것은

---

42) 이 지역은 해로를 통하여 한군현 및 중서부지역 그리고 대마도를 비롯한 왜와의 접촉이 용이한 곳이며 낙동강의 수로를 통하여 본지류 지역의 각 세력들과도 빈번한 접촉이 가능한 지역임은 알려진 사실이다.

43) 이남규, 「남한 초기철기문화의 일고찰」, 서울대대학원 석사학위논문, 1981, 39쪽.

44) 예를 들면 부조예군묘(夫祖薉君墓), 대성리 6, 8, 9, 10, 13, 15호 토광묘, 운성리 3, 4호분(이순진, 「운성리유적 발굴보고」『고고학자료집』 4, 1974 ; 이순진, 「재령군 부덕리 수역동의 토광무덤」『문화유산』 6, 1961)이 이에 해당한다.

45) 임효택, 「낙동강하류 가야토광묘의 연구」『한국고고학보』 4, 1978. 경남 김해군 대동면 예안리 74, 92호 토광묘 출토 철부가 이에 속할 것이다.

46) 김정학, 「웅천패총 연구」『아세아연구』 10~14, 1967.

47) 김원룡 외, 「양평군 대심리유적 발굴보고」『팔당소양댐수몰지구유적 발굴종합조사보고』, 1974.

당연한 결과로 보아야 한다. 이러한 사실은 문헌의 기록에서뿐만 아니라 지금까지 정리해 온 고고학적 자료에 의해서도 뒷받침되고 있다. 결국 이러한 철생산은 당연히 외부세력과의 교역을 의미하게 되는데 이러한 현상은 가야의 여러 소국의 성격 변화를 초래하는 절대적인 요인들이었다. 그 예로서 낙랑문물의 남한 전파는 변진지역과의 철무역을 통해서 활발하게 실시되었다는 점을 들 수 있으며 진해에서의 낙랑식 등잔, 김해에서의 유리·화천(貨泉)의 발견 등은 모두 그러한 결과이다.

그리하여 이러한 교역은 정치적, 문화적 활동이나 발전의 바탕이 되었고, 여기서 제철사업의 중심지였던 김해에 부력을 축적한 집단이 지배적 존재로 등장하여 정치적 통합의 단서가 되었을 것이다.

다시 말하면 교역상의 편익을 위한 교역창구의 체계화 등은 개별적인 소집단의 수준을 넘어 총체적으로 작용하는 새로운 정치, 경제 단위체의 존재가 요구되었을 것이다. 그러므로 진한과 변한의 소국들 중에는 철자원의 개발과 교역의 시작 등을 통하여 보다 큰 국가로의 성립, 발달이 있었으며 이것은 원래의 가야소국의 형태의 내용에 결정적 변화를 일으켰을 것이다. 다만 청동기문화 단계 이래의 선주 세력집단들이 점차 지배권력을 강화하면서 독자적인 세력으로 존립하고 있었던 상태를 가야지역에서 찾아보게 된다. 그러므로 문헌자료대로 가락국 형성 이전 김해지방에 토착하고 있었던 독립된 단위집단들을 일단 구간(九干) 세력으로 간주한다면, 아마도 이들은 고고학상 B.C. 3~2세기 이래 김해시 대동면(大同面), 주촌면(酒村面), 장유면(長有面) 등지에서 청동기문화를 배경으로 형성되어 있었던 초기철기시대의 정치집단들에 비정될 수 있을 것이다.[48]

---

48) 김해시 내동·동상동·서상동·풍류동·구산동 지석묘 유적, 김해군 대동면 감내리, 주촌면 망촌리·양동리, 장유면 무계리·신문리, 진영읍 신용리 등지의 지석묘 유적들이 알려져 있다. 박경원, 「선사시대의 문화재」

이들 각 정치집단들은 중심읍인 국읍을 비롯한 다수의 읍락군으로 구성되어 있었다. 결국 『삼국유사』의 구간도 변진 구야국(狗邪國)을 구성하는 대소 읍락집단으로서 이 경우 읍락은 단일한 촌락이 아닌 다수의 촌락군을 포함하는 소규모 단위집단이었다.

특히 소규모 읍락들은 대개 두세 점 미만의 청동기를 부장하는 단일한 지배자에 의해 통솔되는 독립된 정치집단으로 이해된다. 그리고 읍락들도 대두 시기나 문화 배경을 조금씩 달리하고 있으며 지배 기능상에도 개별적인 차이가 있다. 그 지배자가 제사장의 기능을 겸하거나 석관묘를 축조하던 집단들이 상대적으로 대두 시기가 이르며 토착성이 강하다. 이에 비해 그 지배자가 무기류를 주로 부장하면서 토광묘를 축조하던 집단들은 주로 정치, 군사적인 기능이 중요시되는 새로운 추세 속에서 대두되는 집단들이다. 이러한 읍락들은 대개 1천 호 미만의 세력집단들로 추정되며 소국 성립 이전 단계부터 정치, 경제적으로 우세한 지배신분이 형성되어 있었던 불평등사회이며, 생산활동을 전개하는 독립된 경제영역을 소유하고 의제적(擬制的)이긴 하나 혈연의식을 바탕으로 성립된 정치단위집단을 나타내 준다.

그러나 김해지방의 이러한 소집단들도 B.C. 1세기 말엽 이후에는 지배영역과 지배권력상에 상당한 변화를 가져오고 있었던 것 같다. 즉 주촌면 양동리 토광묘에서 출토된 1세기경의 유물군[49]은 유물의 그 수량과 내용면에서 이전 시기의 고분의 내용과 비교해볼 때 그 내용이 완연히 다르며 이는 이들이 이전 단계의 지배자보다는 훨씬 강화된 새로운 권력을 가지고 있었을 가능성을 보여주고 있는 것이다. 이들은 김해시 회현리 패총에서 발견된 왕망(王莽)대의 화천[50]이나 양동리 토

『경상남도지』 12, 1978, 25쪽 ; 김정학, 「김해지방의 선사문화」 『김해지역 종합학술조사보고서』, 1973, 13쪽.

49) 박경원, 「김해출토 청동유물」 『고고미술』, 106·107합집, 1970 ; 임효택, 「낙동강하류 가야토광묘의 연구」 『한국고고학보』 4, 1978.

50) 濱田耕作·梅原末治, 『金海貝塚發掘調査報告』, 1922.

광묘에서 출토된 후한경(後漢鏡)을 통해 알 수 있듯이 한군현과 빈번한 교역을 행하고 있었으며 더욱이 김해지방에서 주로 발견되는 중광동모(中鑛銅鉾)를 비롯한 1세기 이후의 일부 청동기가 일본열도에서 제작된 것이라고 한다면[51] 그 교역의 대상은 한반도에 국한되지 않았음을 알려주고 있다.

한편, 농업면에서의 철제농기구의 발달과 더불어 미작농업의 보편화는 중요한 사회문화 변화의 주역의 하나가 되고 있다.

土地肥美 宜種五穀及稻 曉蠶桑作縑布 乘駕牛馬駕娶禮俗 男女有別
(『삼국지』 동이전 변진조)

즉 토지가 기름져서 오곡과 도작이 잘 되고 잠상을 익히 알아서 겸포를 짜고 우마를 타고 다녔다고 한 이 기록은 변진에 공히 해당되는 것으로 이것은 3세기 이전에 이미 낙동강과 그 지류에 펼쳐진 평야의 비옥한 농경지를 이용한 대대적 농업이 이루어지고 있었으며 잠상과 겸포 등의 수공업 등도 이루어졌음을 시사해 주고 있다. 진수(陳壽)의 『삼국지』가 기원전부터 유구한 전문(傳聞)을 기록한 3세기의 사서라는 사실을 감안할 때 실제 우경은 3세기 이전으로 소급된다고 보아야 할 것이다.[52]

또한 우수한 철기문화는 농기구의 철기화를 가져왔으며, 우마를 이용한 심경(深耕) 등으로 인한 생산력의 증가 또한 높았을 것이다. 분묘에서 출토되는 철기류 가운데 농기구가 많은 것은 농업이 당시의 기간산업이었음을 증명해 주고 있다. 그 외에 가야지역에서 발굴되는 토기류 가운데 시루는 곡식을 재료로 하여 식품을 만들던 도구인 만큼 이

---

51) 윤무병, 「김해출토의 異型 銅劍 銅鉾」『유홍렬박사 화갑기념논총』, 1971, 525쪽.
52) 문경현, 앞의 글, 41쪽.

들의 대량 발견은 농업의 발달을 시사해 주고 있다. 이러한 가야지역의 농업생산력의 향상은 결국에 가서는 인구의 증가와 초혈연적인 주민의 다양한 구성을 가져올 수밖에 없었다고 보여진다.

이처럼 철자원의 개발, 철기 제작기술의 보급, 농경문화의 급진적 발달, 그리고 이로 인한 인구의 증가 등 기원을 전후한 시기에 이르러 이 일대를 중심으로 진행된 일련의 발전 추세를 인정한다면 이를 배경으로 하는 새로운 지배권력의 대두 과정도 쉽게 상정할 수 있는 것이다. 물론 지역에 따라 새로운 기술의 수용이나 습득 과정이 다소 달랐을 것이며 정치권력 성장의 구체적 계기도 각양이었을 것이나, 일단 김해지방에서는 가락국기의 수로왕 대두 기사에서 이같은 이 지역의 전환 계기의 일단을 구해 볼 수가 있다.

요컨대 김해지방을 중심으로 성립되어 있었던 개별적인 정치집단들의 형성 과정은 B.C. 1세기 이전 단계의 선주 세력집단 속에서 이미 찾아질 수 있을 것이나 『삼국지』의 변진구야국은 철자원의 개발, 철기 제작기술의 보급, 농업의 다양화, 대외교역의 전개 등 정치·문화적인 발전 추세 속에서 수로집단과 같은 새로운 지배세력의 대두를 바탕으로 그 적극적인 발전 계기가 마련된 것이다. 그러므로 수로집단의 대두와 구야국의 성립은 김해지방 최초의 정치집단의 형성이라기보다 김해읍 주촌면, 장유면 등지에 분포되어 있는 B.C. 3세기경 초기철기 유적을 형성했을 선주 세력집단들의 통합과정의 결과로서 더 발전된 정치단위체로 형성된 형태로 볼 수 있다.[53]

그것은 곧 위씨조선계 유민과 문화의 유입, 초기철기문화의 배경으로 청동기문화 단계의 지석묘, 석관묘계 소집단들이 통합되어 보다 확대된 정치집단으로서 변진구야국이 성립되는 과정으로 설명되어질 수 있다.

구야국의 국가로의 발달 과정은 가야지역에서 출토되는 유물 유적

---

53) 이현혜, 앞의 글, 93~94쪽.

등 그 문화 양상을 통해서도 쉽게 알 수 있다. 출토유물들을 살펴보면, 첫째, 김해 양동리 유적에서는 동검 2점, 동모 4점, 동검병(銅劍柄) 1점, 마형검파두식(馬形劍把頭式) 1점, 검초금구(劍鞘金具) 1점 등 청동기와 철검 2점, 철모 등 철기 및 방격규구경(方格規矩鏡) 등이 출토되었다.[54] 둘째, 김해 회현동 패총에서는 연질계의 적갈색 토기, 경질계의 회청색 토기, 유흑색(黝黑色) 토기 등 양질에 속하는 토기와 호형(壺形) 토기, 옹형(甕形) 토기, 증형(甑形) 토기, 두형(豆形) 토기 등 도작농경적인 토기류를 비롯하여 철부, 철겸(鐵鎌), 철도자 등 농경적인 철기와 첨두기, 침류, 촉(鏃) 등 골각기, 유리제 조옥(棗玉), 탄화미, 그리고 중국 왕망시대의 화천이 출토되고 있다.[55] 셋째, 김해 부원동유적에서는 연질계 적갈색 토기, 경질계 회청색 토기로 된 역시 호형 토기, 옹형 토기, 증형 토기 등과 고배류, 기대류, 광구완류(廣口盌類) 등이 출토되고 또 철도자, 철부, 철조(鐵釣) 등의 철기와 도자병(刀子柄), 추(錐), 첨두기, 복골(卜骨) 등의 골각기와 지석(砥石), 석부, 연석(碾石), 유구석부, 마제석검, 석촉(石鏃) 등 석기와 쌀(米), 보리(麥), 밀(小麥), 팥(小豆) 등 탄화곡물이 출토되어 상당히 넓은 분포의 초기철기시대 문화 양상을 밝혀주고 있다[56](<표 2> 참조).

위에 열거한 양동리 유적 출토의 방격규구경인 방상경(方尙鏡)과 회현리 패총 출토의 화천 등을 통해 이 유적의 상한은 A.D. 1세기의 연대를 보여주며 구야국 문화기에 해당한다. 또 부원동 유적도 인근 웅천 패총과 더불어 전자들과 같이 일단 상한은 A.D. 1세기, 하한은 A.D. 3세기경으로 볼 수 있어서 이 역시 구야국 문화기에 해당한다.

---

54) 金廷鶴, 「靑銅器文化後期의 遺蹟 - 金海良洞里遺蹟」 『任那の日本』, 小學館, 1973, 62~70쪽.

55) 1920年度古墳調査報告　第1冊(金海貝塚發掘調査報告), 1923 ; 榧本杜人, 「金海貝塚の再檢討」 『朝鮮の考古學』, 東京 : 同朋舍, 1980, 59~83쪽.

56) 심봉근, 『김해부원동유적』(동아대박물관 고적조사보고 제5책), 1981 참조.

특히 양동리 유적에서 출토된 동검은 퇴화 양식이 고분기 초기의 것으로 함께 출토된 철검과 철모도 고분기로 이행하는 시기의 형식이며 회현리 패총에서 출토된 철부, 철겸, 철도자 역시 고분기로 접근하고 있는 시기의 유물이다. 특히 부원동 유적에서 출토된 유물은 역시 웅천 패총에서 출토된 유물과 같은 양식과 성격을 지니고 있어서 결국 동일 문화권의 것임을 알 수 있는데, 부원동유적의 출토유물인 철도자, 철촉, 철모 등을 비롯한 방추차와 곡옥, 관옥(管玉), 환옥(丸玉), 소옥(小玉), 다면옥(多面玉) 등 식옥류(飾玉類)는 이미 고분기의 양식으로 이행되고 있는 물건들이다. 특히 토기에서는 연질계 적갈색 토기가 다수를 차지하였는데 호형 토기, 증형 토기, 옹형 토기 등과 광구소호 발형토기(廣口小壺 鉢形土器), 고배 경질계 회청색 토기로서는 승석문단경호(繩席文短頸壺), 장경호(長頸壺), 유대장경호(有臺長頸壺) 등과 유대이부대완(有臺耳付大盌), 유대양이부완(有臺兩耳付盌), 유대이부소완파수부 광구소호(有臺耳付小盌把手付廣口小壺), 소형기대, 고대형(高大形)기대, 저평고배(低平高杯), 고각형(高脚形)고배 등은 이미 가야토기의 시원형 또는 전형적인 초기 가야토기 단계로 전환된 시기의 것임을 알 수 있다.

최근 김해 대성동 고분 3차 발굴에서는 구야국의 집단취락지로 추정되는 B.C. 2~A.D. 1세기쯤의 환호 유적이 발견되어 학계의 비상한 관심을 모으고 있다. 수혈식 석곽묘의 아래쪽에서 윗부분이 파괴된 채로 발견된 환호는 현재 약 5m 가량이 확인되었는데 깊이 약 70cm, 너비 1~2m의 크기이다. 외부인의 침입을 막기 위해 설치한 방호(防濠) 시설인 환호는 당시의 취락구조와 사회발전 단계의 연구에 귀중한 단서가 될 것으로 평가되고 있다.[57]

이상 기술한 바대로 구야국은 A.D. 1세기경부터 이미 국가로서의

---

57) 경성대의 대성동고분 발굴조사단이 1992년 2월 28일 현장에서 3차 발굴 성과를 발표한 것이다.

<표 2> 김해유적지의 유물분석표

出土地名	土器										石器					骨角器					
	赤褐色軟質系土器	灰青色硬質系土器	黝黑色土器	壺形土器	甕形土器	甑形土器	豆形土器	高杯類土器	器臺類土器	廣口盌土器	砥石	斧	碾石	磨製石劍	鏃	尖頭器	針	鏃	刀子柄	錐	卜骨
金海良洞里遺蹟																					
金海會峴洞貝塚	○	○	○	○	○	○	○									○	○	○			
金海府院洞遺蹟	○	壺形甕形甑形		○	○	○		○	○	○	○	有溝石斧	○	○	○	○			○	○	○

出土地名	青銅器				鐵器							玉類		其他			參考
	劍	鉾	劍柄	劍鞘金具	鉾	刀子	斧	釣	鎌	劍	錐	棗玉	方格規矩鏡	炭化穀物	貨泉	유리製	
金海良洞里遺蹟	把頭式	○	○	○	○					○	○		○ AD1世紀것				鐵劍과 鐵鉾
金海會峴洞貝塚						○	○		○	○					○ AD1世紀것	○	鐵斧, 鐵鎌, 鐵刀子도 古墳期에로 접근
金海府院洞遺蹟						○	○	○						米麥小麥小豆			鐵刀子, 鐵鏃, 鐵鉾, 飾玉類는 古墳期 양식으로 이행. 伴出土器는 가야토기의 原型

체제를 갖추어 가야국으로의 이행 전환이 시작하였으며 문화적으로도 고분기의 가야양식을 형성하기 시작하였다.[58]

이상에서 김해지방을 중심으로 구야국(금관가야)의 국가 발전의 모습을 고고학적 자료를 통한 검토를 시도해 보았다. 이를 정리해 보면 다음과 같다.

가야 제국은 구야국이 성립되기 이전의 소규모로 구성된 개별적인 소정치집단들의 통합 변천과정이 그 모체가 되었던 것이다. 그리고 이 시기는 잠정적으로 B.C. 3세기경부터 B.C. 1세기경까지로, 이 시기를 가야 제국의 바탕이 마련되는 태동기로 볼 수가 있다.

따라서 가야는 『삼국유사』 가락국기의 설화적인 기록처럼 어느 한 시기에 갑자기 형성된 것이 아니며 삼한 중 변한을 계승 발전시킨 이 지역의 수많은 정치집단인 소국 형태가 동질적인 정치, 경제, 사회, 문화의 기반 위에서 발전 형성된 것으로 보는 것이 당연하다. 다만 이 시기에 대해서는 고고학적 연구 결과의 분석을 그 토대로 하는 연구 결과에서 찾아질 수밖에 없으며 김해시와 김해군 일대에 분포되어 있는 신석기시대의 유적[59]으로부터 B.C. 1세기 전후 시기의 유물 유적을 통해 고찰할 수가 있다. 결국 가야의 태동기는 변한이 김해지방을 중심으로 가야로 전환되는 시기라고 보는 것이 옳겠다. 또한 가야가 삼한 소국의 형태에서 고대국가 체제를 갖추게 된 시기는 본가야의 분묘의 구조 및 양식을 고려하여 볼 때 이미 고분기에 돌입하고 있지만 이들 고식고분에서 출토되는 토기류와 철기류 등은 초기 고분기의 양식을 갖추기 시작하고 있는 것을 고려할 때 이들이 A.D. 2세기경 고분의 발

---

58) 이은창, 「가야고분의 편년연구」 『한국고고학보』 12, 1982, 162~163쪽.
59) 김해지방에서 발견된 대표적인 신석기시대의 유적으로는 김해군 장유면 수가리(水佳里)패총, 주촌면 양동리·천곡리(泉谷里)·농소리(農所里) 패총, 가락면 죽림리패총, 모산면(慕山面) 범방리(凡芳里) 패총 등이 알려져 있다. 박경원, 「경상남도사적유적유물지명표」 『고고미술』 2-4, 1961 ; 정징원, 「김해지방의 즐문토기문화」 『우헌정중환박사 환력기념논문집』, 1976 ; 정징원·임효택·신경철, 『김해수가리패총』 I, 1976 ; 김용기, 「농소리패총 발굴조사보고」 『古文化』 4 등이 있다.

생기의 것으로 편년해 볼 수 있겠다.60) 특히 김해 양동리에 있는 2세기 초 토광목관묘로 추정되는 55호분에서는 제정일치시대의 삼보(三寶)인 검(劍), 경(鏡), 옥(玉)이 완전한 세트를 이뤄 출토되어 이 고분의 주인공이 금관가야의 전단계인 구야국의 정치적인 실력을 갖춘 제사장(天君)이었음이 밝혀졌다.61) 따라서 가야의 성립기는 그 상한은 A.D. 1세기경 그리고 하한은 2세기경으로 잡아 볼 수 있다.

　가야의 발전기는 A.D. 200년경부터라고 정리될 수 있겠다. 이를 뒷받침하는 고고학적 자료는 전형적인 고분양식 분석 결과이다. A.D. 200년경부터 300년경에 이른 사이에 소형 석곽분이 축조되기 시작되고 또한 이러한 소형 석곽분을 주체로 하고 그 주위에 옹관을 다수 포함한 다곽식 고분이 형성되고 있다. 또한 와질(瓦質)옹관이 증가되고 옹관과 석관묘의 복합분도 나타나는데 특히 주목되는 것은 이 시기에는 소형 석곽분이 주류를 이루면서 봉토가 만들어졌다는 사실이다. 이러한 고분의 발견은 부산 초명동(草明洞) 고분, 오륜대(五倫臺) 고분, 북사동(北四洞) 2호분 등에서 찾아지는데 이 기간은 가야의 발전기로서 이 시기에 고분의 전형적인 양식이 등장하고 있었던 것이다.62)

　가야지역의 문화의 변화는 고고학적인 자료를 통하여 보면 초기철기시대에서 점진적으로 가야문화기로 발전, 성장하였음을 알 수 있게 하는데 그 변화란 갑작스런 변화가 아닌 점진적인 변화였음이 눈에 띈다. 그 좋은 예로 성산(城山)유적을 들 수 있겠다. 이 유적은 토성을 중심으로 한 거주유적으로서 초기철기시대부터의 유적이지만 이 유적의 후기 문화층에서는 가야토기들이 발견되어 이들은 가야기의 소국가였던 것이 실질적으로 밝혀져 있다. 결국 이 성산유적은 역사에 기록된 변한의 가야국가화를 실질적으로 증명해 주는 유적인 것이다.

---

60) 이은창, 앞의 글, 1982, 203~206쪽.
61) 임효택, 「가야의 실체 찾는다(2)」『동아일보』, 1992년 3월 16일자 참조.
62) 이은창, 앞의 글, 1982, 203쪽.

또 성산 패총에서 발견된 유물에 대한 방사성동위원소 측정 결과는 2200±100 B.P., 2125±100 B.P. 등으로서[63] 대단히 중요한 의의를 지니고 있다. 즉 이러한 절대연대는 성산유적이 기원 전후의 초기철기시대의 유적이었음을 증명해 주고 있는 것이다. 그런데 이 유적 후기층에서 가야토기가 발견되기 때문에 이 유적이 가야소국으로 변화하였고 결국 3~4세기까지는 고립된 형태로 초기철기문화를 그대로 견지해 왔었다가 가야문화로 변해 간 그간의 사정을 잘 보여주고 있다.

3. 가야사의 시대구분

가야의 국가 발전단계에 관한 연구로는 우선 가야를 '부족국가'들이 연합한 '부족연맹'으로 이해하려는 '가야연맹설'을 들 수 있다.[64] 이 학설의 주창자인 손진태는 한국사 전반에 걸친 국가발전 단계를 구분하는 가운데 구지봉 모임의 구간(九干)과 수로(首露)의 관계에서 성립된 가야 제국의 하나인 가락국과 몇몇 강력한 부족국가가 연합하여 이루어진 부족연맹왕국으로 이해하였다.

이병도는 가야 제국은 연맹체로서 상가라(上加羅)와 하가라(下加羅)로 존립하였다고 보고 이러한 형태는 나일강 유역에 있었던 상왕조, 하왕조와 유사한 것으로 파악하였다. 또한 『삼국유사』의 가락국 건국설화 및 5가야조 등을 분석하면서 가야를 연맹국가의 성격을 지니고 있다고 보고 있을 뿐, 고대국가 단계로의 성장에 대해서는 언급하지 않고 있다. 그는 상가라를 낙동강 중류지역인 대가야 즉 지금의 고령 일대로 비정하고, 하가라는 낙동강의 하류지역인 본가야 즉 지금의 김

---

63) 손보기 외, 「층위의 토양 분석과 조가비 및 고동물뼈의 감정」 『마산외동 성산패총 발굴조사보고』, 문화공보부 문화재관리국, 1976, 302쪽.
64) 손진태, 『손진태선생전집』 1, 태학사, 1981, 21~32쪽.

해 일대로 비정하고 있다. 그리고 이 양국은 변진 12국 중 미오야마(彌烏邪馬)와 구야국(狗邪國)에서 각각 발전한 것으로 보았으며, 대가야를 임나, 본가야 즉 금관가야를 가야, 가라로 보았다. 그는 이 상·하 가라를 가라연맹의 2대 중심지로 보고 이들은 각기 세력이 상대적으로 우세할 때 맹주국의 역할을 하였으나 이 중 금관가야가 훨씬 강하여 오랫동안 맹주국으로서의 위치를 고수하여 후에는 상가라인 임나로까지 세력을 확대하였다고 주장하고 있다.65)

그러나 최근에는 가야의 국가발전은 '부족연맹'과 같은 국가형태가 아닌 '성읍국가'의 단계에서 소규모의 '영역국가'의 형태로 진척되었다는 견해가 대두되고 있다.66) 즉 천관우는 한국 및 중국측 사료와 『일본서기』 등의 문헌자료를 중심으로 가야의 정치사를 중점적으로 분석, 검토하였다. 그는 가야사를 조기 가야사, 중기 가야사, 만기 가야사로 시대구분을 하면서 가야는 변한의 부족국가 형태에서 성읍국가 형태로까지의 발전은 있었지만 대규모의 영역국가로 발전하지는 못하였음을 설명하고 이러한 현상은 결국 가야 멸망의 중요한 원인이었다고 지적하고 있다.

또한 가야의 국가발전을 '읍락국가'로 보려는 견해도 있다.67) 이는 처음 김정학에 의해 제시된 견해인데 그는 가야고분에 대하여 그 규모나 출토품에 있어서 고신라(古新羅) 성시의 고총고분에는 훨씬 못 미치는 것이지만 그러나 가야가 최후까지 각 지방에 읍락국가로 분립하고 있었기 때문에 각지에는 상당히 큰 고총고분들이 산재해 있고 거기에는 매우 훌륭한 부장품들이 매장되어 있음을 주목해야 할 것이라고 하였다. 결국 신라는 많은 읍락국가들을 통일해서 왕국을 형성하고 정치, 문화의 중심지인 경주를 정점으로 고분의 규모도 광대하고 부장품

---

65) 이병도, 『한국고대사연구』, 박영사, 1981, 303~305쪽.
66) 천관우, 「삼국의 국가형성」 『한국학보』 하, 1976, 147쪽.
67) 김정학, 「고대국가의 발달(가야)」 『한국고고학보』 12, 1982, 5쪽.

도 풍부하였으나 그 외의 인근지역에서는 가야의 각 지역에서 볼 수 있는 수준의 고총고분도 발견되지 않고 있다고 한다. 그러므로 가야 제국의 국력은 전체적으로 고신라의 국력과 비교할 경우 지금까지의 인식을 새로이 검토해야 한다는 주장은 의미가 있다.

김정학은 이러한 고고학적 자료를 중심으로 가야사를 전기와 후기로 나누고 가야 전기를 '읍락국가연맹'으로, 가야 후기를 '가야연맹'으로 규정하면서 가야 제국의 국가 형성 과정을 고찰하였다.[68] 그는 '부족국가'라는 용어가 원시부족이나 미개국가를 의미하는 뜻으로 인식되는 경향이 있다고 지적하면서, 위지 동이전에서의 읍락을 부족으로, 변진사회의 '국'을 '읍락국가'로서 이해하였다.[69] 읍락국가의 사회 수준과 형성 시기를 김해지역에서는 철기시대가 시작되기 이전인 A.D. 1세기 이전인 청동기시대로 상정하였다.[70]

이어서 김정학은 '읍락국가'의 다음 단계는 초기철기시대인데 A.D. 1세기경 이후부터는 변진이라는 '읍락국가연맹'이 형성되었다고 보았다. 이는 '가야연맹설'에서 연맹의 형성을 A.D. 3세기경 이후로 보는 종래의 견해와는 달리 연맹체 성립의 기원을 변한에서 찾고, 철기의 발달, 도작농의 실시, 그리고 토기의 우수성 등을 근거로 하여 이미 A.D. 1세기경에는 이러한 국가형태가 성립되고 있었다고 보는 것이다.

가야 제국 간의 정치적 관계를 고려하여 '가야연맹'의 존재를 밝히고자 하는 입장과는 달리 경제적 유대를 중심으로 연맹체가 형성, 발전되었다고 보는 견해도 있다. 문경현은 '가야연맹'의 성립은 낙동강 충적평야의 도작 농산물과 산지의 철산 및 남해안 일대의 해산물 등의 경제적 기반에 근거를 두었기 때문으로 보았다. 특히 대가야의 철과 소가야·김해가야의 해산물, 아라가야 ·고타가야(古陁伽耶 : 晋州)·

---

68) 위의 글, 2쪽.
69) 위의 글, 2쪽.
70) 위의 글, 2~5쪽.

김해가야의 농산물 등이 매개체가 되어 가야 제국은 교역을 통한 상호 보완적인 유통관계가 이루어지면서 연맹체의 형성이 가능하게 되었다는 것이다.71)

보다 구체적으로 부언한다면 그는 가야연맹이 형성되는 그 원동력을 경제적 측면에서 고찰하여 그 첫번째의 근거로 낙동강 하류유역의 온난다우한 비옥한 평야의 풍부한 미곡생산을 들었다. 당시 반도의 주곡이 조, 기장이었을 때 월등한 도작문화는 이 지방의 인구를 증가시키고 치수, 수리의 관개사업들은 권력의 집중, 조직화를 이루게 하였고 고대의 가야국의 형성을 보게 된 것이다. 둘째로 가야영역인 남해안의 풍부한 해산물의 양산은 부를 집중시키고 내륙과의 교환경제 구조를 형성하게 하여 가야연맹 형성의 한 원동력이 되었음을 강조하였다. 그 다음은 가야연맹 내의 풍부한 철기의 생산력을 들 수 있는데 이것은 우수한 농기구의 양산을 가능하게 하였고 농기구의 대량공급은 농업 생산력을 높여주는 결과를 가져왔다. 그리고 이러한 풍부한 양곡(糧穀)의 생산은 인구의 급격한 증가를 가져오게 되고 또한 철기의 방대한 생산은 병기의 대량생산도 가능하게 하여 강대한 군대를 무장시킬 수 있었다. 이와 같은 경제적 발전으로 말미암아 가야 제국은 강대한 연맹국으로 성립할 수 있었다고 하는 것이다.

이를 기초로 그는 이노우에(井上秀雄)의 견해를 수용하여 가야 제국의 국가발전 단계를 '도시국가'로서 이해하여 '가야연맹'을 경제적 문제가 중심이 되어 '도시국가' 간에 성립, 유지된 연맹체로서 설명하고 있다.72) 이러한 견해는 '가야연맹'이 가야 제국의 경제적 필요에 따라 형성되었다고 보는 입장이며 그 입론의 근거가 되는 것은 가야 제국 간의 활발한 교역이라고 할 수 있겠다.

---

71) 문경현, 「가야연맹 형성의 경제적 고찰」 『대구사학』 제12·13 합집, 1977, 33~34쪽.
72) 위의 글, 34쪽.

이렇게 종래의 '가야연맹설'에 관한 견해들은 『삼국유사』의 5가야조와 동조의 『본조사략』 분주(分註) 기록, 그리고 가락국기의 내용에 지나치게 집착한 나머지 가야 제국들을 단순한 연맹의 형태로밖에 파악하지 않았던 것이다. 종래의 이러한 이해는 정치적 관계나 경제적 유대가 가야 제국의 연맹체 형성의 기반이었다고 보았으나 끝내 가야연맹은 '부족연맹 단계'를 탈피하지 못하다가 강력한 신라라는 고대국가에 의해 멸망된 것처럼 이해하고 있었던 것이다.

가야가 부족연맹 단계에 머물렀다가 멸망했다는 논거는 가야사 전체를 단순히 '부족연맹체'라는 도식적인 패턴으로 파악한 것이기 때문에 시대의 진전에 따라 변화하는 모습의 실체를 문헌과 고고학적 자료를 바탕으로 면밀히 고찰해야 하는 새로운 연구 접근방법이 필요하게 된다.

이러한 시각으로 지금까지 살펴본 문헌과 고고학적 검토를 토대로 가야의 시대구분과 더불어 가야사의 발전 추세에 따른 국가형태의 변화에 대한 새로운 상정이 가능하다고 보는 것이다. 우선 가야의 태동기인 B.C. 3세기경부터 B.C. 1세기경까지는 청동기 및 초기철기시대의 문화를 바탕으로 한 평등사회에서 계층화된 사회로 이행되는 과도기라고 할 수 있으며 이를 발판으로 부족국가 시기가 시작되었다.[73]

그리고 가야의 성립기는 A.D. 1세기경부터 2세기경까지로서 김해나 고령, 고성 등지에 도시국가가 형성되었다. 이 시대에는 농업과 광업, 수산업 등의 산업발달에 따른 생산성 향상으로 잉여물자의 축적과 인구의 증가를 야기시켜 복잡한 사회로 변모해 가고 있었으며 한편으로는 정치적, 경제적, 종교적 제반 활동을 조정하는 독자적인 중앙기구의 출현으로 조직적인 사회가 되어 갔다고 볼 수 있다.[74]

---

73) 부족국가의 상정은 철자원의 개발, 철기 제작기술의 보급 등 기원을 전후한 시기에 김해지방 일대를 중심으로 진행되었던 유물 유적의 발굴 추세를 감안해 볼 때 가능하다.

대가야의 철과 소가야(고성), 금관가야의 해산물, 아라(阿羅)가야, 고타가야(진주), 금관가야의 농산물 등이 매개체가 되어 가야 제국은 교역을 통한 상호 보완적인 유통체계가 이루어지면서 교역을 중심으로 한 도시국가 형성이 가능해진 것이다. 이 시기의 대표적인 도시국가인 금관가야의 활약상이 낙동강 하류에서 신라와 자웅을 다툴 정도로 강성하였음은『삼국사기』에서도 익히 볼 수 있다.75) 고고학적인 측면에서도 김해 양동리 유적의 묘제가 2세기 중반부터 목관묘에서 목곽묘로 변화하는데, 이는 소국가시대인 구야국에서 금관가야로 변하며 본격적인 가야 발전기76)의 토대를 마련하는 것으로 상정할 수 있다.

가야의 발전기인 A.D. 3세기경부터 5세기 말엽까지는 고총고분의 시대로 도시국가의 지배권이 확장되어 고대국가 단계의 영역국가로 성립하였다. 그 대표적인 영역국가가 아라가야(안라)와 대가야이다.77) 가야 발전기의 모습은 가야지역에서 발굴 조사된 수혈식 고분 자료에서도 찾아낼 수 있다. 즉 가야지역의 수혈식 고분은 이 지역 선사시대 묘제의 전통을 계승한 것으로서 이것이 가야묘제로 발전하는 시기는 김해 부원동 석곽분과 창원 삼동동(三東洞) 석곽분의 연대인 A.D. 3세기 중반부터이다.

이어서 4세기 후반부터 축조되기 시작한 석실분은 5세기로 들어서면서 각 지역의 지배층 분묘로 나타난 부산 복천동 고분, 고령 지산동

---

74) 1세기경의 사회상은 가락국기에 언급되어 있고 수많은 고분과 그 외 부장품들도 이를 뒷받침해 준다.

75) A.D. 1세기경부터 2세기경까지의 이 시기에 가야와 신라가 서로 비슷한 수준의 국력을 갖고 있었음은『삼국사기』新羅本紀 第一 祗摩尼師今 4年 條에도 기록되어 있다. '四年春二月 伽耶寇南邊 秋七月 親征伽耶帥步騎 度黃山河 伽耶人伏兵林薄 以待之 王不覺直前 伏發圍數重 王揮軍奮擊 決圍而退 五年秋八月 遣將侵伽耶 王帥精兵一萬 以繼之 加耶嬰城固守 會久雨乃還'.

76) 임효택,「가야의 실체 찾는다(2)」『동아일보』, 1992년 3월 16일자 참조.

77) 영역국가로서 안라국의 국력은 고대국가 수준과 같을 정도였다.

32~35호분, 함양 백천리 고분, 함안 도항리 2호분[78] 등으로 이들은 모두 5세기대에 편년되는 것이다.

그리고 이 연대가 지금까지 발굴 조사된 가야지역 수혈식 묘제의 중심연대이며 가야의 발전기라고 생각된다. 가야지역 수혈식 고분 중에서 최대형이며 다곽순장묘인 지산동 44, 45호분의 연대는 가야의 최성기인 5세기 후반으로 생각되는데 이 고분의 축조 연대가 대형 수혈식 석실분의 말기일 것이다.[79] 최근에 합천 옥전(玉田) 36호분에서 5세기대의 것인 금동보관이 3개씩이나 출토되었다는 것[80]은 김해나 고령지역 외에도 옥전 일대를 비롯한 여러 가야지역이 이 당시에 번성하였음을 나타내주고 있다.

이 시기를 문헌에서 살펴보면 가야는 479년에 남제(南齊)에 사신을 보내고[81] 481년에는 신라, 백제와 연합하여 고구려의 침공을 격퇴하고 있다.[82] 이와 같이 중국과 독자적 외교관계를 수립하고 외국에 군대를 파견하는 것은 가야의 정치력이 신장하여 고대국가로서의 면모를 보이는 것으로서 이 시기가 가야의 발전기 중 최성기임을 알 수 있다.

가야의 쇠퇴기인 A.D. 6세기 초엽부터 중엽까지는 이들 영역국가와 고구려, 신라, 백제 및 왜가 자국의 이익을 위하여 각축을 벌이던 시기이다.

이러한 새로운 가야의 시대구분을 도표화하면 다음과 같이 정리될

---

78) 梅原末治,『朝鮮古代の墓制』, 日本國圖書刊行會, 1972, 112쪽 및 도판 28 ; 金基雄,『伽耶の古墳』, 東京 : 學生社, 1978, 64쪽.
79) 김세기,「수혈식묘제의 연구(가야지역을 중심으로)」『한국고고학보』14, 15, 1983, 69~70쪽.
80) 경상대발굴단이 5차 옥전고분 발굴에서 발견한 유물이다.
81)『南齊書』권58, 東南夷傳 高帝建元 元年條, ‘加羅國 三韓種也 建元元年 國王荷知使來獻 詔曰量廣始登 遠夷洽化 加羅王荷知款關海外 奉贄東遐 可授輔國將軍本國王’.
82)『삼국사기』신라본기3 炤知麻立干三年條, ‘三月高句麗與靺鞨入北邊 取狐鳴等七域 又進軍於彌秩夫 我軍與百濟加耶援兵 分道禦之’.

수 있다.

<표 3> 가야의 시대구분과 국가형태의 변천

시대구분	기간	국가형태
가야의 태동기	B.C. 3C경~B.C. 1C경	부족국가
가야의 성립기	A.D. 1C경~A.D. 2C경	도시국가
가야의 발전기	A.D. 3C경~A.D. 5C경	영역국가
가야의 쇠퇴기	A.D. 6C 초엽~A.D. 6C 중엽	영역국가

결국 가야의 시대구분은 지금까지의 문헌에 근거하거나 다른 하나의 문화발전의 단계를 상정하여 이에 입각한 가능성의 여부로서 보는 등의 여러 가지 견해가 있었다는 것을 정리하여 보았다. 그러나 결론은 이러한 문헌적인 정리나 문화 발전단계설에 입각한 시대구분보다는 고고학적 자료와의 연계에서 보다 정확한 새로운 시대구분이 가능하다는 사실을 정리해 낼 수 있었다. 그 결과 가야국 이전의 소국의 성격과 그 시대를 4개의 새로운 단계의 발전기로 나눌 수 있었다. 이러한 시대구분은 가야의 발전단계의 시발을 B.C. 3세기까지 거슬러 올라갈 수 있다는 사실을 밝혀 볼 수 있었다.

4. 가야의 강역

대가야의 경역에 관해서는 『삼국유사』의 가락국기에 다음과 같은 기사가 있다.

國稱大駕洛 又稱伽耶國 卽大伽耶之一也 餘五人各歸爲五伽耶主東
以黃山江 西南以滄海 西北以地異山 東北以伽耶山 南以爲國尾

위에서 6가야의 동계(東界)를 황산강이라고 하였는데, 황산강은 낙동강 하류의 옛이름이다. 6가야의 동계를 황산강이라고 한 것은 대체적으로 말한 것이요, 엄밀히 말하면 지역에 따라서는 낙동강의 동쪽에 위치한 가야도 있다. 예컨대 달구벌(대구), 비자벌(창녕)은 낙동강 동쪽에 있는 가야국들이다. 또한 동북계를 가야산이라고 한 것도 문제는 있다. 왜냐하면 『삼국유사』의 5가야조에 있는 성산가야와 고령가야는 모두 가야산보다 더 북쪽에 위치하고 있기 때문이다.

이에 대해 이병도[83]는 가야산을 북극으로 하고 황산강을 동극으로 한다면 대가야와 성산가야 등이 거기에서 제외되므로 그렇게 볼 수 없고 본가야의 영역으로도 볼 수 없다면서 추측이란 단서를 붙이고 본가야 중심의 6국연맹이 후일 대가야 및 성산가야 등의 탈퇴로 인하여 조금 축소된 즉 4국연맹체의 강역일 것이라고 하였다.

또 스에마쓰(末松保和)는 『임나흥망사』[84]에서 『일본서기』 게이타이기 6년조에 나오는 상치리(上哆唎), 하치리(下哆唎), 사타(娑陀), 모루(牟婁)의 땅을 언어학적으로 고찰하여 상치리와 하치리를 전라남도의 광주~영암 지방으로 비정하고, 모루를 영광·무안·고창, 사타를 구례로 비정하고 있는 바 그렇게 되면 가야의 영역은 전라남도 지방으로까지 확대되게 된다. 그러나 스에마쓰가 이렇게 가야의 영역을 그만큼 확대시킨 것은 가야와 연계가 있는 당시의 일본세력이 넓은 지역에 영향을 미쳤음을 나타내기 위한 의도에서 비롯된 것으로 생각된다.

여기에 대해서 이마니시(今西龍)[85]는 상치리를 진주지방, 하치리를 웅천지방, 사타를 하동지방, 모루를 고성·사천(泗川) 간의 고지명인 문화량현(蚊火良縣)에 비정하였는데, 스에마쓰의 비정보다는 무리가 없고 타당성이 있는 것 같다.

---

83) 이병도, 앞의 책, 1959, 389쪽.
84) 末松保和, 『任那興亡史』, 東京 : 吉川弘文館, 1949, 115~123쪽.
85) 今西龍, 「伽耶疆域考」『朝鮮古史の硏究』, 東京 : 國書刊行會, 344~345쪽.

가락국기 중 '서남이창해'와 '서북이지리산'에 대해서는 별 문제가 없는 것 같으나 '동이황산강', '동북이가야산'에 대해서는 재고되어야 한다는 사실을 밝혀 보았다. 이러한 문제점은 가야에 관한 사료가 부족하고 또 지리 비정을 언어학적인 방법에 의존하는 데에 기인하는 것이다. 따라서 가야의 강역은 고고학적인 방법을 통해 밝혀보는 것이 보다 정당한 방법이라고 생각된다. 가야문화권 중 낙동강 이서지역은 당연히 가야에 속하는 지역이지만, 낙동강 동쪽과 북쪽은 신라세력권과 인접한 지역이므로 이 지역에 대한 가야의 영역문제는 이 지역에서 발굴된 묘제와 부장품을 중심으로 살펴보아야만 한다.

가야 세력권의 동북계를 살피는 주요한 단서는 고령가야의 위치이다.『삼국유사』에도 고령가야의 위치를 함녕(咸寧 : 지금의 咸昌)에 비정하고 있지만[86] 이는 오늘날의 고고학적 자료로도 뒷받침되고 있는 사실이다. 함창에서 출토된 고분의 토기는 가야토기임이 분명하고 가야왕릉이라 전래되어 오는 쌍총(雙塚)의 존재 등은 이러한 사실을 증명해 주고 있다. 결국 함창에 고령가야를 비정하는 것은 타당한 견해인 것이다.[87]

<그림 1>에서 정리된 것처럼 영주(榮州), 안동, 의성 등에서도 가야고분이 발견되고 있는데 이를 통해서도 가야 세력권의 범위를 일단 짐작할 수 있다. 물론 이들 지역에 강력한 정치세력의 성장을 바탕으로 한 큰 영역국가의 형성을 추측하기에는 무리가 있으며 가야의 일부 세력이 낙동강을 따라 북진하다가 이들 지역에 정착하여 가야적 성격의 소국을 형성한 결과가 아닌가 추정된다. 이렇게 볼 때 가야 동북방의 영역은 영주와 함창의 중간유역인 문경 일대까지로 정리될 수 있겠다.

---

86) 『삼국유사』 권1, 5가야조.

87) 이은창, 앞의 글, 1982, 170쪽 ; 김정학, 「고대국가의 발달」 『한국고고학보』 12, 1982, 17쪽 ; 정기한, 「가야문제에 대한 종합적 정리」, 고대교육대학원 박사학위논문, 1975, 43쪽.

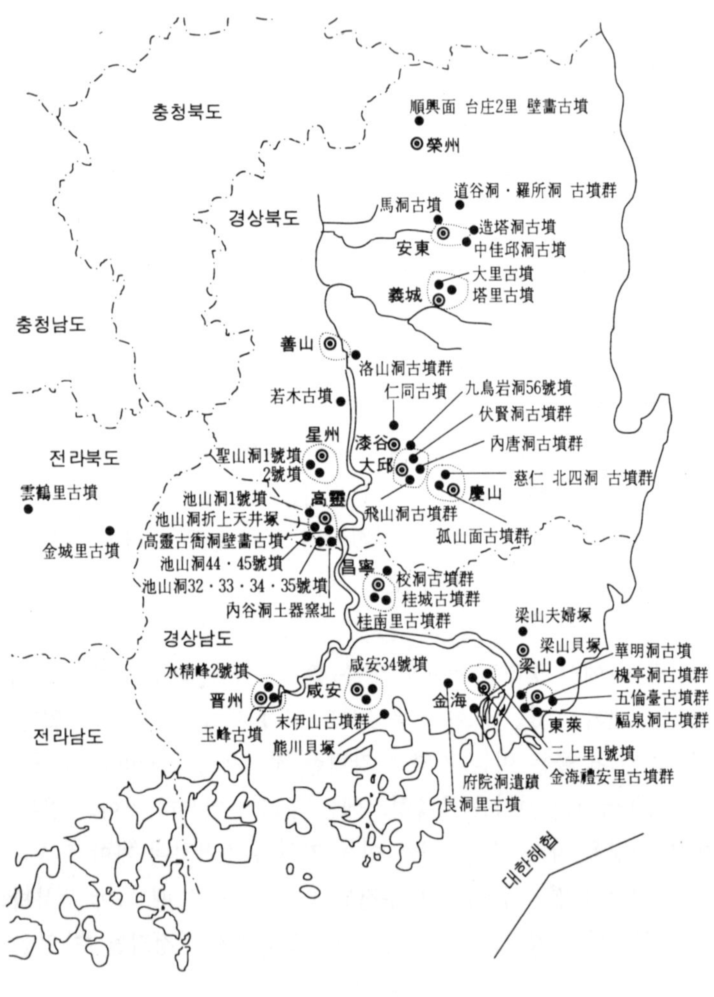

<그림 1> 발굴조사된 가야고분의 위치도

(위 李殷昌, 「伽耶古墳의 編年研究」
『韓國考古學報』12, 1982, p 170 참조)

가야의 동계에 관해서도 고고학적 조사 결과는 중요한 단서를 제공해 준다. 낙동강 이동지역 즉 오늘날의 경상북도 지방인 낙동강 상류에서부터 하류에 이르는 넓은 지역에서 가야계 고분 분포가 밝혀지고 있다. 이 지역은 3~4세기 이전의 어느 시기까지는 가야문화권에 속해 있던 가야경역의 일부였음이 이제 고고학적 조사연구 결과 밝혀진 사실이다. 그리고 이들 지역의 묘제양식의 변화는 신라문화의 강력한 침투에 따라 조금씩 변질해 간 사실을 보여주고 있다. 따라서 가야강역에는 오늘날까지 일반적으로 신라영역으로만 알려졌던 지역이 상당히 많이 포함되어 있음을 오늘날 고기록과 고고학적 자료의 조사 결과로 알 수가 있다.

가야고분의 발굴조사 결과 의성의 대리·탑리 고분, 대구의 복현동·내당동·비산동 고분, 경산의 호산면 고분군, 양산의 부부총 등의 위치도는 작성되었는데[88] 이것은 가야영역의 동계를 시사해 주는 좋은 자료가 되겠다. 가야고분의 기준으로 할 때 동계는 의성과 대구, 경산 및 양산을 잇는 일대의 지역으로 정리된다.

이상에서 알 수 있듯이 가야의 강역은 동으로는 의성, 대구, 경산 및 양산 일대이며 서로는 지리산, 북은 문경지방까지로 상정할 수가 있다 (그림 2 참조).

그러면 가락국기에 기록되어 있는 가야의 강역이 문제가 된다. 이것은 시기적으로 가야의 발전기가 끝나는 5세기 말엽 때의 축소된 강역과 일치하고 있음을 알 수 있다. 그러한 사실을 감안할 때 가야의 발전기에는 가락국기의 내용보다 더 넓은 강역이 가야에 속했다는 사실을 알 수 있으며 이러한 사실은 일단 고고학적 자료에 의해 뒷받침되고 있다. 그러나 5세기 말엽의 쇠퇴기에 와서는 가야의 강역이 가락국기의 내용과 꼭 같은 형태로 축소되어 있다는 것도 밝혀 볼 수 있어서 오늘날 우리는 그 문헌의 내용을 보다 정확하게 해석할 수 있는 방법

---

88) 이은창, 앞의 글, 1982, 170쪽.

을 고고학적 조사 결과의 연계에서 찾아볼 수 있다.

　결국 가야의 강역은 이러한 연계된 연구 결과 우리가 지금까지 알고 있던 것보다는 더 넓은 지역에 걸쳐 가야 발전기의 영역이 존재했다는 사실을 밝혀 볼 수 있었다.

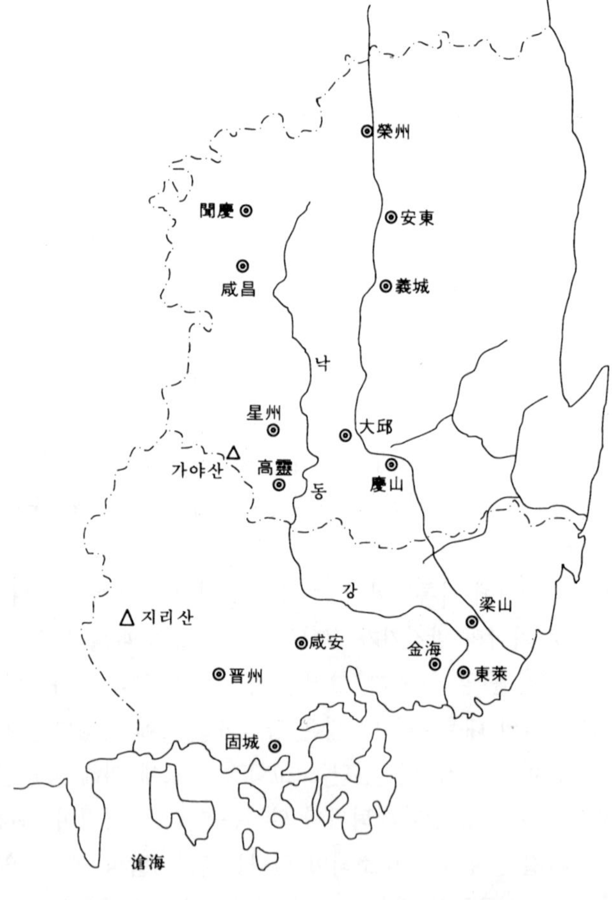

<그림 2> 가야의 강역

Ⅲ. 가야의 발전

1. 정치신분제도

(1) 본가야의 정치신분제도

가야 제국의 정치신분제도에 관한 내용을 전하는 사료는 거의 찾아볼 수 없다. 그러나 가락국기에 가락국 즉 금관가야의 초기 정치제도의 일단을 고찰해 볼 수 있는 자료가 전하고 있기에 이를 통해서 단편적이나마 가야국의 중앙정치조직을 살펴보도록 하겠다.

하루는 수로왕이 신하에게 말하기를 구간(九干)들이 다 백료(百僚)의 장이거늘 직위와 명칭이 모두 소인(小人)이나 농부의 이름이니 고귀한 관의 이름이 되지 못한다. 만일 외국사람이 듣는다면 반드시 웃음거리가 될 것이다. 이리하여 아도(我刀)를 고쳐서 아궁(我躬)이라 하고 여도(汝刀)를 여해(汝諧), 피도(彼刀)를 오상(五常)이라 하고 유수(留水)와 유천(留天)의 이름은 윗글자를 그대로 두고 아래 글자만 고쳐서 유공(留功), 유덕(留德)이라 하고 신천(神天)을 고쳐서 신도(神道), 오천(五天)을 고쳐서 오능(五能)이라 했다. 신귀(新鬼)의 음은 바꾸지 않고 그 훈만 신귀(臣貴)라고 고쳤다.

계림의 직제를 취해서 각간(角干)·아질간(阿叱干)·급간(級干)의 품계를 두고, 그 아래의 관리는 주나라의 법과 한나라의 제도를 나누어 정하니 이것은 옛 것을 고치어 새 것을 취하고 관직을 나누어 설치하는 방법이다.

위 사료의 구간은 신라의 6촌장과 같은 초기 가락국을 형성하는 씨족장으로 이해되어 왔다. 이러한 구간의 명칭 변개는 이들 아홉 씨족집단이 수로왕을 중심으로 국가를 형성하면서 나타난 일정한 정치적 변혁의 결과였을 것이다. 특히 구간의 구명이 '宵人(小人)野夫之號'여서 이를 고친다는 것은 가야사회 내에서의 지배 신분계급의 확고한 형성을 반영한다고 할 것이다.

그런데 위 구간의 명칭을 단순히 9씨족장의 명칭이라기보다는 금관국의 국가 발전에 따른 '간' 계급 내에서의 일정한 관위질서의 형성을 반영하는 것으로 볼 수 있다.

먼저 구간의 옛 이름을 보면 그 어미가 '도(刀)'인 예가 4이고, '천(天)'인 예가 3이며, 수(水)·귀(鬼) 각각 1례로 나타나고 있다. 즉 금관가야의 관위체계는 도, 천의 어미를 갖는 관명이 중심을 이루어 5위인 유수간(留水干)을 기준으로 상위의 도간(刀干)류와 하위의 천간(天干)류로 대별될 수 있음을 고찰할 수 있다. 그런데 명칭 변화 이후의 구간의 이름이 그 이전의 명칭과 어떤 기준에서 달라졌는지는 확실히 알 수 없다. 단지 위 사료에서 유수간, 유천간 및 신귀간의 3직명만 특별히 표출한 것은 어쩌면 이 과정에서 도간류와 천간류의 2계층의 관위질서가 아도~오상, 유공~유덕, 신도~신귀의 3계층, 혹은 4계층으로 분화, 발전한 것을 의미하는 것이 아닌가 생각되기도 한다. 어쨌든 구간의 존재는 금관국이 일찍부터 독자적인 정치조직을 마련하였을 가능성을 시사해 주는 것이며 더욱이 이러한 구간 명칭의 변개는 금관국의 정치제도의 정비·발전을 보여 주는 것이라 할 것이다.

한편, 위 사료에서 주목할 점은 신라의 직제를 취해서 각간·아질간

·급간의 품계를 두었다는 기록이다. 이와 관련하여 가락국기 후미에
실려 있는 왕의 세계의 내용을 검토해 보자. 금관국왕의 세계(世系)를
표로 만들면 다음과 같다(<표 4>).

<표 4> 본가야의 신분제도

代	王	王　妃	舅	왕의 재위기간	
				왕력	가락국기
1	首露王	許황후	—	158	158
2	居登王	慕貞 : 태자 麻品 생산	泉府卿申輔	55	39
3	麻品王	好仇 : 태자 居叱彌 생산	宗正監趙匡孫女	32	39
4	居叱彌王	阿志 : 태자 伊品 생산	阿躬阿干孫女	55	56
5	伊尸品王	貞信 : 태자 坐知 생산	司農卿克忠	60	62
6	坐知王	福壽 : 자 吹希 생산	道寧大阿干	14	15
7	吹希王	仁德 : 왕자 銍知 생산	進思角干	30	31
8	銍知王	邦媛 : 왕자 鉗知 생산	金相沙干	36	42
9	鉗知王	淑 : 왕자 仇衡 생산	出忠角干	29	30
10	仇衡王	桂花 : 자　世宗·茂刀·茂得 생산	分叱水爾叱	43	42

<표 4>에 보이는 각간·대아간(大阿干) 등의 신분표시를 그대로
신뢰할 수 있는 것이라면 금관국은 늦어도 4세기경부터 각간·아간·
대아간·사간(沙干) 등 신라의 신분제도를 받아들였다는 것이 된다.
그러나 왕대기 중 가장 신뢰할 수 있는 부분인 구형왕(仇衡王)대에 왕
구(王舅)가 분질수이질(分叱水爾叱)로 표시되어 있는 것으로 보아 가
락국기의 '取鷄林職儀 置角干阿叱干 級干之秩'이란 기록과 <표 4>의
관직명을 그대로 신빙하기는 곤란하다.

　그러면 신라와 가야의 신분제가 어떠한 관계에 있었기에 가락국기
에 이렇게 표현되어 있었을까? 그것은 첫째, 금관국 구형왕(仇衡王)
구(舅)의 관직과 입항(入降)에 즈음해서 구형왕이 신라에 파견한 사자
동기탈지이질금(同氣脫知爾叱今)의 관직인이 신라의 그것과 다른

점,1) 둘째로『삼국사기』신라본기 법흥왕 19년조에 김구해(金仇亥 : 仇衡王)의 항복 후 아들 무력(武力)이 각간이 되었다는 기록2) 등으로 미루어 볼 때 가락국기에 나타난 금관국의 신분제도는 신라에 병합되었던 532년 이후에 신라의 신분제도 안에 편제되면서 그 이전의 신분제도까지도 소급하여 개작한 것으로 보인다. 물론 병합될 당시의 금관국의 지배층은 이미 신라의 신분제도에 편입될 수 있을 정도의 계층분화를 이루고 있었을 것이다.

그렇다면 신라에 병합되기 이전의 금관국은 어떠한 신분질서를 이루고 있었을까. 앞에서 구간의 명칭이 초기 금관국의 관위체계가 아닐까 추론해 보았다. 물론 이러한 신분질서가 어느 시기에 형성되어 어떠한 모습으로 변화, 발전했는지는 알 수 없으나 금관국이 독자의 신분질서를 확립하고 있었을 가능성은 <표 4>를 통해서도 확인해 볼 수 있다. 한 예를 들어보면 <표 4>에서 거등왕·마품왕·거질미왕·이시품왕의 경우 소생을 '태자'라 표현하였음에 비해, 취희왕·질지왕·겸지왕의 소생은 '왕자'로, 좌지왕과 구형왕의 소생은 '자'로 표현되어 있다.

이와 같이 가락국기에서 태자, 왕자, 자를 구별해 놓았다는 것은 금관국의 지배계층 내에 정통과 비정통을 분류할 정도의 신분질서가 있었음을 시사해 준다.

즉 좌지왕의 경우 <표 4>에서는 도녕대아간의 딸 복수를 왕비로 삼아 취희를 낳고 이를 '자'로 기록하고 있으나 실제는 용녀(傭女)가 낳은 것이 아니었을까 생각된다. 왜냐하면 좌지왕이 의희(義熙) 3년(408)

---

1) 『삼국유사』가락국기, '新羅第二十四君眞興王 興兵薄伐 王使親軍卒 彼衆我寡 不堪對戰也 仍遣同氣脫知爾叱今 留在於國 王子上孫卒支公等 降入新羅'.
2) 『삼국사기』신라본기 제4 법흥왕 19년조, '金官國主金仇亥 與妃及三子 長曰奴宗 仲曰武德 季曰武力 以國帑寶物來降 王禮待之 授位上等 以本國爲食邑 子武力仕至角干'.

에 즉위하여 용녀에게 장가를 들고 그 여자의 무리들에게 벼슬을 시키
어 국내가 요란해져서 계림왕이 꾀를 내어 이 나라를 치려 하였다[3]는
기록으로 미루어 볼 때 취희는 용녀의 소생일 가능성도 크며 그러기에
태자가 아닌 '자 취희'라고 했을 것이다.

따라서 거등왕에서부터 구형왕대까지 나타난 태자, 왕자, 자 등의 명
칭은 단순한 구별이 아니라 이 시기의 지배계층 내에 이미 자주적 신
분질서가 형성되어 있었음을 의미하는 것이라 볼 수 있다.

한편 『일본서기』의 몇몇 기록은 6세기 가야지역의 정치신분제의 일
면을 구체적으로 보여 주고 있다.

<사료 1>
安羅次旱岐夷呑奚 大不孫 久取柔利 加羅上首位古殿奚 卒麻旱岐
散半奚旱岐兒 多羅下旱岐夷他 斯二岐旱岐兒 子他旱岐等 與任那日
本府吉備臣 往赴百濟 俱聽詔書(欽明紀 2년[541] 4월)

<사료 2>
今日本府臣及任那國執事 宜來聽勅 同議任那 日本吉備臣 安羅下旱
岐大不孫 久取柔利 加羅上首位古殿奚 卒麻君 斯二岐軍 散半奚君
兒 多羅二首位訖乾智 子他旱岐 久嗟旱岐 仍赴百濟(欽明紀 5년
[544] 11월)

<사료 1>은 530년대에 남가라(김해가야), 훼국(喙國), 탁순의 3가야
국이 신라에게 멸망당하자 백제 성왕이 주도가 되어 왜국과 위 3가야
의 대표가 모여서 멸망한 3가야국을 부흥시킬 방책을 의논한 내용이
다. 여기에서 '한기', '상수위', '차한기', '하한기'들의 관명이 보인다.

<사료 2>에서도 '군(君)', '한기', '하한기', '상수위', '이수위'가 나타

---

3) 『삼국유사』 가락국기, '坐知王……一云金叱 義熙三年卽位 娶傭女 以女黨
   爲官 國內擾亂 鷄林國以謀欲伐'.

나고 있다.

위의 사료를 종합해 보면 <사료 1>의 한기가 <사료 2>에서는 군(君)으로 나타나고 있어 한기가 군 즉 왕을 뜻하는 가야어로 생각된다. 또 안라에서 차한기가 백제에 소집되고 있는 점으로 미루어 차한기 위에는 상한기 혹은 한기가 존재하고 있었을 것이며 다라에서도 긴메이(欽明) 2년과 5년 두 차례에 걸쳐 이수위 흘건지(訖乾智)를 백제에 파견했던 사실로 미루어 볼 때 안라와 마찬가지로 한기층이 이분되어 있었으며 이수위는 하한기와 같은 신분이었던 것으로 짐작된다. 이러한 상황은 가라에서도 마찬가지였을 것이다. 즉 6세기 초의 가야 제국에 한기, 군, 하한기(차한기) 그리고 상수위, 이수위 등의 독특한 관직제도가 실재하였음을 알 수 있다.[4]

그리고 한기층은 안라의 경우 차한기가 3명이나 기록되고 있다. 따라서 당시 가야 제국에는 국왕의 위치에 있었던 한기 혹은 상한기를 정점으로 하여 그 아래에 복수의 하한기가 존재하는 구조를 가지고 있었음을 알 수 있다.[5]

이노우에(井上秀雄)도 한기층이 분화되어 있었던 사실을 당시 가야 제국 지배층의 계층분화 현상으로 파악하면서 당시의 가야 제국은 계급조직을 갖는 지배계층이 등장할 정도의 국가형태를 형성하였던 사실을 반영하는 것이라고 하였다.[6]

이상의 사실들을 종합해 보면 가야 제국의 지배층은 계층분화가 이루어져 한기와 차한기로 구분되어 있었으며 5세기경의 가야 제국은 왜와 동등한 국제적 지위에 있었다. 그리고 가야는 이러한 지배계층의 분화뿐만 아니라 피지배계층도 양인과 노비로 구분되어 있었다.

---

4) 鬼頭淸明, 「加羅諸國史的發展について」『日本古代國家の形成と東アジア』, 東京 : 校倉書房, 1976, 188~219쪽.
5) 졸고, 「가야의 정치, 사회 변천에 대하여」『경희사학』 9, 10, 1982.
6) 井上秀雄, 『任那日本府と倭』, 73쪽.

가락국기에 나타나 있는 금관국의 경우를 보면 널리 나라 안의 장정, 인부, 공장(工匠)들을 불러 모아 농한기를 이용하여 수도(首都) 건설에 동원하였던 사실[7]로 미루어 이들의 대부분은 부역에 동원되었던 농민들로서 평시에는 생업인 농사에 종사하는 양인들이었을 것이다. 이들에 비해 신분이 떨어졌던 최하층으로서 노비들도 존재하고 있었다. 즉 수로가 왕비를 맞이하는 기사에서 허황옥(許黃玉)을 따라왔던 사람들 중에 노비가 다수 존재하고 있었으며[8] 또 『삼국사기』 신라본기 파사왕(婆娑王) 23년조에

　　……五部皆以伊飡爲主 唯漢祗部以卑者主之 首露怒 命奴耽下里 殺漢祗部主保齊而歸

라 하여 노(奴) 탐하리를 시켜 한지부의 우두머리를 죽이게 한 사실에서도 노비가 존재하고 있었음을 알 수 있다. 하지만 노비계층이 금관국에서 어느 정도의 비중을 차지하고 있었는지는 알 수 없지만, 이들은 어디까지나 보조적인 노동력으로 이용되었던 것으로 보인다.

다음으로 금관국의 중앙관직에 대해서 살펴보기로 한다.

가락국기 건국신화에 의하면 구지봉에는 9명의 대표 즉 구간들이 모여 김수로의 천강(天降)을 지켜보면서 후일 그를 국왕으로 선출하고 있다. 이로 미루어 볼 때 당시 구간의 모임은 간 계급의 평의기구로 국왕을 선출하는 기능을 가졌음을 알 수 있다. 그러나 비록 기록에는 나타나 있지 않지만 이러한 평의기구도 점차 국왕의 세습권이 확립되어 감에 따라 그들은 국왕을 선출할 수 없게 되었을 것이며, 더욱이 아래에서 보는 바와 같이 국가의 관료조직과 행정기구가 정비되어 감에 따

---

7) 『삼국유사』, '徧徵國內丁壯人夫工匠 以其月十二日 資始金陽 曁三月十日 役畢……俟農隙而作之……'.
8) 『삼국유사』, '其地[他]侍從媵臣二員 名曰申輔趙匡 其妻二人號慕貞慕良 或藏獲竝計二十餘口……人各以一房安置 已下藏獲各一房五六人安置'.

라 다만 국가의 중요정책 결정에만 참여하는 비상설적인 평의기구로 되어갔던 것으로 보인다. 그리고 가락국기에는 천부경(泉府卿), 종정감(宗正監), 사농경(司農卿) 등 세 중앙관청장에 관한 기사가 실려 있다. 물론 이러한 중국식 관제가 있었으리라고 생각되지 않으나 낙랑군과 변한지역과의 빈번한 교류를 고려하면 상당히 일찍부터 중국식 관제가 응용되었을 가능성도 배제할 수 없다.

가락국기에 언급된 주, 한의 제도를 도입했다는 기록은 그러한 상황의 반영이 아닐까? 어쨌든 이 가운데 천부경과 사농경은 모두 뒷날의 호조 또는 호부(戶府)에 해당하는 중앙관서의 장으로 이러한 재정 관계를 맡은 중앙관청의 장이 한 명이 아니라 두 명이 존재하고 있었다는 것은 당시의 중앙관료기구가 매우 세분되어 있었다는 것을 암시해준다. 이러한 사실로 미루어 보면 그 밖의 중앙관료기구들이 상당히 세분화되어 있었던 것으로 생각된다. 이러한 사실은 당시 금관국에는 왕실계통의 일을 맡아보는 관청의 장인 종정경이 있었던 사실과 왕실 창고였던 내고(內庫)[9]까지 있었던 사실 등을 감안해 볼 때 가락국은 국가와 왕실의 재정이 분리되어 있었을 정도로 중앙관료기구가 정비, 세분화되었던 사실에서도 뒷받침된다.

금관국은 중앙관료기구의 세분화와 더불어 군사기구도 정비되어 있었던 것으로 보인다. 이 점은 뒤에서 상술하겠지만 수로왕이 수도를 건설할 때 무기고를 마련하였고[10] 탈해를 추격할 때 수군(水軍)과 병선이 보이는 사실[11]에서도 짐작할 수 있다.

이상에서 살펴본 중앙관제를 도표로 나타내 보면 다음과 같다.

---

9) 『삼국유사』 가락국기, ‘酌定人數 區別安置 日給豊羨 其所載珍物 藏於內庫 以爲王后四時之費’.
10) 『삼국유사』 가락국기, ‘築置一千五百步周迴羅城 宮禁殿宇 及諸有司屋宇 虎庫倉廩之地 事訖還宮 徧徵國內丁壯人夫工匠……’.
11) 『삼국유사』 가락국기, ‘王竊恐滯留謀亂 急發舟師五百艘而追之 解奔入鷄林地界 舟師盡還’.

<표 5> 금관국의 중앙관제표

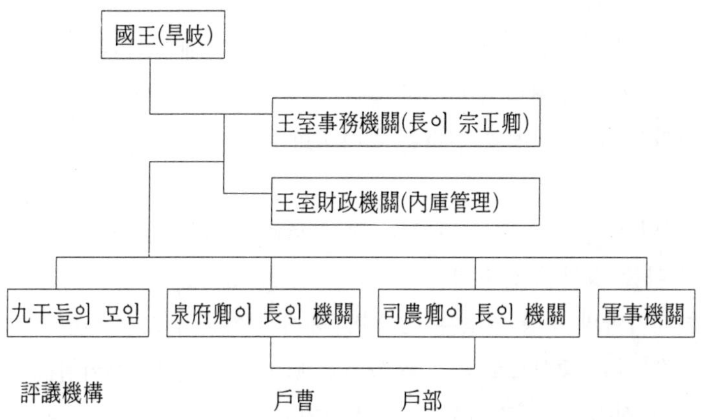

(이 표는 가락국기의 내용을 중심으로 작성한 것으로 비록 기록에는 나타나
있지 않지만 기타 통치에 필요한 기관들도 상당수 존재하고 있었을 것이다)

　이러한 중앙관제의 정비와 세분화는 왕권이 확립된 상태에서 가능
하였던 것이다. 그러나 사료상으로 금관국의 왕권의 강화와 중앙관제
의 정비과정을 살펴볼 방법은 없고 앞에서 본 고고학적 고찰의 결과
김해지역에서도 신라, 백제와 같은 왕권의 강화가 진행되었음을 추론
할 수 있다. 즉 가야지방에 백제나 신라 등과 거의 같은 시기인 4세기
경부터 거대한 고총고분이 각지에 분포되어 있으며 여기에서 상당한
양의 부장품이 발굴[12]되고 있는 사실로 볼 때 이와 같은 거대한 고총
고분의 형성은 강력한 권력에 의해서만 가능하였을 것이므로 당시 가
야의 왕권은 강력하였으며 국력도 상당한 수준에 이르렀을 것으로 짐
작된다.

（2） 대가야의 정치신분제도

---

12) 김정학, 『任那と日本』, 東京 : 小學館, 1977.

대가야에서도 정치적 신분제도의 단서가 열리고 있음은『삼국유사』 가락국기의 내용에서 그 자료를 찾아볼 수 있다. 즉 소국(小國) 단계인 변진 미오야마국은 국읍과 읍락으로 구성되었는데, 이 소국의 수장은 금관가야의 경우처럼 간(干)이 붙는 칭호를 사용하였을 것이다. 따라서 대가야 수장의 칭호 변화는 대가야의 정치발전 단계를 알 수 있게 해 준다.

대가야 수장의 칭호는 간(干) - 한기(旱岐) - 왕(王)의 순으로 변화되었다. 이를 정치발전 단계와 연계시켜 보면 다음과 같다.

즉 대가야의 수장 칭호는 소국단계에서는 간이라 하였는데, 이 때는 미오야마국을 중심으로 지산동 등지로 뻗어나간 소국확장기였다. 한기를 칭한 시기인 4세기에서 5세기경까지는 고령가야 세력의 본격적인 성장기로서 합천(陜川), 거창(居昌) 등지까지 세력권역을 넓힌 대가야의 영역확장기였다. 그리고 대가야 수장을 '왕'이라 칭한 시기는 5세기 중반 이후부터 대가야가 멸망한 6세기 중엽경까지로 '부(部)'체제와 대왕(大王)이라는 상징적인 호칭을 사용할 정도의 중앙집권적 체제를 갖춘 영역국가 시기였다.

또한 대가야의 신분구조는 왕(王) - 한기층(旱岐層) - 양인층(良人層) - 노비층으로 파악해 볼 수 있다. 왕과 한기층에 대해서는 이미 위에서 많이 다루었으므로 여기에서는 주로 대가야의 민(民)인 양인층과 노비층을 정리해 보기로 한다.

대가야의 양인들은 자유민으로서 주로 농경에 종사하였으며, 조세수취와 역역(力役) 동원의 주된 대상이었다. 양인층의 농경에의 종사를 보여주는 자료로는『일본서기』 긴메이기(欽明紀) 5년조의 다음 사료를 들 수 있다.

新羅春取喙淳 仍擯出我久禮山戌 而遂有之 近安羅處 安羅耕種 近久禮山處 斯羅耕種 各自耕之 不相侵奪……

이 사료는 비록 안라와 신라에 관한 것이지만 대가야의 사정도 이와 유사하였을 것이다. 따라서 각자경지(各自耕之)의 주체는 바로 이 양인층이라고 할 수 있을 것이다.

또한 노동력 동원과 관련해서는 『일본서기』 게이타이기(繼體紀) 8년조의 다음 기사가 주목된다.

> 伴跛築城於子呑帶沙 而連滿奚 置烽候邸閣 以備日本 復築城於爾列比麻須比 而絙麻且奚推封……

이 기사에 의하면 반파(伴跛)라는 대가야의 세력권 안에 있는 주요 정치집단이 자탄(子呑), 대사(帶沙), 이열비(爾列比), 마수비(麻須比) 등의 지역에 성을 축조하고 있는데 이 축성에 동원된 자들은 대체로 양인계층이었을 것이다. 이외에 토기제작자들을 비롯한 대다수의 기술자들의 사회적 신분도 양인 신분이었을 것이다.

노비층은 최하위의 신분층으로서 비자유민이었다. 이들은 본래 촌(村)의 구성원들이었지만 계급분화가 진행되면서 비자유민으로 탈락한 자들이었다.

이외에 전쟁에서 포로로 붙잡혀 노비로 된 자들도 있었고, 또 죄를 지어 그 형벌로서 노비로 전락한 자들도 있었을 것이다. 그런데 지산동 44호분에는 32개의 순장곽(殉葬槨)이 배치되어 있는데 주피장자와 별도의 매장 주체에 묻힌 경우는 두 가지로 구분된다. 하나는 자신만을 위한 매장시설인 별도의 순장곽을 갖추고 장신구·무기류·토기류를 소지한 채 묻혀 있는 경우이고, 다른 하나는 토기 등의 물품과 함께 부곽에 매장당한 경우이다. 이 중 토기 등의 물품과 함께 부장곽에 매장당한 이들은 생시 주피장자의 물품을 관리하던 인물이거나 혹은 물건과 같이 취급되었을 것이고, 장신구나 부장품이 없이 물건들과 함께 묻힌 자들은 피순장자들 중에서 가장 낮은 위치에 있던 자들이라고 할 수 있다.13) 물건과 같이 취급되었던 순장자들은 아마도 대가야의 노비 신분을 말하는 것이라고 생각한다.14)

2. 군사제도

가야 제국은 주변의 강력한 정복국가였던 신라, 고구려의 끊임없는 침략위협을 받으면서 한때는 낙동강 중류지역까지 밀리면서도 6세기까지 국가를 보전하였다. 이것은 무엇보다도 이들의 무력침입을 격퇴할 수 있을 정도의 강력한 군사력을 보유하고 있었던 데에 기인하는 것이다. 그렇지만 사료의 부족으로 인해 가야 제국의 군사력이 어느 정도였으며 어떠한 체제를 갖추고 있었는지는 알 수 없다. 그렇다고 언제까지 사료의 부족을 이유로 가야 제국은 상당한 군사력을 보유하고 있었다는 정도의 막연한 추정만 할 수는 없다. 이에 필자는 부족한 문헌사료와 고고학적 유물의 분석을 통하여 가야 제국의 군사제도를 살펴보고자 한다.

(1) 대외전쟁 기사에서 본 가야의 군사력

대외전쟁 기사에서 나타난 가야의 군사 규모를 살펴보기에 앞서 당시 가야 제국의 인구 규모를 살펴봄으로써 군사 규모의 대략을 짐작해 보자.

1세기부터 3세기까지의 삼한지역의 사실(事實)을 전하는 『삼국지』 한전(韓傳)은 가야지역의 국가규모를 다음과 같이 전하고 있다.

---

13) 권오영, 「고대 영남지방의 순장」 『한국고대사논총』, 1992, 43쪽 참조.
14) 대가야의 정치신분제도에 관해서는 재단법인 가야문화연구의 학술지 『가야문화』에 게재될 필자의 논문 「대가야의 정치군사제도와 사상 및 풍속」을 참고.

弁辰韓合二十四國 大國四五千家 小國六七百家 總四五萬戶 其十二
國 屬辰王 辰王常用 馬韓人作之 世世相繼

이를 토대로 변진지역의 '국'의 인구 규모를 살펴보면 '국'의 평균 호
수는 1,700~2,000호로, 1호당 인구를 5인으로 보아 추산해 보면 당시
'국'은 약 8,000~10,000인 정도의 인구[15]를 가졌던 것으로 추측된다.
그러나 이는 어디까지나 평균 호수이고 세력이 큰 구야국(금관국), 안
야국(安邪國) 등은 대국의 규모인 4~5천 호, 인구 2만~2만 5천 인에
이르렀을 것이다. 특히 김해는 일찍부터 농수산업과 제철업이 발달했
던 지역으로서 여기에는 그에 해당하는 인구집중이 전제되기 마련이
므로 3세기경의 김해는 이미 '대국' 수준 정도의 인구 규모에 이르렀을
것으로 보인다. 이러한 상황을 토대로 하여 대외전쟁 기사를 통하여
가야 군사력의 규모를 살펴보기로 하겠다.
　가야 최초의 전쟁기사는 『삼국사기』 신라본기 탈해 이사금 21년(77)
조에 보이고 있다.

　　秋八月 阿飡吉門與伽耶兵 戰於黃山津口 獲一千餘級 以吉門爲 波
　　珍飡賞功也

　위 사료에 의하면 가야와 신라 사이의 최초의 전투는 황산진구에서
벌어지고 있는데 황산진구는 현재의 김해와 양산 사이 또는 낙동강 유
역의 양산지역[16]으로 비정되고 있어 이 전투는 동북방으로 진출하려
는 김해가야세력과 남방으로 진출하려는 신라세력의 충돌이었던 것으
로 보인다.[17] 이러한 사실로 미루어 보면 초기 김해세력은 신라와 주
도권 다툼을 할 정도로 강성하였음을 알 수 있다.

---

15) 이현혜, 「삼국의 국읍과 그 성장에 대하여」 『역사학보』 69, 1976, 4~5쪽.
16) 천관우, 「복원 가야사」 『문학과 지성』 28, 1977 여름, 305쪽.
17) 신형식, 「新羅軍主考」 『백산학보』 19, 1975, 69~70쪽.

또한 같은 책 지마(祗麻) 이사금 4년(115)조에

春二月 伽耶久南邊 秋七月 親征加耶 帥步騎渡黃山河 加耶人伏兵
林薄以待之 王不覺直前 伏發圍重 王揮軍奮擊 決圍而退 五年 秋八
月 遣將侵加耶 王帥精兵一萬以繼之 加耶嬰城固守 會久雨內還

이라 하여 가야가 신라 남변을 침입하였던 것에 대한 보복으로 두 차
례에 걸쳐 가야를 공격하였으나 실패한 사실을 전하고 있다. 비록 이
때 신라군의 패전이 강우에 의한 것으로 기록되어 있기는 하지만 당시
의 금관가야가 정병 1만을 물리칠 정도의 강한 군사력을 보유하고 있
었음을 알 수 있다. 이러한 금관가야의 군사력이 앞서 살펴보았던 인
구 규모에 의해 뒷받침되었음은 물론이다.
　한편 4, 5세기 가야 제국의 군사력은 광개토왕비문을 통해 짐작해
볼 수 있다.

十年庚子 敎遣步騎五萬 往救新羅 從男居城至新羅城 倭滿其中 官
軍方至 倭賊退……8字缺……來背急追 至任那加羅從拔城 城卽歸服
安羅人戌兵□新羅城□城倭滿倭潰城□……17字缺……□　盡更□
來安羅人戌兵滿□□□□其……7字缺……言……26字缺……辭……
13字缺……潰□以隨□安羅人戌兵 昔 新羅寐錦未有身來……6字缺
……□開土境好太王□□□□　寐錦□□僕勾□□□□朝貢(광개토
대왕릉비 영락 10년조, 水谷悌二郎 釋文)

　이 기사는 대가야(고령)[18]와 아라가야가 백제와 왜의 연합군의 일원

---

18) 김정학은 임나가라를 김해가야로, 이병도·천관우는 대가야로 보고 있
　　다. 김정학,『任那と日本』(日本の歷史 別卷1), 東京 : 小學館, 1977, 231쪽
　　; 이병도,『한국사』고대편, 을유문화사, 1959, 412쪽 ; 천관우,「복원 가
　　야사」『문학과 지성』29, 1977 가을, 920쪽.

으로서 고구려, 신라와 전투를 벌였음을 전해 주고 있다. 즉 대가야와 아라가야가 백제, 왜와 더불어 신라를 공격하자 신라는 광개토왕에게 구원을 요청하였고 광개토왕은 이에 응해 보기(步騎) 5만을 보내어 신라 국경 내에서 성지(城池)를 부수는 등의 약탈을 자행하던 백제, 왜, 가야, 아라가야의 연합군을 격파하고 낙동강 중류지역까지 추격하여 섬멸하고 있다. 여기에서 광개토왕에 대항하였던 연합군의 규모는 기록에 나타나지 않아 알 수 없지만 전쟁지역이 낙동강 중류지역이었던 점을 고려해 보면 백제와 왜19)의 원정군은 소수였을 것이고 고구려군에 대항하였던 군사의 상당 부분은 대가야와 아라가야의 군사였을 것이다. 따라서 비록 섬멸당하기는 하였지만 대가야, 아라가야에서도 상당한 규모의 군사력을 보유하고 있었을 것은 쉽게 짐작할 수 있다. 이러한 사실은 다음의 사료에서도 증명된다.

眞興王五十年(554) 秋七月 百濟王明禯 與加良來攻管山城 軍主角干于德 伊湌耽知等逆戰失利 新州軍主金武力以兵赴之 及交戰 裨將三年山郡高干都刀急擊殺百濟王 於是諸軍乘勝大克之 斬佐平四人 士卒二萬九千六白人 匹馬無反者(『삼국사기』 권4, 신라본기)

위 사료는 백제와 대가야의 연합군과 신라와의 관산성 전투에 관한 사실로서 백제, 대가야 연합군의 전사자만도 29,600명에 달하고 있다. 이 가운데에는 대가야의 군사도 상당수 참전하였다가 전사하였을 것으로 보이는데 이 점은 대가야가 이 전쟁 8년 후에 무력하게 패망하고 있는 사실에서도 짐작할 수 있다. 위의 사실들을 종합해 볼 때 6세기까지 가야 제국의 군사력이 신라와 맞설 수 있을 정도였음을 알 수 있다.

(2) 고고학적 유물을 통해서 본 가야의 군사력

---

19) 왜의 군사가 가장 적었을 것이다. 천관우, 위의 글, 920쪽.

가야 제국의 전쟁무기는 김해(예안리, 대성동 고분군), 고령(지산동 고분군), 함안(말이산 고분군), 동래(연산동, 복천동 고분군), 창녕(교동, 계성리 고분군), 성주(성산동 고분군), 양산(부부총 및 북정동 고분군), 경산(임당 고분군), 대구(달성, 내당, 불로, 구암동 고분군) 등 가야 제국의 고지에서 거의 예외 없이 출토되고 있다.[20] 가야고분에서 출토된 무기를 종류별로 대별해 보면 궁(弓), 시(矢), 모(鉾), 검, 도(刀), 부(斧), 개지극(皆枝戟), 갑주 등으로 구분될 수 있다. 이러한 무기들의 기본 소재는 거의 철을 이용하여 제작된 것으로 후술하듯이 당시 가야지역에 있어서의 철의 생산수준은 다른 지역으로 수출될 정도로 양적으로도 풍부하였으며 이를 다루는 기술도 우수하였음은 주지의 사실이다. 따라서 이러한 철기문화를 배경으로 제작된 철제무기는 우수할 수밖에 없으며 양적인 면에서도 고신라 고분의 것을 능가하고 있다.

우선 가야의 방어용 무기이며 병사의 기본 장비인 갑옷에 대하여 고찰해 보기로 하겠다. 가야의 유물로서 그 출토 상황이 확실한 갑옷은 함양군 상백리 고분에서 출토된 소위 일본에서 말하는 단갑(短甲)으로 이것은 어깨, 가슴, 허리 등 흉복부만을 가리게 마련된 철판제이다.[21] 이 밖에 부산시 동래구 연산동 고분에서 출토된 갑옷이 알려져 있는데 이것은 상백리 고분의 것과 똑같은 형태이다. 고령 지산동 32호분에서 출토된 철제단갑은 목을 보호하기 위한 경갑(頸甲)과 가슴 및 등을 보

---

20) 김정학, 「김해예안리고분군 발굴조사보고」『한국고고학보』 2, 1977 ; 김기웅, 『伽耶の古墳』, 東京 : 學生社, 1978, 91쪽 ;『대가야고분 발굴조사보고서』, 경북대박물관, 1979 ;『고령대가야고분군 발굴보고서』, 계명대박물관, 1982 ; 조선총독부, 『大正6年度古墳調査報告』, 1920, 156~279쪽 ; 조선총독부, 『大正7年度古墳調査報告』 제1책, 京都 : 似玉堂, 1922, 43~67쪽 ;『창녕계성고분군 발굴조사보고』, 부산, 경상남도, 1977 ; 조선총독부, 『大正7年度古蹟調査報告』 제1책, 京都 : 似玉堂, 1922, 1~25쪽 ;『구암동고분 발굴조사보고』, 영남대박물관, 1978.
21)『함양상백리고분군 발굴조사보고』, 동아대박물관, 1972, 6쪽.

호하기 위한 단갑(短甲)으로 이루어져 있다. 경갑은 반원 모양으로 도려낸 장방형 철판 2매를 맞붙이게 되어 있으며 단갑은 배판과 좌우 흉판의 세 부분으로 나뉘어져 있다. 이 단갑도 삼각판병류식(三角板鋲留式)으로서 지금까지 일본 고분에서만 출토되어 오던 것으로 동래 복천동 출토 '단갑'과 더불어 앞으로 가야문화 연구에 귀중한 자료가 될 것이다.[22]

한편 경주시 황남리 제109호분, 황오리 제14호분, 황오리 제54호분, 금관총, 함양 상백리 고분, 함안 제34호분 등에서도 갑옷의 철조각이 얼마간 드러났다. 이 갑옷의 철조각은 고구려 고분벽화에 나타나는 찰갑편(札甲片) 즉 소찰(小札)과 똑같은 것이며 상·중·하의 세 부분에 작은 구멍이 뚫려져 나란히 꿰매게 되어 있다. 이로 미루어 보아 앞의 고분 출토 유물은 찰갑편이었음을 알 수 있다.[23]

이상의 유물을 통하여 가야시대의 갑옷에는 철판을 쇠못으로 이어 붙인 이른바 단갑과 수많은 소찰을 꿰붙여서 만든 찰갑이 있었음을 알 수 있다. 그러나 찰갑이라고 하지만 몸 전체를 소찰로 꿰붙여 온 몸을 뒤덮은 갑옷은 드물다. 팔 아래(前膊) 부분에 따로 토시를 끼었고 단갑을 입을 경우 보병은 따로 정강이대기(臑當)를 끼었다.

다음으로 가야 병사의 기본 장비라 할 수 있는 투구에 대해 살펴보기로 하겠다. 대표적인 유물로는 부산시 동래구 연산동 고분에서 발견된 것과 일본인 오구라(小倉武之助)가 소장하고 있다는 창녕 고분 출토의 것, 함안 제34호 출토의 수발잔결(受鉢殘缺), 그리고 출토지를 알 수 없으나 고려대·숭실대 박물관에 각각 1개씩 소장되어 있는 투구 등을 들 수 있다. 이들 투구는 챙이 있는 것(연산동 고분, 고려대·숭실대 소장품)과 챙이 없는 것(창녕 고분, 연산동 고분, 숭실대박물관 소장)의 두 종류가 보이고 있다.

---

22) 한병삼, 『국보 고분금속Ⅱ』, 예경산업사, 1986, 148쪽.
23) 김기웅, 「삼국시대의 무기 小考」『한국학보』, 1976, 151쪽.

갑주 다음으로 중요한 방어용 무기는 방패라고 할 수 있는데 직접적인 유물은 발굴된 것이 없으나 김해 출토의 개마(鎧馬)무인상 토기에 그 형태가 보이고 있다. 이 토기를 살펴보면 말은 마갑(馬甲)으로 보호되어 있으며 기사는 단갑과 미비부주(眉庇付冑)를 착용하고 왼손에는 방패를, 오른손에는 장창(長槍)을 들고 있는 모습이 보이고 있어 가야 병사는 방패로 무장을 하였음을 알 수 있다.24) 이와 같은 여러 무기의 기능으로 미루어 볼 때 가야 제국에는 기병(騎兵)이 존재하고 있었음을 알 수 있다.

가야고분에서 출토되는 무기류 중에서 가장 많은 수량을 보이는 것은 활촉이다. 따라서 활과 화살은 가야 제국의 전투력 구성에 있어 큰 비중을 가졌던 무기였을 뿐 아니라 가야 전사(戰士)에 있어 일반화된 무기였음을 알 수 있다.25) 또한 활은 원거리의 적에 대한 선제공격을 가능케 하는 효과적인 무기이기는 하나 유효 도달 거리나 관통 능력의 한계 또는 명중률의 문제 때문에 활을 다루는 전사에 대한 장기간의 훈련을 통한 숙달이 요구되는 무기이다. 그러므로 전쟁 수행 과정에서 궁병(弓兵)의 전투 효과와 각 궁사의 균등한 전투 능력을 보장하기 위해서는 별개의 편성이 필요하였을 것이다. 이와 같이 무기의 종류에 따라 군대의 편성이 이루어지게 되었던 것은 활의 경우에만 한정되었던 것은 아니며 가야 제국들의 모든 부대 편성도 전쟁무기의 종류에 따라 동일한 편성 과정을 거쳤을 것으로 짐작된다.26)

이러한 사실은 간접적이나마 신라의 경우도 무기의 종류에 따라 부대 편성이 이루어졌던 사실과 고고학적 유물로도 뒷받침될 수 있으리

---

24) 이은창, 「신라馬刻土製品과 가야개마무인상토기」『신라가야문화』 11, 1980, 8~11쪽.
25) 大牟田章, 「キリシアの軍事組織」『古代史講座』 5, 東京 : 學生社, 1962, 200쪽.
26) 이영식, 「가야 제국의 국가형성 문제」, 고대대학원 석사학위논문, 1983, 57~58쪽.

라 본다.

함안 고분에서는 활꼬지가 출토되었는데 그것은 녹각(鹿角)으로 만든 것이며 시위(弦)를 거는 홈이 잘 남아 있고 안이 비었던 흔적을 볼 수 있다.[27] 이 활꼬지는 끝이 훨씬 밖으로 휘어졌는데 이것은 활채가 굽은 만궁(彎弓)이었음을 짐작케 한다. 만궁의 활꼬지는 고구려 고분 벽화에 나타난 것과 같이 모두 밖으로 휜 것과 같이 휘어져 있다. 고령 지산동(주산) 제39호분에서는 금속제의 활꼬지 1개가 출토되었는데 이 활꼬지는 끝이 곧은 것으로 직궁(直弓)의 활꼬지로 믿어진다.[28] 이러한 형태의 활꼬지는 직궁이었던 고대 일본활의 활꼬지에서 자세히 볼 수 있다.

그리고 가야의 창을 보면 봉부(鋒部)의 형태에 따라 넓적창과 뾰죽창으로 분류할 수 있는데 여기서 넓적창이라고 하는 것은 어디까지나 뾰죽창에 대하여 상대적으로 이르는 말이고 중국이나 일본에서 볼 수 있는 광봉모(廣鋒鉾)와는 다르다. 가야 창의 형태를 살펴보면 대부(袋部)의 밑에서 봉부(鋒部) 끝을 향하여 점차 좁아져 외형상 대부는 원통형이고 이보다 직경이 좁은 봉부만이 봉부 끝을 향하여 점차 좁아진 모난 송곳 모양을 한 방추형의 창이 있으며, 창녕 교동 제11호분에서는 은장(銀裝)한 것이 발굴되기도 하였다.[29] 뿐만 아니라 대부의 밑에서 봉부 끝을 향하여 점차 좁아졌으나 대부와 봉부 사이에 목이 약간 있거나 그 흔적이 있는 것, 또는 목이 뚜렷한 검신형(劍身形)이 있었으며 이 밖에 대부에 코(鐔)가 달린 것이 있는데 봉부는 검신형이다. 그리고 두 가닥 창(叉鉾)과 세 가닥 창(三枝槍)도 있었다.[30] 대체로 가야

---

27) 末永雅雄, 『日本上代の武器』, 東京 : 弘文堂書房, 1943, 264쪽.
28) 東洋文庫, 『梅原考古資料目錄』(朝鮮之部), 10235番.
29) 穴澤和光・馬目順一, 「昌寧校洞古墳群 - 梅原考古資料を中心とした谷井濟一氏發掘資料の研究」『考古學雜誌』第60卷 第4號, 日本考古學會, 51쪽.
30) 두 가닥 창은 인동 제1호분, 비산동 제37호분 제2석곽에서 출토되었고 세 가닥 창은 창녕 계남리 제4호분에서 출토되었다.

창의 형태는 원통형, 방통형(方筒形), 검신형, 차모(叉鉾), 삼지창 등으로 세분되어 있는 점으로 보아 창은 다양한 무기로 사용되고 있었음을 알 수 있다. 또한 원추형의 뾰죽창이 검신형의 넓적창보다 그 수량이 많은 것으로 보아 이것이 기본형이었던 듯하다.[31]

이와 같이 현존하는 유물을 통하여 볼 때 가야에서는 뾰죽창이 지배적인 것이다. 이 사실은 가야 창의 원류가 어디 있는가를 시사해 주는 것인데 그 원류는 청동기시대의 협봉동모(狹鋒銅鉾) 즉 좁은 놋창끝이라고 불릴 정도로 봉부가 좁은 것이 특징인데 가야의 창도 역시 좁은 것이 그 특징이라는 사실은 가야의 창이 청동기시대의 창에 연원하고 있다는 것을 단적으로 말해 주고 있다.[32]

도(刀)에 있어서는 일상 생활용품으로 사용되는 도자(刀子)를 제외한다면 대도(大刀)가 많이 발굴되어 있는데 그 병두(柄頭)의 형태에 따라 소환두(素環頭), 삼엽환두(三葉環頭), 용환두(龍環頭) 등[33]으로 구분될 수 있다. 그 중에서도 삼엽환두가 주류를 이루고 있다. 이와 같이 병두의 형태가 다양한 점이나 또는 시대의 차이는 있으나 규모가 큰 고분일수록 화려한 대도가 발굴되고 있는 사실로 보아[34] 대도가 공격용 무기로서의 기능보다 오히려 지배계층의 신분과 그에 따른 위세를 나타내는 상징물로서의 의미로 쓰여졌다는 사실을 알 수 있다.

그리고 낫(鎌)은 일반적으로 농구로 여겨지나 가야와 신라 고분에서 발굴된 무기류의 정형을 검토해 보면 가야시대에 있어서는 걸어 당기

---

31) 김기웅, 앞의 글, 1976, 10쪽.
32) 김기웅, 「고대 한일 양국의 무기」『일본문화의 원류로서의 비교한국문
   화』, 삼성출판사, 1981, 383쪽.
33) 穴澤和光・馬目順一, 앞의 글, 50~51쪽.
34) 가야 梁山夫婦塚(주인) : 單龍環頭大刀(把頭의 環內장식이 單龍인 대도)
   고신라 壺杆塚 : 雙龍環頭大刀(파두의 환내장식이 雙龍인 대도)
   고신라 飾履塚 : 圭頭大刀(파두의 형태가 圭頭形인 대도인데 규두형인 파
   두에 獸面을 打出한 대도가 있다).

는 무기로서 중요한 역할을 하였다고 보여진다.[35] 현재까지 가야와 신라의 고분에서 가장 많이 발굴된 무기류는 도자로서 25기에서 260여 개가 발견되었다. 그러나 도자는 일상 생활용품으로도 사용되었을 것이므로 이를 제외하고서 고분에서 가장 많이 출토된 무기는 24기에서 나온 약 111개의 모(鉾)이고, 두번째는 21기에서 나온 약 70개의 도끼, 세번째는 20기에서 나온 40여 개의 낫, 네번째는 18기에서 나온 약 28개의 환두대도, 다섯번째가 19기에서 나온 50여 개의 개지극(皆知戟)과 16기에서 나온 250여 개의 활촉이다. 출토된 수량으로 볼 때 활촉을 제외한다면 제1위는 모이고, 제2위는 도끼, 제3위가 개지극, 제4위가 낫, 제5위가 환두대도이다. 이상 여섯 가지 즉 모, 도끼, 개지극, 낫, 환두대도, 활 등이 가야와 신라의 일반적이고 기본적인 무기였다는 것을 알 수 있다. 이와 같은 가야, 신라의 고분에서의 무기류 출토 정형으로 보아 낫은 곧 무기였으며 특히 그 형태로 보면 대기병용기(對騎兵用器)였다고 볼 수 있다.

그리고 개지극은 가야, 신라의 고분에서 엄청나게 많은 양이 나오므로 그것이 그 시기에 흔히 사용한 중요한 무기였다는 것은 쉽게 짐작할 수 있다. 이 무기의 용도를 밝힘에 있어 우선 주목되는 것은 무엇보다도 몸에 돋혀 있는 가지이다. 나무의 가지처럼 몸의 양쪽으로 삐죽삐죽 나온 가지는 이 무기의 가장 중요한 특징이라고 하겠다.

개지극에서 극(戟)은 갈구리창이라는 뜻이다. 그런데 '극' 앞에 '개지(皆知)'라는 규정어가 있는 것은 일반적으로 말하는 극과는 다른 것임을 말해 준다. 이는 '개지 있는 갈구리창'이라는 것을 말한다고 보겠는데 '개지'란 가지(皆枝)를 이두로 적을 때에 이렇게 쓴다. 그렇다면 개지극은 '가지가 나와 있는 갈구리창'이라는 뜻이 되겠다. 사실 여기에서 살펴보는 무기는 바로 이에 꼭 들어맞는 말이라 생각된다. 왜냐하면 이것을 빼놓고는 이와 유사한 무기가 가야나 신라의 고분에서 나온

---

35) 김기웅, 앞의 글, 1976, 13쪽.

일이 없기 때문이다. 이 무기의 용도는 약간 뒤로 향한 날카로운 갈구리같이 생긴 가지로 보아 무엇인가를 끌어당기는 데 쓴 무기가 틀림없다고 보아진다. 그런데 이 끌어당기는 무기는 적의 보병에게는 큰 의의가 없고 대기병용(對騎兵用) 무기였을 것으로 추측된다. 낫과 개지극은 무기의 형태로 보거나 끌어당기는 무기로서의 기능적인 측면에서나 가야시대에 없어서는 안 될 기병용 무기임을 알 수 있다. 즉 갑옷의 성능으로 보아 보병들이 입은 갑옷은 그리 무겁지가 않으므로 재빨리 피할 수가 있었을 것이나 기병들의 경우 그들이 입었던 갑옷은 보병의 것에 비하여 무거운 것이었으므로 그들이 말에서 떨어지면 동작이 둔해지고 또 기병으로서의 역할도 하지 못하게 된다. 그러므로 개지극은 적의 기병과 싸울 때 쓴 무기였음이 틀림없다. 중무장한 적의 기병과의 전투를 효과 있게 진행하기 위해서는 우선 말에 탄 무사를 말에서 끌어내려야 할 것인데 '개지극'은 바로 이러할 때 가장 적절하게 쓰이는 무기였을 것이다.36)

따라서 개지극을 주병기로 하는 부대도 존재하고 있었음을 알 수 있다37)(그림 3 참조).

한편 마구류를 보면 이른 시기의 가야묘제인 패총유적의 석관묘나 낙동강유역의 토광묘 그리고 오륜대 고분군의 수혈식 석실분에서는 출토되지 않다가38) 기원 4세기 말 이후로 편년되는 가야 고총고분39)에서는 일괄유물 내지는 잔편으로 출토되고 있다.40) 이 가운데 실전용

---

36) 위의 글, 12쪽.

37) 『삼국사기』 雜志 職官下 武官條를 보면 '皆知戟幢'이라는 명칭이 나타남으로 해서 신라에도 개지극으로 무장했던 부대가 존재하였음을 알 수 있다. 따라서 신라와 많은 전투를 한 가야는 이들과 맞설 수 있는 부대가 존속하지 않으면 6세기 중엽까지 나라의 유지가 어려웠을 것이다.

38) 심봉근, 『김해부원동유적』, 동아대박물관, 1981 ; 김정학·정징원, 『오륜대고분군 발굴보고서』, 부산대박물관, 1973 참조.

39) 윤세영, 「고신라 가야 고분의 편년에 관하여」 『백산학보』 17, 1974, 107쪽.

으로 사용되었던 마주(馬胄)는 마두(馬頭)를 보호하기 위해 사용되었던 말의 투구로서 우리 나라에서 최초로 출토되고 있으며 이외에도 재갈멈추개 등 여러 가지 형태의 것이 출토되고 있다.

이러한 사실들은 가야 제국이 4세기 말 이후 또는 이전 시기에 보병 중심의 부대와 더불어 기마전을 수행할 수 있는 기병부대가 존재하여 보기(步騎) 합동의 전투형태로 변화하였음을 추측케 하여 준다.

이를 뒷받침하는 문헌은 『삼국사기』로서 가야와 신라의 전투에서 보기전을 수행하였다는 누차의 기록은 가야가 신라와 비슷한 수준의 기병부대를 갖추고 있었음을 말하여 준다.

이상의 문헌사료에 나타난 기록과 고고학적 유물을 통하여 가야 제국의 군사 규모와 부대 구성에 대해서 살펴보았다. 그 결과 가야 제국의 군대는 보기대(步騎隊), 궁병대(弓兵隊), 개지극부대로 구성되었다.

그러면 상기한 보기대와 궁병대, 개지극부대는 어떠한 지휘계통에 의하여 움직였을 것인가가 문제이다.

이것은 대도(大刀)를 통하여 시사를 받을 수 있다.

대도는 공격용 무기로서의 기능도 있지만 이것보다는 오히려 지배계층의 신분을 나타내 주고 그들의 위세를 드러낸 상징물로서 의미가 있다. 이들 대도를 지닌 신분계층은 바로 상한기, 상수위나 하수위 같은 지배신분층일 것이다. 바로 이들이 보기감(步騎監)이나 노당감(弩幢監), 또는 개지극당감(皆知戟幢監)과 같은 계층의 지휘관41)을 장악하고 통솔하여 가야 제국을 이끌어나간 원동력이었을 것으로 본다.

---

40) 마구류가 일괄유물로 출토된 가야고분으로는 의성 탑리 제5묘곽과 고령 지산동 45호분, 양산 부부총 등이 있으며 함안 34호분, 대구의 달서 55호분, 불로동 2호분, 구암동 56호분에서는 마구의 일부나 잔편이 출토된 바 있다.

41) 『삼국사기』 雜志 職官下에도 신라의 무관제도로서 보기감, 노당감, 개지 극당감이 있듯이 신라와 수많은 전투를 한 가야에도 이에 상응하는 군지 휘관이 있었을 것이다.

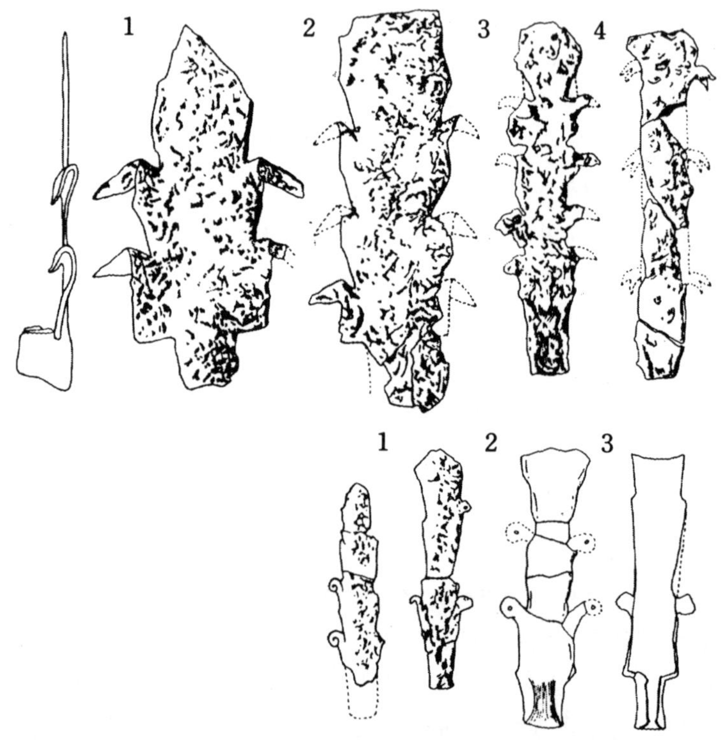

제1유형

1. 달서면 비산동 제37호분 제1석곽 출토
2. 달서면 내당동 제59호분 출토
3. 식리총 출토
4. 경주 황오리 제14호분 제2곽 출토

제2유형

1. 경주 황오리 고분 북곽 출토
2. 경주 황남리 제109호분 제3곽 출토
3. 경주 황남리 제82호분 서총주곽 출토

<그림 3> 가야의 개지극[42]

---

42) 김기웅, 앞의 글, 1976, 12쪽 참조.

그리고 이와 같은 제 부대를 구성했던 병사들은 대부분이 부역에 동원되었던 양인들이었을 것이고 보조원으로서 노비들이 참가하였으리라 생각된다. 한편 가야에서 무기로 생산되었던 대도와 창, 모(矛), 궁(弓), 시(矢) 등은 왜지에도 전파되어 왜국의 공격용 무기 개발에 기여하였을 뿐 아니라 가야의 기마전술도 5세기 이후 왜지에 지대한 영향을 주었고 가야의 무기 생산이 인근국에까지 영향을 줄 정도로 발전되었다는 사실에서도 그런 무기를 국내에서 활용할 군사제와 조직이 있었음을 짐작할 수 있다.[43) 따라서 가야 제국이 주위의 강력한 정복국가인 백제, 고구려, 신라 곁에서 6세기까지 유지될 수 있었던 것은 이런 정치적 신분제도와 군사제도가 형성되어 있었기에 가능한 일이었다.

3. 산업의 발전

1, 2절에서 가야 제국의 국가 발전의 모습을 정치적, 군사적 측면에서 고찰해 보았다. 그러나 이에 못지않게 중요한 것이 경제적 측면에서의 가야 제국 발전의 원동력에 대한 고찰이다. 따라서 필자는 가야 지역의 환경조건과 문헌사료, 고고학적 유물 등을 통하여 가야 제국의 경제적 상황에 대해서 고찰해 보고자 한다.

(1) 농·수산업

먼저 가야 제국이 위치하였던 섬진강, 낙동강 지역의 자연조건을 살펴보자. 오늘날 이 지역은 연평균 기온이 13~14℃로 온난하며 특히 7~8월에는 평균기온이 25~26℃로 곡식이 익기에 알맞은 기온이다. 뿐만 아니라 섬진강 유역은 우리 나라에서 비가 많이 내리는 지역의 하

---

43) 졸고, 「가야의 군사제도에 대하여」『경희사학』 제14집, 1987, 88~91쪽.

나로서 연평균 강우량은 1,300~1,500mm[44]인데 이 중 50~60%는 6~8월에 집중되어 벼농사에 알맞은 지역이다. 또 낙동강 유역의 토질도 강의 범람으로 형성된 충적평야가 넓게 펼쳐져 있어 벼농사에 알맞은 토질을 형성하고 있다. 이러한 오늘날의 자연환경은 가야시대에 있어서도 크게 다르지 않으리라 생각된다. 그리하여 "토지가 비옥하여 오곡과 벼를 심으므로 잠상을 잘 알고 비단을 짤 줄 알고 소와 말을 타고 멍에를 할 줄 안다"[45]고 한 『삼국지』 변진조의 기록대로 가야지역에서는 늦어도 3세기경에는 비옥한 토지를 이용하여 우경에 의한 벼농사가 진행되고 있었다.

가야지역에서 농경이 중요산업이었다는 사실은 가락국기의 수로왕이 왕도(王都)를 신답평(新畓坪)에 건설하였다는 기사에서도 짐작할 수 있다.[46] 즉 신답평이란 명칭은 황무지를 밭이나 논으로 바꾸었다는 의미이며 또 궁궐, 성곽 등을 신축할 때 농한기를 이용하여 건설하였다는 기록에서도 당시 농업이 차지하던 비중이 상당하였다는 것을 추측할 수 있다.[47] 이상의 가락국기와 『삼국지』의 기록을 종합해 보면 가야지역에서는 이른 시기부터 벼농사가 시작되어 상당히 중시되었던 사실을 알 수 있다.

문헌사료뿐만 아니라 고고학적으로도 가야지역에 일찍부터 벼농사가 성행하였던 사실은 증명된다. 1923년도 일본인 고고학자 우메하라(梅原末治)는 김해 패총에서 다량의 철제도구, 왕망전(王莽錢)과 함께 탄화미를 발굴하였는데 그 절대연대가 1세기경임을 감안할 때 김해지역에서 벼농사는 늦어도 1세기경부터는 시작되었으며 특히 철제농구의 사용으로 농업생산력에 있어 커다란 진전이 이룩되었음을 충분히

---

44) 문경현, 「가야연맹 형성의 경제적 고찰」 『대구사학』 제12, 13, 1977, 43쪽.
45) '土地肥美 宜種五穀及稻 曉蠶桑 作縑布 乘駕牛馬 嫁娶禮俗 男女有別'.
46) '朕欲定置京都 仍駕幸假宮之南新畓坪…… 徧徵國內丁壯人夫工匠…… 其宮闕屋舍 俟農隙而作之……'.
47) 졸고, 「가야의 문화 연구」 『한성대학교논문집』 제6집, 1982, 10쪽.

짐작할 수 있다.

벼농사 이외에도 가야 제국에서는 포 생산을 위한 삼베 재배가 성행하였다. 즉 『삼국지』 위지 동이전 변진조에

衣服契淸長髮 亦作廣幅細布 法俗特嚴峻

이라 하여 광폭세포를 만들었다는 기록이 있는데 이것은 포 생산기술이 상당한 수준에 이르렀다는 사실과 동시에 벼 이외의 포(布) 재배도 성행하였음을 전해준다.

이러한 가야 제국에 있어서 풍부한 농산물의 생산은 자연 급격한 인구의 집중 및 증가를 초래하였던 것으로 보여진다.

이와 같은 급격한 인구증가는 국가 성립의 기초가 되었을 것이며 또한 도작농사를 위한 대규모 수리시설의 축조작업에 따라 자연 지방주민의 협동작업과 이를 통솔할 수 있는 강력한 권력자의 옹립과 등장이 필연적으로 요망되었을 것이다. 그리고 이 때에는 이미 자급자족의 수준을 넘어선 단계로서 여기에서 얻어지는 잉여생산물은 공물 또는 무역의 수단이 되었을 것이며 잉여생산물의 분배과정에서 지배자들은 국가권력을 더욱 강화시켜 갔을 것이다.

한편 가야지역에서는 농업뿐만 아니라 수산업도 발달하고 있었을 것임은 지형적 여건에서도 짐작할 수 있는 것이다. 즉 금관가야, 소가야, 아라가야 등이 위치했던 남해안 지역은 대륙붕이 발달하여 수심이 얕으면서 해안선은 굴곡이 심하여 수많은 도서와 항만이 발달한 지역이었다.[48] 따라서 이들 국가는 주위에 펼쳐진 바다의 많은 자원을 이용하면서 발전할 수 있었다.[49]

---

48) 일찍부터 문명인의 정착이 이루어져 구석기, 신석기, 청동기, 초기철기 시대에 걸친 문명인의 생활유적으로 유명한 패총이 고성, 충무, 창원, 김해 등지에 무수히 산재해 있다.

49) 경상남도, 『경상남도지』, 1976, 50~52쪽.

고대에 있어서 특히 중요한 해산물은 미역과 소금이라 할 수 있는데 미역은 주변 해안에서 채취하여 식용품으로 사용하였다. 가야인은 수심이 얕고 굴곡이 심한 해안선을 이용하여 바닷물을 가둬 태양광선을 쪼여서 소금을 제조하였는데 소금은 장류(醬類)에 필수불가결한 일용품으로서 소중한 것이었다.[50] 그 외에 주변 바다에 나가 홍합, 전복, 문어, 대구, 멸치 등의 어패류를 취하여 식용으로 이용하였음은 고고학적 발굴 결과로 알 수 있다.

이렇게 취득한 해산물은 이들 국가에서만 소비되었던 것이 아니라 육로와 해로를 통하여 내륙의 가야지역에도 물물교환을 통해 전해주었는데 '고령의 지산동 고분에서 발굴된 토기 속에 남아 있었던 바다 조개류의 껍질과 생선뼈는 좋은 증거가 된다.' 이러한 해상자원은 금관가야, 소가야, 아라가야가 가야 제국들 중에서 가장 먼저 우세한 나라로 등장하는 한 계기가 된 것이기도 하였다. 이러한 농업, 수산업 등의 경제적 여건은 가야 제국의 발전과 부국화의 과정을 시사해 주는 것이라 하겠다.

(2) 제철업

고고학적으로 가야 제국이 성립하기 시작한 기원 전후부터 A.D. 300년경까지는 완전한 철기시대[51]였으므로 적어도 A.D. 1세기부터는 가야의 여러 지역에서 철기의 사용은 보편화되고 있었다.[52] 고분에서 출토된 철기 중에는 앞서 살펴본 바와 같은 무기류도 있으나 실제로는 농기구가 더 지배적이었을 것이며 부장물은 그 성격상 상용되었던 물건 중에서도 적은 수량만이 부장되었을 것이기 때문에 당시 실생활에서 철기의 사용은 더욱 광범위하게 이루어졌을 것으로 추측된다.

---

50) 문경현, 앞의 글, 1977, 44~45쪽.
51) 김원룡, 『한국고고학개론』, 1981, 127~136쪽.
52) 김정배, 「한국의 철기문화」『한국사연구』 16, 1977, 17쪽.

가야의 철기 제조와 그 문화적 영향은 3세기에 편찬되었던『삼국지』와 그보다 1세기 후에 간행되었던『후한서』에 기록될 만큼 유명한 것이었다.

　① 國出鐵　韓濊倭皆從取之　諸市買皆用鐵又以供給二郡(『삼국지』동이전 변진조)
　② 國出鐵　濊倭馬韓竝從市之　凡諸貿易　皆以鐵爲貨　俗熹歌舞飮酒鼓瑟(『후한서』동이전 마한조)

위의 사료에서 알 수 있듯이 당시 변한의 철생산은 낙랑, 대방의 중국 군현에까지 수출할 정도로 풍부한 생산능력을 갖고 있어 중국에까지 알려지게 되었다. 그리고 이러한 막대한 철의 생산이 발달된 제철기술에 의해 뒷받침되었을 것임은 쉽게 짐작할 수 있다. 이러한 사정은 고고학적으로도 증명되고 있다. 성산(城山) 조개더미 중 4곳에서는 철이 녹아 흐른 흔적이 발견되었고 그 가운데 서남구에서는 직접 야철한 중요한 근거가 되는 야철 고풍관(鼓風管)과 노지(爐地) 철재(鐵滓)가 발굴되었으며 쇳물이 잘 흘러 내려갈 수 있도록 한 경사지 홈통53) 등이 확인됨으로써 초기철기시대의 야철지의 형태를 다소 알 수 있다. 그리고 여기서 오수전(五銖錢)이 함께 출토되어 성산 조개더미의 연대와 교역관계를 추정할 수 있었다.

A.D. 1세기에서 3세기까지의 변한지역과 마한지역, 4세기에서 6세기까지의 가야지역과 신라지역의 유적에서 출토된 고고학적 자료에 따르면 철기, 철정 등의 철제품이 진한 - 신라 지역보다 변한 - 가야 지역에서 훨씬 더 많이 발견되었는데54) 이것은 고대의 철은 대개 사철(砂鐵)을 이용하였으므로 낙동강 유역에 사철이 많이 나는 것과 관련이

---

53) 최몽룡, 「서남구패총 발굴조사보고」『마산외동성산패총 발굴보고서』, 1976, 129~130쪽.
54) 졸고, 「본가야의 사적 연구」『한성대학교논문집』 제9집, 1985, 13쪽.

있을 것으로 보인다.

위『삼국지』기사에서 특히 주목되는 것은 마한과 예뿐 아니라 왜와 낙랑, 대방의 외국에서까지 철을 무역하여 갔다는 것과 또 이 철을 매매해서 화폐와 같이 사용하였다는 점이다.

오늘날 철광 개발에 의해 옛 마한과 예 지역에서 상당한 철광상(鐵鑛床)의 분포를 찾아냈다. 그러나 고대에는 채광 및 야철 기술이 발달되지 못하였으므로 자연히 노출된 광석 또는 사철에 의존하게 되어 오늘날의 철광의 산출과는 사정이 달랐을 것이며, 낙동강 유역은 오늘날까지도 철광상의 분토가 농밀한 것으로 보아 고대에 사철의 출산은 더욱 많았을 것이다.

해외에 알려진 변진의 철장(鐵場)으로서는 금관가야의 김해철산과 대가야의 야로철산(冶爐鐵山) 등이 있었으며 그 밖에도 현재 산청군인 산음의 척지산, 철산과 삼가(三嘉)의 모대리 사철광과 황산의 철산이 있었다.[55]

가야 제국 중에서 가장 강대국이었던 김해의 금관가야의 명칭은 '싀ㄴ른' 즉 철국의 뜻이었으므로[56] 김수로는 김해의 철산을 지배하였던 단야족(鍛冶族)의 수령으로 그 강고하고 가공할 철강과 성화(聖化)를 임의로 용해하여 다루면서 만민의 지배자로 군림하고 종교적인 신비와 결부되어 주사장적(呪師長的) 단야왕으로 등장하였다고 볼 수 있다. 가야의 지배자인 수로족은 금관족이니 소나라(素那羅) 혹은 수나라(須奈羅)와 수로, 금관이 모두 같은 싀ㄴ른(金國)의 뜻이며 그들의 성이 후대에 김씨(金氏)라 함은 신라의 김씨와 함께 단야족이었기 때문이다. 신라 4대 석탈해 역시 본디 야장으로서 야철이라는 특수기술을 배경으로 왕위에까지 오른 야장왕으로서 고대 제철기술이 갖는 정치적 의미에 시사를 주고 있다.

---

55) 문경현, 앞의 글, 1977, 48쪽.
56) 졸고, 「가야의 문화 연구」『한성대학교논문집』6집, 1982, 119쪽.

수로족은 김해지방의 풍부한 철산을 개발하여 그 막대한 철생산력을 바탕으로 축적된 부로써 금관가야국을 형성하여 강대한 세력을 이루었다. 낙동강 하류 하구에 위치한 김해는 외국과의 교역에 있어서도 더 없이 좋은 항구였다. 그러므로 해외에까지 유명한 변진의 철산은 김해지방의 철산일 가능성이 짙다. 지금도 김해군 대동면과 상동면, 생림면, 녹산면(彔山面) 일대와 양산군 일대의 철광은 성분이 높은 녹니암계(綠泥岩系) 암질의 분광(粉鑛)으로, 채굴이 용이한 천혜적 조건 등[57]은 원시적 제련법으로서도 제철이 가능하였던 조건을 갖춘 천혜의 철광이라 할 만하다. 이 철생산력을 배경으로 김해의 지배족인 단야족 즉 수로족이 가야의 주인공 노릇을 하였고, 철 용해에 사용한 고온은 소위 김해식 토기라는 경질의 토기를 만들었던 것이다.[58]

다음 가야 제국 가운데 3대 강자로 군림하였던 대가야의 야로철산은 고금에 유명한 철산이었다. 변진지역에서의 최대의 철산은 이 철산이었으며 이것은 조선왕조 초기의 기록에서도 알 수 있다. 야로철산은 현재 합천군 야로면에 있으며 조선왕조 초기에 편찬된『세종실록지리지』에 의하면 세공(歲貢)으로 정철(正鐵) 9,500근을 바쳤던 당시 조선 3대 철장의 하나였다.[59] 이 막대한 철산은 대가야로 하여금 가야 제국 중 최강의 국력을 갖게 했다. 그 이후 합천이 대주(大州)로서 매우 큰 성읍거진(城邑巨鎭)으로 중요시된 이유도 이 야로철산과 관계가 있었을 것으로 보인다. 그리고 이 야로철산의 철을 여러 외국에 수출하는 데는 낙동강의 수리를 이용한 듯하다.

아라가야도 주위의 대곡(大谷)철산과 창원철산의 풍부한 철을 이용하였고 고성의 소가야 역시 천성광산을 배경으로[60] 철기문화를 꽃피웠을 것으로 추측된다.

---

57) 경상남도,『경상남도지』, 1976, 68쪽.
58) 졸고, 앞의 글, 1982, 120~121쪽.
59)『세종실록지리지』권150, 경상도 합천조.
60) 경상남도,『경상남도지』, 1976, 68쪽.

그러면 이러한 철생산력을 바탕으로 하여 발달한 가야지역의 제철
기술은 어느 정도의 수준이었을까.

제철기술 가운데 중요한 것은 철광석으로부터 철 성분을 분리해 내
는 방식과 철 중에 포함된 탄소량을 조절하는 방법, 그리고 철의 강도
와 인성을 높이는 방법 등이다.[61]

최초 단계에서의 철기 제조는 해면철(海綿鐵 : Sponge iron)을 원료
로 단조(鍛造 : Forging)하여 1,000℃ 전후의 화력으로 반용융의 전성
(展性)이 없는 연철(鍊鐵)을 만들어 반복하여 가단(加鍛)함으로써 불
순물과 철재를 제거하여 단철(鍛鐵)을 얻게 되었다.[62]

다음 단계에서는 목탄과 송풍장치를 통해 1,200℃ 전후의 고화도를
가능케 함으로 함탄량 3.7% 이상의 주조로 만들 수 있게 되었으며[63]
이러한 주철은 전성이 없어서 그대로는 단조가 불가능하고, 단지 주형
을 통한 철기 제작만이 가능하다.

그 다음 단계에서는 1,200℃ 이상의 고온을 통해 얻은 주철로 초강
법(炒鋼法)을 통해 함탄량의 비율을 낮춤으로써 전성이 있는 초강을
제조하게 되었다. 그리고 이 방법을 사용함으로써 철기의 대량생산이
가능해졌다. 이같은 방식은 환원철공법의 불편한 제작방식에서 탈피하
여 철기의 양산을 가능케 했을 뿐 아니라 함탄량의 조절을 통해 재료
의 강도를 변화시킴으로써 철기 사용의 폭을 크게 넓혔으므로 진정한
철기시대의 개막은 초강의 제작부터 시작된다.

그러면 가야 제국의 제철과 관련되는 제반의 지식, 이른바 초강의
제작법이 실제로 가능하였는지를 고고학적 유물을 통해 살펴보기로
하겠다.

---

61) 이종우, 『鑄鐵工學』, 1983, 59쪽.
62) 윤동석, 「가야유적에서 출토된 유품의 실험금속학적 연구」『대한금속학
   회지』 4, 1983.
63) 이종우, 앞의 책, 1983, 57쪽.

지산동 유물의 경우 무기류 8종, 이기류(利器類) 3종, 마구류 7종과 그 밖엔 갑주류 6종 등 다양한 철기가 출토되었는데 이것은 제작공정이 복잡한 제품도 능히 제조할 수 있을 정도의 높은 기술수준에 이르렀음을 말해준다. 한편 거의 대부분의 철기가 고탄소강(高炭素鋼)과 중탄소강(中炭素鋼)이 주류를 이루고 있는 사실은 비록 토양 중의 탄소를 흡수하였다고 하더라도 이러한 것들의 소재가 초강법에 의해 생산되었을 가능성을 배제할 수 없으며 또한 철기 표면의 탄소량이 내부보다 대체적으로 많은 것은 제작 과정중 목탄으로 가열하고 반복단타(反復鍛打)에 의하여 제조된 때문이라고 보여진다.

가야지역에서 발굴되는 철기유물 등을 금속학적으로 분석하여 보면 강도가 높은데 이것은 강도를 높이기 위해 반복단타 즉 많이 두드려야 강해진다는 경험을 토대로 두드려서 펴진 것을 다시 겹쳐서 두드리기를 반복한 것이거나 아니면 즉 단화작업이 끝난 후 물 속에 급냉시키는 방법에 의했던 것으로 보이는데 이것 역시 경험에 의해 이루어졌을 것이다[64](그림 4 참조).

복천동 발굴 유물 중에 철모와 철부는 괴련강(塊鍊鋼)인 데 반해 철정 2점은 초강으로 이루어져 있어 최대의 관심은 어느 시기부터 강련법(鋼鍊法 : Parching process)이 실시되었는가 하는 데 있다. 그러나 한두 점의 시료(試料)로서 판단하기는 곤란하며 이후 더 많은 유물의 발굴과 이들의 보다 정밀한 조사와 검토에 의해서 밝혀질 수 있으리라 생각된다. 그렇지만 이러한 한계에도 불구하고 유일한 주철제품인 부산 오륜대 철부는 전형적인 백주철조직(白鑄鐵組織)으로서 완전한 용융상태에서 주조에 의하여 제조되었으므로 이것은 초강 제조의 가능성을 시사하고 있어, 가야시대의 제철기술 발전의 핵심으로서의 용강(熔鋼)에 대한 관심을 더욱 고조시키고 있다.[65]

---

64) 신경환, 「패총유적에서 발굴된 초기 철기유물에 대한 금속학적 자료」, 고대대학원 석사학위논문, 1983 참조.

이와 같은 초강법에 의한 제철생산으로 막대한 양의 농기구를 생산하게 되어 서(鋤), 초(鍬), 겸(鎌), 삼(釤), 부(斧), 종리(鍾犁) 등의 우수한 철제 농기구가 양산되고 한편 철제 이(犁)에 의한 우경의 보급은 석기나 목제 보습에 의한 치졸한 생산에서 농업생산의 획기적이며 비약적인 생산을 가능하게 하였다. 따라서 풍부한 농업생산력은 다시 급격한 인구의 증가를 가져와 국력의 비약적인 신장을 가능하게 하였다. 그 때문에 가야국가로 출발할 수 있었다.66)

또한 무기의 대량생산으로 여러 병종의 부대가 편성될 수 있었으며 대규모의 병력 동원과 전투 규모의 확장도 가능해지게 되었다. 따라서 가야는 외적으로부터 자기의 영역을 방위할 수 있게 되었고 경우에 따라서는 정복도 할 수 있는 고대국가 수준으로까지 발전할 수 있었다.

이러한 시대적 상황에서 뛰어난 야철술을 가진 지배족이 나와 단야왕이 되었을 것이며 이 단야왕이 이룩한 지배체제는 지방주민의 효율적인 통솔과 협업을 이루어 그 전부터 존속해 온 도작농업의 생산량을 증대시키는 결과를 가져왔을 것으로 짐작된다.

결국 초강법에 의한 가야시대의 제철기술은 그 시대가 철기의 대량생산 시대임을 말하는 것이고 그것은 곧 농업생산력의 증대를 가져오게 하는 요인이었고 한편으로는 무력의 강화를 통하여 통치체제가 유지되어 갈 수 있는 기본적인 요건이었다. 따라서 제철업은 가야 제국 발전의 중요한 요소로서 기간산업이자 사회발전의 원동력이었음을 알 수 있다.

또한 가야지역의 유적에서 발견된 철기 중에는 '철정'이라고 불리는 유물이 많이 있다. 이것은 대소의 일정한 규격의 크기를 가지고 있으며 장방형의 철판을 중간을 약간 잘룩하게 만들어 노끈으로 묶어서 가

---

65) 윤동석·이남규, 「가야의 제철공정과 기술발전」, 고대생산기술연구소, 1986, 40~41쪽.
66) 졸고, 앞의 글, 1982, 120쪽.

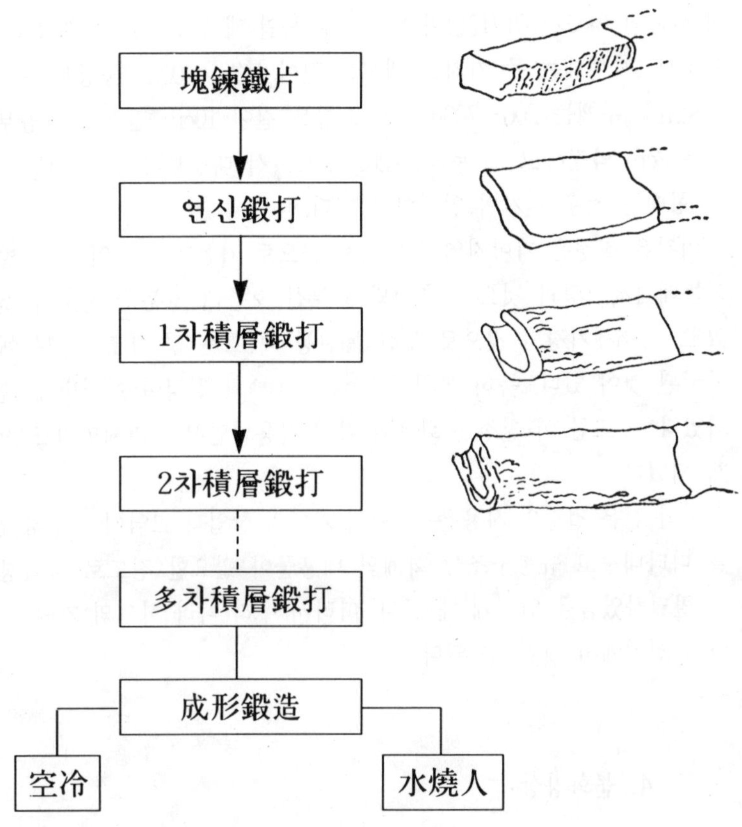

<그림 4> 반복적층단타(反復積層鍛打)의 개념도[67]

____

67) 신경환, 앞의 글, 1983 참조.

지고 다니기에 편리하게 되어 있다. 이 철판이『삼국지』변진조의 기사와 같이 화폐로 사용된 것이다. 실제로도 가야의 유적에서는 철판을 묶어서 무덤에 부장한 것이 발견되고 있는데 이것은 마치 중국 연나라의 화폐인 명도전(明刀錢)이 노끈으로 묶인 채 발견되는 것과 같은 것으로서 그 형태는 두 가지로 대형은 길이가 30~40cm, 중앙부 폭이 5~8cm로 무게는 200~700g이고, 소형은 길이 10cm 전후로 중앙부의 폭은 2cm 남짓하고 그 무게는 20g 정도로서 대형보다 숫적으로 많다. 그 형태는 전후기 거의 일치하고 있다.[68]

이같은 철정은 가야지역 도처에서 끈으로 가운데를 묶인 채로 발굴되는데 1세기경의 것으로 추정되는 부산 오륜대 고분군 출토의 것이 있고, 5~6세기경의 것으로 부산 복천동 제1호분 및 학조대 고분에서 발굴된 것이 있다. 특히 복천동에서는 100매의 철정이 한꺼번에 출토되었다.[69] 또한 이 철정은 화폐와 같이 사용되면서 국외에까지도 전하게 되었다.

이와 같은 철정의 사용은 그 당시 가야의 상업과 교역이 성행하였음을 나타내주고 유통구조상 화폐의 대용물이 필요할 정도로 사회경제가 발달하였음을 인식케 해 준다. 따라서 우리 나라 화폐의 기원은 가야의 철정에서 찾을 수 있다.

4. 문화양상

(1) 토기와 관모

문헌기록이 거의 없는 가야사 연구에서 유물 유적에 의한 고찰은 더욱 중요하다. 이런 시각에서 역사적 의미를 해석코자 한다.

---

68) 졸고, 앞의 글, 1985, 13~14쪽.
69)『동래복천동고분군』, 부산대박물관, 1983.

먼저 가야지역의 토기의 경우 연질 적색계의 토기는 낙동강 유역에서 많은 양이 발굴되었으며 품질도 우수하여 가야지역의 토기의 선진성을 보여주고 있다. 그런데 여기에서 문제가 되는 것은 도질(陶質)토기인 바, 일본인 학자들은 경주를 중심으로 한 신라지역에서의 도질토기의 양상에 주목하면서 도질토기를 'しらぎやき(新羅燒)' 또는 '신라토기'로 명명하여 일본 고분시대의 도질토기를 총칭하였다. 그러나 경산, 대구, 성산, 현풍, 창녕, 고령, 함안, 의령, 진주 증 가야지역의 다종다양한 각종 토기와 기이하고 정교한 각종 이형(異形) 토기의 우수한 양상이 드러나면서 이 곳 낙동강 유역을 중심으로 한 가야지역의 토기가 신라지역의 토기에 비하여 우위에 있었음을 새로이 인식하게 되었다. 따라서 고분시대의 도질토기를 '신라토기'라고 칭해야 할 하등의 이유가 없게 되었다. 이에 가야토기도 신라토기와 더불어 대등한 위치에 두어야 하며 당연히 '신라토기'라는 일본인 학자들의 명칭도 바뀌어져야 할 것이다.[70)]

다음으로 가야고분에서 출토되는 각종 토기의 부장 양상은 어떠한가를 살펴보기로 하겠다.

고분에 토기를 부장하는 장제(葬制)는 고분 주인공이 생전에 사용하던 생활용구이던 토기를 부장하는 것이라고 할 수 있으나 그 부장하는 토기가 모두 생활용구라고는 할 수 없다. 물론 생활용구로서의 토기가 부장되었던 것은 사실이나 한편으로는 주술적인 신앙과 공헌적인 의식의 뜻으로 토기가 부장되는 예도 적지 않다. 시대가 뒤떨어지는 고분 말기는 그 부장토기류에 생활용구류가 대부분을 차지하는 것 같고 시대가 올라가는 고분 초기와 중기에는 그 부장하는 토기류에 생활용구류는 적고 대신 의전(儀典)기구류가 많이 발굴되고 있다. 부장토기의 비실용적인 의전기구는 고분 주인공의 장송의식에 사용되던 토기

---

70) 이은창, 「가야지역 토기의 연구」『신라가야문화』제2집, 영남대 신라가야문화연구소, 1970, 152~153쪽.

가 그대로 부장되는 경우도 있을 것이고 또한 고분 주인공의 후세 명복을 비는 가기적(假器的)인 토기가 부장되는 경우가 있을 것이다.

이렇게 볼 때 ① 고분에 부장된 연질 적색 토기는 장송의 예로서 부장할 목적으로 만들어진 토기라고 추정된다. 예컨대 대구지방에서 출토된 유대호형급완형토기(有臺壺形及盌形土器)와 파수부증(把手附甑 : 국립박물관 진열품도감 18 참조) 그리고 웅천 패총에서 출토된 파수부증 등은 비실용적인 목적에서 부장된 것이다. 특히 자인(慈仁) 북사동 제2호 고분에서 출토된 연질 적색 토기계의 많은 동형동대(同形同大)의 유대완형(有臺盌形)토기는 부장을 위하여 만들어진 공헌적인 의미를 내포하고 있다고 할 수 있다.

② 도질토기에 있어서도 고배, 유대장경호(有臺長頸壺), 기대(器臺), 이형 토기 등은 아름다운 장식과 탁월한 기교로 제작되어 있어 신앙에 의한 주술적인 동물형과 물형(物形)으로 파악하기도 하였다. 또한 동물형을 부착하거나 조각한 토기, 제사에 따르는 공헌적인 기형(器形)을 이룬 토기, 그리고 기내(器內)에 식물이 담겨져 있던 토기도 발굴되었다. 이렇게 낙동강 유역을 중심으로 한 가야지역에서 집중적으로 출토된 다수의 이형 토기 중에서 이부유공고배(耳附有孔高杯)는 진주 출토의 증(甑) 등과 같이 저부천공(底部穿孔) 토기의 유례(類例)로 주술적인 요소를 포함하고 있으며 쌍탁완형고배(雙連盌形高杯), 오완부고배(五盌附高杯), 유대령부완(有臺鈴附盌) 등은 모두 가기적(假器的)인 의전구로 추정된다. 또 마형(馬形) 토기, 산양(山羊) 토기, 압형(鴨形) 토기 등 동물형 토기와 차형(車形), 주형(舟形), 가형(家形) 등 물형 토기도 모두 주술적인 요소가 농후한 토기류로 추정된다.

성산 제1호 고분 출토 고배 중의 하나인 소형 고배에는 게(蟹)의 마디가 담겨져 있고, 성산 제2호 고분 출토 고배 중의 하나에는 패류가 담겨져 있으며, 또 성산 제6호 고분 출토 고배 중 그 2개에서도 패류가, 고령 지산동의 제2호 고분 출토 고배 중에는 이중으로 된 대형과 소형의 패류가 담겨져 출토되었다. 이와 같이 음식물이 담겨져 있는 상태는 곧 구체화된 공헌적인 요소를 내포한 것이다. 인동 제1호 고분에서 출토된 어류가 담겨져 있는 유개호(有蓋壺)는 성산이나 고령의 유례로 주목되는 것인 바, 이들 식료가 담겨져 있는 각종 토기 중에는 공헌적인 의미로 제작된 유례가 허다함을 알 수 있다.71)

결국 가야토기는 생활용구와 의전기구로 사용되었다. 특히 도질토기의 아름다운 장식이라든가 탁월한 기교의 제작수법 그리고 신앙에 의한 주술적인 요소 및 제사에서 사용되는 공헌적인 기형 기내(器形器內)에 게와 패류 같은 식료가 담겨져 있는 것 등은 이 당시 토기의 용도뿐만 아니라 생활상도 알 수 있다. 이형 토기 중 차형 토기와 주형 토기는 그 형태를 통하여 이 당시 수레와 배가 운송수단으로 사용되었음을 알 수 있다.

따라서 가야의 토기문화는 제작수법면에서 신라와 대등한 수준에 있었을 것으로 추측되며, 제사의식과 주술적인 신앙, 식료 행위의 혼적에 따른 생활상 그리고 운송수단의 발달 정도를 인식시켜 준다.

이런 사실은 가야가 토기 제작면에서는 신라보다 앞선 기술수준임을 나타내주는 면이기도 한 것이다. 한편, 가야고분에서의 출토 유물 중에는 관모(冠帽)가 있는데 관모가 출토된 9기의 고분의 분포상태는 경주지구의 고신라 고분의 분포상태와는 달리 대체로 산록, 구릉의 경사면에 위치하고 있으며 평지 축조의 고분은 거의 없다. 달서면 제34호분, 제37호분, 제55호분, 제59호분의 5기는 경북 달성군 달서면 비산동, 내당동(內唐洞)72)에 분포하고 있는데, 대구 시중의 서쪽 와룡산에서 동쪽으로 연이은 구릉지대, 즉 달성공원에 접하는 구릉과 거의 일직선으로 연접하고 있다.73) 그 외의 성주(星州) 성산동 제1호분 1기는

---

71) 이은창, 앞의 글, 1972, 149~151쪽.
72) 「大正12年度古蹟調査報告」에 의하여 현 행정구역명을 따르지 않았다.
73) 「大正12年度古蹟調査報告」附圖 ; 齋藤忠, 「大邱の古墳」『大邱府史』, 大

경북 성주군 성산면74)에, 의성 탑리 고분 1기는 의성군 금성면 탑리75) 에, 양산 부부총 1기는 경남 양산군 양산면 북정동76)에, 동래 복천동 제1호분 1기는 부산시 동래구 복천동에 있다.77) 이 밖에 이병철 씨 수장의 금관은 고령 부근의 고분에서 출토된 유물이며,78) 오구라(小倉武之助)와 이치다(市田次郎) 소장의 것은 출토고분 미상이다.79) 이러한 관모가 출토된 가야고분은 가야 제국의 옛 영역 내에 산재하고 있다.

관모는 형태상 외관과 내관으로 분류되는데 내관으로는 달성군 달서면 제34호분 제1석곽과 제51호분 제2석곽, 양산 부부총 등에서 출토된 것이 있다. 그런데 고신라 고분에서 출토된 관모는 대륙적이면서 북방적인 것이기는 하나 그 시원(始源) 형식은 가야고분에서도 찾아볼 수 있으므로 신라가 가야문화의 영향을 받지 않았다고 성급하게 결론 짓기는 매우 어려운 형편이다. 오히려 신라 고분문화의 형성 발전은 가야문화에 크게 의존하였던 것으로 생각된다. 이와 같은 가야의 관모는 북방아시아 계통의 영향을 받은 것이며 특히 스키타이(Scythia)적인 문화와 깊은 관계가 있는 것으로 관모의 조우형(鳥羽形 : 鳥翼形) 관식도 삼국 및 가야시대에 파급되면서 한국적인 것으로 변화 발전되어 금관의 전면에 곡옥, 옥 등을 장식하는 창의가 가해져서 화려하고 장엄한 금관, 동관의 출현을 보게 된 것이다.80)

결국 관모의 제작은 철을 대량 생산하면서 다양한 철기를 만들어 사용하던 가야인의 기술상의 축적으로 금과 동을 다루는 수공업기술도

邱府, 1943, 75~77쪽 참조.
74) 「大正7年度古蹟調査報告」, 1~2쪽.
75) 「의성탑리고분, 국립박물관 고적조사보고」 제3책, 1962, 1쪽.
76) 朝鮮總督府, 『梁山夫婦塚と其遺物』(古蹟調査特別報告第五冊), 2冊, 1927.
77) 「동래복천동 제1호고분 발굴조사보고」, 부산대박물관, 1983, 16쪽.
78) 「호암수집 한국미술 특별전」, 99쪽.
79) 「大正12年度古蹟調査報告」, 91쪽 ; 後藤守一, 『日本古代文化研究』, 四海書房, 347쪽.
80) 윤세영, 「韓國古代冠帽考」 『한국고고학보』 9, 1980, 35쪽.

매우 뛰어났기 때문에 가능하였다. 관모를 제작하는 전문 수공업자들도 상당수 존재하였을 것이며 이들을 통하여 직업의 전문화가 이루어진 가야사회의 일면을 엿볼 수 있다.

(2) 음악과 문학

가야금은 대표적인 가야의 악기로서 『삼국사기』는 "가야금은 가야국의 가실왕(嘉悉王)이 12개월의 율려(律呂)를 본받아 12현금을 만들고 이에 우륵을 시켜 작곡하게 하였다가 나라가 소란해지자 악기를 가지고 신라로 투항하였는데 그 악기의 이름을 가야금이라 하였다"[81]고 기록되어 있다. 초기 가야금의 형태는 여러 고고학적 유물을 통하여 추측해 볼 수 있다. 즉 신라시대의 토우에 보이는 가야금은[82] 끝이 양이두(羊耳頭) 형상으로 되어 있는데 이와 더불어 일본 정창원(正倉院) 소장의 신라금(新羅琴)[83]이 양이두 형상을 지니면서 『삼국사기』의 기록과 일치하는 12현으로 되어 있는 점 등으로 미루어 볼 때 초기 가야금의 형태는 금일의 것과 거의 비슷하다고 볼 수 있다. 따라서 신라의 3현 중에서도 가장 유명한 고유의 현악기를 제작한 가실왕은 음악의 선각자였으며 역사상 우리 나라에서 가장 위대한 음악의 제왕이라 할 수 있다. 아마 박연(朴堧)을 기용하여 관습도감 제조로 임명하여 아악을 완성케 한 세종이나, 우륵을 기용하여 가야금을 완성, 전수케 한 진흥왕과 함께 음악의 3군주 중에서도 첫머리에 놓을 수 있을 것이다.[84] 또한 중국의 악기를 그대로 도입하지 않고 독자적으로 가야금을 제작하였다는 것은 중국의 성음과 가야의 성음이 일치하지 않았기에 가야

---

81) 『삼국사기』 권4, 신라본기, '伽耶國嘉悉王 製十二絃琴 以象十二月之律 乃命于勒 製其曲 及 其國亂 操樂器投我 其樂名伽耶琴'.
82) 고고학적 유물로 나타나는 대표적인 가야금 유물이다.
83) 『正倉院의 악기』, 日本經濟新聞社, 1967.
84) 문경현, 「가야사의 신고찰」 『대구사학』 제9집, 13~14쪽.

의 성음에 맞는 악기가 필요했던 때문으로 보인다. 이 점은 고구려 역시 독자적으로 거문고를 만들었던 사실과 비견된다.

우륵은 성열현(省熱縣) 사람으로 12곡을 만들었는데 그의 고향인 성열현은 글자대로 본다면『삼국사기』지리지의 삭주(朔州) 나이군(那已郡)의 사열이현(沙熱伊縣)이 가장 가까우나 악지(樂志)의 성열은 아마 지리지의 당주(唐州) 강양군(江陽郡)의 속현의 하나인 신이현(辛爾縣)에 해당하였던 곳으로서『일본서기』에서 사이기국(斯二岐國)이라고 말하는 지역으로 비정될 수 있다. 이것은『삼국사기』김유신전에 선덕왕 13년(644) 유신이 백제를 공격하여 가혜성(加慧城), 성열성(省熱城), 동화성(同火城) 등의 일곱 성을 취하였는데 그 중 가혜성은 갈혜성(加尸慧城)으로 신복현(新復縣)이고, 동화성은 사동화성(斯同火城)으로 수동현(壽同縣)이며 성열성은 신이현에 비정되는 사실에서도 뒷받침된다. 즉 위의 3성은 고령 - 강양, 합천 - 성산에 뻗치는 연속된 지방으로서 성열현은 가야 제국 중의 한 지역이었으며 특히 지명이 전해진 이유는 그 인접지방인 대야주(大耶州)가 가야합병 직후 가야 통치의 중심지가 되었기 때문이라 하겠다. 이러한 성열현에 대한 해명은 합당하게 보인다. 그러나 그 이름이 남은 것은 합천이 신라시대의 이 방면 중심지가 되었던 결과라는 견해는 의문의 여지가 있다. 여하튼 지금의 합천이 우륵의 출생지임은 틀림없으며 따라서 종래에 막연하게 우륵은 대가야국의 사람이라고 생각해 오던 것은 시정되어야 하겠다.[85]

한편 우륵이 작곡하였다고 하는 12곡은 ① 하가라도(下加羅都) ② 상가라도(上加羅都) ③ 보기(寶伎) ④ 달이(達已) ⑤ 사물(思勿) ⑥ 물혜(勿慧) ⑦ 하기물(下奇物) ⑧ 사자기(獅子伎) ⑨ 거열(居烈) ⑩ 사팔혜(沙八兮) ⑪ 이사(爾赦) ⑫ 상기물(上奇物) 등이며 이 밖에 이문(尼文)이 편하였다는 3곡도 아울러 전해지고 있는데 그것은 ① 조

---

85) 고령군청,『대가야』, 115~116쪽 ; 末松保和,『任那興亡史』참조.

(鳥) ② 서(鼠) ③ 곽(郭) 등이다.[86] 그런데 흥미있는 사실은 이들 12곡
의 명칭이 당시의 지명을 전하고 있는 것이라는 점이다. 즉 ① 하가라
는 남가야 혹은 금관가야라고 하는 지금의 김해지방의 음곡(音曲)을
말하고, ② 상가라도는 대가야라고 하는 지금의 고령지방의 음곡, ③
보기와 ⑧의 사자기는 지명이 아닌 듯하나 자세히 알 수 없다. ④의 달
이는 스에마쓰(末松保和)의 경우 예천이나 대구로 비정하였으나 『일
본서기』에 보이는 상치리(上哆唎), 하치리의 '다리'를 달이로 표현한
것이라고 생각된다. ⑤의 사물은 지금의 사천이고 ⑥의 물혜는 물아혜
(勿阿慧)로 지금의 전남 무안이다. ⑦의 하기물과 ⑫의 상기물에 대해
스에마쓰는 대가야의 동북쪽인 금물(今勿), 거사물(居斯勿), 감문(甘
文) 등으로 보고 경산의 어해(禦海), 거녕(巨寧), 개녕(開寧) 등지로 비
정하고 있음에 대해 이마니시(今西龍)는 「기문반파고(己汶伴跛考)」에
서 지금의 섬진강 하류인 남원방면으로 비정하고 있다. ⑨의 거열은
거창 혹은 진주이겠고 ⑩의 사팔혜는 초팔혜(草八兮)로 지금의 초계
(草溪)이다. ⑪의 이사는 혹은 지사일 것으로 지품천(知品川)으로 알
려진 지금의 산청이 아닌가 한다.[87]

　여하튼 우륵의 12곡은 대부분이 지명으로서 이것은 당시 지명을 악
곡으로 표현할 수 있을 정도로 각 지역에서 가야 소국들의 문화가 생
성되고 있었으며 12곡 자체가 향토색이 짙은 가야의 지방속악이었던
사실을 반영하는 것이라 할 수 있다.

　우륵의 음악적 명성은 다음의 기록을 통해서도 잘 알 수가 있다. 신
라본기 진흥왕 12년 3월에

　　王巡守次郎城　聞于勒及其弟子尼文知音樂　特喚之　王駐河臨宮令奏
　　其樂　二人各製新歌奏之[88]

---

86) 정중환, 『加羅史草』, 부산대 한일문화연구소, 1962, 114쪽.
87) 위의 책, 114쪽.

라 하여 우륵은 대가야의 멸망 이전에도 신라에까지 그 명성을 떨치고
있었음을 알 수가 있다. 그 후 가야의 국운이 기울자 우륵은 악기를 갖
고 신라에 항복하였는데 진흥왕은 그를 받아들여 평안히 국원경(國原
京 : 충주)에 살게 하였으며 이에 대나마(大奈麻) 법지(法知), 계고(階
古)와 대사(大舍), 만덕(萬德)을 보내어 그 업을 전수받게 하였다. 우
륵은 그들의 재능을 참작하여 계고에게는 가야금을 가르치고 법지에
게는 노래를 가르치고 만덕에게는 춤을 가르쳤다. 그 후 이들 세 사람
은 12곡을 전해 받고는 서로 말하기를 "이는 번거롭고 또한 음탕하여
정아(正雅)한 음악이 될 수 없다[89] 하고 드디어 5곡으로 요약하였는데
우륵은 이 말을 듣고 노했으나 그 다섯 가지 음률을 듣고서야 눈물을
흘리며 감탄하고 화락(和樂)하여 속되지 아니하고 애련하되 슬프지 아
니하고 가히 5악이라 이르겠다 하고 제자들로 하여금 너희는 국왕의
앞에 가서 연주하라"[90]고 하였다.

  왕은 이를 듣고 크게 즐거워하면서 "앞날 낭성(娘城)에서 듣던 소리
와 더불어 다름이 없다" 하고는 후하게 상을 주었다. 간신(諫臣)이 아
뢰기를 "멸망한 가야국의 음악을 취할 것이 못 됩니다"라고 하자 왕은
말씀하되 "가야왕이 음란하여 자멸한 것인데 악(樂)이 무슨 죄냐, 대개
성인이 악을 제작함은 인정에 따라서 조절한 것이며 나라의 흥망은 음
조에 말미암은 것이 아니다" 하면서 이를 시행토록 하여 대악(大樂)을
삼았다.[91]

  이 기록에서 진흥왕이 우륵의 가야악을 계고와 법지, 만덕을 시켜
신라에 전수시킬 정도로 가야악의 수준이 높았음과 또 이 세 사람이

---

88) 『삼국사기』 권4, 신라본기 진흥왕 12년 3월조.

89) 『삼국사기』 권32, 악지.

90) 『삼국사기』 권32, 악지, '樂而不流 哀而不悲 可謂正也 爾其奏之王前'.

91) 『삼국사기』 권32, 악지, '王聞之大悅 諫臣獻議 加耶亡國之音 不足取也 王
    曰 加耶王淫亂自滅 樂何罪乎 盖聖人製樂 緣人情以爲撙節 國之理亂不由
    音調 遂行之 以爲大樂'.

가야악을 5곡으로 정리하여 신라음악으로 전존화(傳存化)시킨 과정을
알 수 있다.

　가야금 이외의 악기로는 금관옥적(金官玉笛)이 있었는데 이것은 다
음의 사료에서 알 수 있다.

　　옥적 또 하나가 기묘하고도 이상한 인연을 만났다. 이는 김해에서 나
　온 것이라 들었으니 금관 고물(古物)임을 시인하겠고 또 신라에서만
　그친 것이 아니므로 이름하여 금관옥적이라 함이 다시 아름다울 터인
　즉 갑면(匣面)에 새기는 것이 모르기는 하나 어떠할지? 옛날의 음악
　은 이미 없어졌고 악관(樂官)이 제정해 둔 음률마저 없음에 황종(黃
　鍾)의 정확한 성음을 교정할 곳이 없게 되었다. 순사(舜詞)의 옥관(玉
　琯)이나 진시황의 적률(笛律)도 다 후세의 사람들이 음률을 심사해서
　성음을 확정한 것인데, 이 옥적도 만약 그윽하고 완만한 곡조가 있다
　고 하면 지금 음률의 짧고 거칠음은 개정할 수 있을 것이다. 옛날 옥
　적은 각각 12율이 있는 피리였으나 지금 이 피리는 이와는 달리 다만
　일곱 구멍을 뚫었을 뿐인데 이것은 당시 성민배(聖民輩)로 하여금 그
　어느 음률에 적중할 것인가를 깊이 교정케 한 것이라고 생각함이 어
　떠하리요.92)

　위 사료는 금관옥적이 김해에서 발견된 사실을 증명하고 있는데 가
야금과 금관옥적 등은 가야 고유의 현악기와 취악기(吹樂器)로서 가야
악 연주의 주류를 이루는 악기였을 것이다. 따라서 가야악은 고유의

---

92)『院堂集(一)』권3, 書牘與權彝齋敦仁 32, ‘玉笛又一奇遭異綠 聞是金海所
　　出 是金官古物 又不止新羅也 謚之以金官玉笛更佳 刻之匣面 未知如何 古
　　樂已亡 又無神瞽定律 黃鍾正聲無處攷定 舜詞玉琯 泰始笛律 皆後人所以
　　審律定聲者 此笛若有幽緩之調 可以定今律之短澀矣 古笛各有十二律笛 此
　　必不如今笛 但鑿七孔筲而已者 更使聖民輩攷采 其中於何律如何 律與聲特
　　殊 律則黃鍾大呂等十二律也 聲則宮商等五聲也 是故 有黃鍾之宮 大呂之
　　商 互相還旋未知聖民 亦能深解此妙耶 試一着意甚好矣’.

악기를 가지고 연주하였으며 여기에 지방속악과 춤이 어울려 생동감을 주는 예술을 이루었을 것으로 보인다.

　다음으로 가야의 무용에 관하여 고찰해 보자. 악성 우륵의 고향인 성열현의 성열악과 함께 성(省)의 이름에서 유래한 하신열무(下辛熱舞) 상신열무(上辛熱舞)가 신라의 무용으로 유명해졌다. 정명왕(政明王 : 신문왕) 9년(689) 신촌(新村)에서의 주악(奏樂)과 애장왕(哀藏王) 8년(807)의 주악을 열거하면 다음과 같다.93)

笳舞 : 監 6인 笳尺 2인 舞尺 1인
下辛熱舞 : 監 4인 琴尺 1인 舞尺 2인 歌尺 3인
思南舞 : 監 3인 琴尺 1인 舞尺 2인 歌尺 2인
韓岐舞 : 監 3인 琴尺 1인 舞尺 2인 歌尺 2인
上辛熱舞 : 監 3인 琴尺 1인 舞尺 2인 歌尺 2인
小京舞 : 監 3인 琴尺 1인 舞尺 1인 歌尺 3인
美和舞 : 監 4인 琴尺 1인 舞尺 2인 歌尺 없음
思南琴舞 : 舞尺 4인靑衣 琴尺 1인赤衣 歌尺 3인彩衣 繡扇竝舍鏤帶
碓琴舞 : 舞尺赤衣 琴尺靑衣

　위의 신라악의 연주연대는 비록 통일신라기이지만 그 제작연대는 삼국시대의 신라에 속한다.94) 그런데 『삼국사기』의 9곡에서 가무, 한기무, 미지무 등과 같이 가척(歌尺)이 없는 것을 제외하고 미상의 감(監)을 불문에 부치면 그 나머지는 모두 금척, 무척, 가척에 의하여 주악되어져 일본 후기의 신라악이 금(琴) 한 가지에 맞추어 춤춘 것과 상부(相符)한다.95) 무용명인 하신열무와 상신열무의 두 가지 가운데 신열은 우륵의 출생지로서 비정한 성열이고 또 신이(辛爾)였다고 생각

---

93) 『삼국사기』 권32, 악지.
94) 이혜구,『한국사』 2, 국사편찬위원회, 1978, 356쪽.
95) 위의 책, 357쪽.

된다.96) 그렇다면 가야의 음악은 가야금의 악곡 이외에 더 전해진 것이 있고 또 무용도 출소(出所)를 잊어가면서 통일신라시대에 전승되었다고 말할 수 있다.

가야지역에서는 이러한 악기, 무용뿐만 아니라 미술도 발달하였다. 1963년에 발견된 고령 고아동의 벽화고분은 천장 및 벽면에 청, 녹, 홍, 갈색으로 연화문, 초화문을 그린 것으로 매우 귀중한 벽화이다. 경주지방에서는 벽화고분이 발견되지 않았는 데 비하여 대가야의 고지에 이렇게 우수한 벽화가 발견되었다는 것은 가야의 미술수준을 짐작케 한다. 이 벽화고분의 석실구조 및 연화문의 토양 등의 묘제는 공주 전분(塼墳)과 비슷하고 연화문은 부여 능산리 고분과 닮았다.97) 이로써 볼 때 대가야는 백제로부터 많은 문물을 받아들여 반도 동남부에 편재한 신라보다 문화면에서 앞설 수가 있었다. 그리고 일제시대에 고령의 대가야 왕궁터에서 출토된 와당은 파와(巴瓦)로서 그 주연(周緣)이 비교적 높고 팔엽(八葉)의 연판(蓮瓣) 문양을 나타내어 각 판면이 단순히 부상하고 그 끝은 상방(上方)으로 반전하였으며 중방(中房)에는 그리 크지 않은 육화(六花)의 연자(蓮子)를 나타낸 일품(逸品)으로서 당시 신라의 것에 결코 뒤지지 않는 수준이 와당이다. 이것은 왜지 아스카(飛鳥) 시대의 법륭사나 법흥사로부터 발견되는 것과도 유사한데98) 이는 중국의 남북조시대의 형태로서 백제를 거쳐 가야에 유입된 중국문화가 다시 일본에 전해졌기 때문이다.

이번에는 가야의 문학이다. 가락국기의 처음 부분은 적어도 가락의 백성들이 어떻게 천신맞이를 하였는가에 대하여 말하고 있다. 그 천신맞이에 어울릴 노래가 구지가인 것이다. 가락국에서 천신맞이를 할 때 부른 가락(歌樂)이 곧 구지가이다. 따라서 한국 상고시대의 다른 여러

---

96) 末松保和, 『任那興亡史』, 243쪽.
97) 김원룡, 『한국미술사』 ; 『고고학개론』 참조.
98) 關野貞, 『朝鮮の建築と藝術』, 岩波書店, 1914, 436~437쪽.

사회에 천신맞이 굿이 있었고 거기에 가락이 수반되었다고 할 때 그 가락이 이 구지가에서 멀지 않았으리라는 추정을 해 볼 수 있다. 그러나 천신맞이 굿에서의 가락은 한두 마디의 짧은 노래로 불려졌으리라 생각되진 않는다. 그것은 보다 더 장편의 노래로 불려졌을 것으로 암시된다.

가락국기에서는 신이 그의 출현을 알리는 신탁이라 보고 있다. 구지가는 그 신탁의 일부이다. 신탁대로 백성들이 시행함으로써 비로소 신은 그들 앞에 모습을 드러내었다. 신탁에서 신의 출현까지로 일단락지어지는 애기에서 구지가는 시종 결정적인 구실을 다하고 있다. 애기의 서두가 그 노래로 시작되어 있을 뿐만 아니라, 애기의 결말인 신의 출현 또한 그 노래로 이루어져 있다. 이 사실은 노래가 단독으로 불려진 것이 아니라, 애기 줄거리를 이야기와 함께 노래로 불렀을 것임을 암시해 주고 있다. 노래 없이는 애기 줄거리가 이루어질 수 없다 함은 노래가 애기 줄거리 속에 별도로 첨가된 것이 아니라 처음부터 그 애기 줄거리 속에 내재된 부분이 있다는 것을 의미한다.

구지가는 애기 줄거리로 엮어져 있다. 이것은 구지가가 노래로 불려졌을 때 구지가만 따로 노래로 불려진 것이 아니라는 가능성에 대해 시사해 주고 있다.[99] 구지가가 노래 불려졌다는 것은 의심할 여지가 없다. 그 구지가는 신맞이 굿의 핵이다. 구지가를 부르는 것은 장차 나타날 신이 자신의 출현의 전제조건으로서 스스로 요구한 것이다. 따라서 구지가가 애기 줄거리와 함께 노래 불려졌다는 것은 신맞이 굿에서 구지가를 내포하고 있는 신의 애기가 구송(口誦)되었다는 것을 의미한다. 이것이 바로 상고시대 신맞이 굿에 수반되었던 '가(歌)'의 모습이다. 그것은 결코 단편적인 노래 그 자체로서 불려진 것만을 의미하지 않는다. 삼국시대에 제례에 수반된 가무도 이 가락국기의 가무와 크게 다르지 않다는 것이다. 제천의식에서 구송된 신화는 무엇보다도 구전

---

99) 이혜구, 『한국사』 2, 362쪽.

문학의 한 장르인 것이다. 상고대의 어느 한때에 신화가 비롯되면서 우리 문학의 출발점을 이루는 데 구지가가 기여하여 민족문화의 창조적 원천으로서 살아 움직이게 되었다.

가야의 문학에 대해 그 수준을 나타내는 것은『삼국사기』강수(强首)에 관한 기록이다. 문무왕은 "강수가 문장을 맡아서 능히 중국에 뜻을 전할 수 있었고, 고구려와 백제에도 의사를 보낼 수 있어 능히 친선을 맺을 수 있었다. 나의 선왕께서 당에 청병하여 고구려와 백제를 평정했음은 비록 무공이나 또한 문장의 도움이 있기 때문이다"[100]라고 강수의 공로를 찬양했다. 강수는 태종 무열왕대부터 혜성처럼 등장한 문장가로 일세에 이름을 천하에 떨쳐 대당 외교문서를 위시한 고문대책(高文大冊)을 도맡은 거장으로 신문왕대에 죽은 통일기의 대문호이다. 또한 강수는 신문왕 때 국학 창설에 주동적 역할을 하였을 것으로 본다.[101]

강수에게 양가녀(良家女)와 재취하라는 아버지에게 학문의 길은 실천하지 않으면 진실로 수치스러운 것이라면서 조강지처를 버리지 않았다.[102] 그러므로 그는 학(學)과 행(行)이 일치하는 학인이기도 하였다. 일생을 학행을 겸비한 유학자로서 지냈으나 그의 사후 나라에서 보낸 많은 부물(賻物)은 그의 가족들이 사유물로 하지 않고 강수의 명복을 빌기 위해 불사에 바쳤다. 유학이나 한학의 대가로서, 문장가로서, 외교문서의 해독이나 작성에 뛰어난 업적을 남긴 신라의 대문호

---

100)『삼국사기』권46, 열전 제6 强首, '文武王曰 强首文章自任 能以書翰致意
　　於中國及麗濟二邦 故能結好成功 我先王請兵於唐 以平麗濟者 雖曰武功
　　亦由文章之助焉 則强首之功 豈可忽也 授位沙湌 增俸歲租二百石'.
101) 임병태・이희덕,『한국사대계』3(통일신라), 삼진사, 1973, 84쪽.
102)『삼국사기』권46, 열전 제6 강수, '及年二十歲 父母媒邑中之女有容行者
　　將妻之 强首辭不可以再娶 父怒曰 爾有時名 國人無不知 而以微者爲偶 不
　　亦可恥乎 强首再拜曰 貧且賤非所羞也 學道而不行之 誠所羞也 嘗聞古人
　　之言 曰糟糠之妻不下堂 貧賤之交不可忘 則賤妾所不忍棄者也'.

강수도 임나가량인(任那加良人)이었다.[103]

그러므로 그의 학문과 문장은 가야문학의 영향을 받아 그 맥을 살려 더욱 차원 높은 문장으로 나타났을 것으로 본다. 그리고 강수의 문장이나 학풍은 제문(帝文), 수진(守眞), 양도(良圖), 골번(骨番) 등에 의해 계승·발전되었다.[104]

이런 점에서 가야문학은 신라문학의 향상에 크게 기여하였음을 알 수 있다. 또한 신라의 삼국통일에 금관가야계의 김유신이 무(武)로써 공헌했다면 공교롭게도 무와 문이 모두 가야계임은 가야의 문화수준이 신라와 대등했음을 증좌한다.

(3) 사상과 풍속

가야 제국은 독자적인 문화를 지님과 더불어 자주적인 사상도 형성하고 있었다. 우선 가야사상의 일반 개념으로서 먼저 고찰할 것은 수로왕 설화에 보이는 태양숭배민속의 불계(祓禊)사상이다. 신라의 혁거세 설화는 그 강림날이 임자(壬子) 3월 초하룻날로 되어 있고 수로왕 설화는 임인(壬寅) 3월 계욕일(禊浴日)로 되어 있다.

『삼국유사』 신라시조 혁거세왕조에 기록된 혁거세를 동천(東泉)에서 목욕시켰더니 몸에서 광채가 나고 새와 짐승이 춤을 추며 천지가 진동하고 해와 같이 밝아졌다고 하여 계욕은 실제적인 생활의 한 모습을 나타나는 데 대하여 김수로 설화에서는 다만 '계욕일'이라고만 기록되어 있다.[105]

계욕은 혹은 계음(禊飮)이라고도 하고 혹은 불계라고도 한다. 삼월

---

103) 『삼국사기』 강수열전, '王驚喜 恨相見之晚 問其姓名 對曰 臣本任那加良 人 名字頭'.
104) 『삼국사기』 강수열전, '新羅古記曰 文章則强首 帝文 守眞 良圖 風訓 骨番 帝文已下事逸不得立傳'.
105) 『삼국유사』 권2, 가락국기, '屬後漢世祖光武帝建武十八年壬寅三月 禊浴 之日 所居北龜旨'.

상사일(上巳日)은 계음일로서 혁거세 설화에 단적으로 표시된 바와 같이 이것은 태양숭배민속의 불계사상에서 유래한다.

불계란 말을 우리말로는 푸닥거리라고 할 수 있는데 푸닥거리는 그 목적이 양재기복(禳災祇福)에 있는 것이다. 양재를 주로 한다 하여도 기복에 연결되는 것이요, 기복을 주로 한다 하여도 또한 양재에 연결되는 것이다. 우리 민속에도 상사절(上巳節)이 있고 계욕의 풍(風)과 곡수(曲水)의 연(宴)이 있으니 이러한 의식적인 예(禮)는 중국풍의 동점(東漸)에 연유한 것이라고 생각할 수 있으나 불계사상의 보다 근원적인 시원은 오히려 샤머니즘적인 원시신앙 내지 원시민속에서 구해 볼 수 있는 것이 아닐까 한다.

불계사상은 심신의 오예(汚穢)와 숙구(宿垢)를 제거하고 청정한 본연의 신인(神人)으로 환원코자 하는 관념적 소망에서 출발하여 물, 새 물, 맑은 물, 즉 동류수(東流水)로 씻으면 모든 부정(不淨)을 제거할 수 있다는 생각을 가지게 된 데서 불계사상의 시원을 찾아볼 수 있을 것이다. 따라서 불계사상은 물과 관계가 있고 또 농경과 관계 있는 사상이라 하겠다.

우리측 기록상에도 불계에 관한 기록이 보이지만 『일본서기』에서 더 많이 보이며 또한 중국측 기록에도 보이고 있다.[106]

결국 불계사상이라고 함은 동쪽으로 흘러가는 맑은 물에 목욕함으로써 모든 맑지 못한 것과 재액(災厄)을 씻고 맑고 새로운 복을 맞이한다는 푸닥거리를 말하는 것으로 고신도(古神道)에 있어서 중요한 행사의 하나였다. 일본에서는 이 고신도의 유풍이 그대로 전해져서 현재에는 소위 '미소기하라이(祓禊)'란 이름으로 신사에서나 민간에서 행해지고 있다. 우리 나라에서는 신라나 고려 때만 하여도 이 고신도의 풍속은 대단히 성하고 있었으나 조선 이후는 유교문화에 억눌려서 차차

---

106) 정중환, 「삼국유사와 일본서기에 보이는 불계사상」 『동국사학』 15, 16, 138쪽.

자취를 감추게 되면서 민간에 미신적인 행사가 있을 때 몸을 밝게 한다는 뜻에서 찬물에 목욕재계하는 유풍만이 남아 있고107) 깨끗하지 못함을 맑게 한다는 생각은 곧 청명한 것을 좋아한다는 것이며 밝은 정치, 밝은 세상을 희망하는 심정도 역시 이러한 경우이리라 생각한다.

『여지승람 輿地勝覽』 경주 산천(山川)조에도 김극기(金克己)란 사람의 불계시(祓禊詩)가 있는데, 그 가운데 "낙읍의 선비 십만을 헤아리니 물에서 목욕할 때 어깨를 서로 엇닿다"라고 한 말이 보인다.108) 가야국에서도 이 불계행사가 대단히 중요한 것이었음은 건국설화를 계욕일에 결부시킴을 보아도 알 수 있다.

가락국기에 의하면 처음 이 지역에는 구간이 각기 백성을 거느리고 산야에 정착하여 농경생활을 하고 있었는데 후한 세조 광무제 건무 18년 임인 계욕일109)에 구지봉에 모여서 시조 강생(降生)의 굿맞이 의식을 하였던 기록이 보이고 있다. 즉,

未畿 仰而觀之 唯紫繩目天垂而着地 尋繩之下 乃見紅幅裏金合子
開而視之 有黃金卵六 圓如日者 衆入悉皆驚喜 俱伸百拜 尋還 裏著
抱持而歸我刀家寘楊上 其衆各散 過淶辰 翌日平明 衆庶復相聚集開
合 而六卵化爲童子 容貌甚偉 仍坐於床 衆庶拜賀盡恭敬之 日月而
大 踰十餘晨昏身長九尺……云云

---

107) 정중환,『加羅史草』, 부산대 한일문화연구소, 1962, 60~61쪽.
108)『新增東國輿地勝覽』권21, 慶州府.
109) 계욕일이라고만 하고 계욕의 의식 등은 기록되지 않았는데 계욕이란 말
이 전해진 것은 뜻있는 일이다. 계욕일은 곧 3월 상사일을 말함인데 중국
에서는 상사일이 지켜지지 않고 3월 3일로 계욕일을 삼았다. 우리 나라
에서도 중국의 속(俗)을 따라 3월 3일을 계욕일로 삼았는지 알 수 없다.
계욕일에 제천(祭天)함은 신라의 속(俗)과 같으니 계욕의 의식도 신라와
같다고 생각할 것이다. 난생(卵生)의 천강아(天降兒)를 목욕시켰는지의
여부는 기록에는 보이지 않으나 의당 그렇게 하였을 것이라고 보아야 할
것이다.

이라 하여 6가야의 시조가 난생하였으며 수로는 가락국왕이 되고 여타
는 5가야의 왕이 되었다 한다.110)

따라서 가락 건국설화에는 구체적으로 불계사상을 말한 바는 없다.
다만 '建武十八年 壬寅禊浴日'이라 하여 계욕일이란 말이 보일 따름
이다. 여기에서 주의할 것은 계욕일이란 말이 본래 전래한 것을 기록
화한 것인지 아니면 가락국기가 편찬될 무렵에 행해지던 습속을 말함
인지 알 수 없는 것이다. 가락국기는 고려 문종의 태강(太康)년간에 편
찬된 것이다. 만약 편찬 당시의 습속을 말하는 것이라면 이것은 고려
때의 습속으로 가락시대의 습속과는 분리하여 생각해야 할 것이다. 그
러나 기록의 유무를 막론하고 고대사회에 있어서 불계사상은 특히 농
경사회의 일반적인 현상으로 이해되고 특히 가야와 그 문화적 연관성
이 깊은 신라의 건국설화 중에도 불계사상이 보이는 점으로 미루어 보
면 이웃 가락의 건국설화에 불계사상이 없으리란 법도 없다. 따라서
가락국기에 보이는 계욕일도 고대로부터 전래하는 가락지역의 일반적
인 습속으로 이해해야 할 것이다. 더구나 가야지역이 낙동강을 끼고
있는 수향(水鄕)이라는 점에서 불계사상은 다른 지역보다 더 보편화됨
직한 곳이다.

계욕일을 3월 상사일로 한 것은 중국과 같으며 또한 신라 건국설화
와도 동일하다.

---

110) 가락국기에서는 가락국을 가야연맹의 왕국으로 보고 있다.『삼국유사』의
   5가야조에서도 원주(原註)에서 '가락국기'설을 옳다고 하고『본조사략』의
   5가야설을 잘못이라고 하였다.『본조사략』에서는 대가야를 주국(主國)으
   로 본 듯하나, 사실은 고려시대가 5부체제에 따라 신라의 6부체제에 근
   거한 대가야설을 5가야로 한 데서 문제가 있게 된 것이다. 내용은 6가야
   를 인정하면서 표제를 5가야라 함도『삼국유사』가 고려 때 편찬되었기
   때문이라 하겠다. 그러므로 5가야설이나 6가야설이 가야사의 진실을 전
   하는 것이라고 믿기도 어려운 것이다.『일본서기』긴메이기 같은 데에는
   10국의 이름이 전해지고 있는데 혹은 그 이상의 국명이 있는지도 알 수
   없다.

가락국기에서는 가락 건국시조의 강탄(降誕)설화에 계욕 즉 불계의 식이 구체적으로 보이지는 않는다. 다만 "하늘에서 자승(紫繩)이 내려왔는데 그 끝에 홍폭(紅幅)으로 싼 금합자가 있었다. 금합자를 열고 보니 황금색의 알 여섯이 있어 이를 다시 싸서 아도간(我刀干) 집에 가져다가 양상(楊上)에 두었더니 여섯 알이 화하여 동자가 되었다. 그 용모가 비범하였다"는 식으로 설명되어 신라시조와 같이 동천에 목욕시켰다든가 알영(閼英) 부인과 같이 북천(北川)에 목욕시켰던 서상(瑞相)은 나타나 있지 않다. 그러나 구간 등이 집회한 날이 계욕일이니만치 계욕의식이 없을 수는 없다고 본다.111)

계음의 종교적 행사는 곧 건국의 정치적 행사와도 직결되어 있었다. 계음하는 날은 성산(聖山)을 중심으로 족장들이 부민을 거느리고 종교적 행사를 하는 날이며 동시에 부족의 정치적 행사를 결정하는 날이기도 하였다. 이와 같이 계욕일은 가야 제국들의 정치적·종교적 의식과 행사를 전개하는 사상적 모체가 되었다. 청결을 통한 맑지 못한 것과 재액을 물리쳐 복을 추구하는 것은 가야인의 투명한 인생관과 종교관, 정치관 등의 기저를 이루는 사상이 되었다.

가야인들은 덕치주의 사상도 향유하였다. 수로왕은 즉위 처음에는 산 밑에 가궁(假宮)을 지어서 입어하였다.112) 이 가궁은 중국 요임금의 평양도성과 같이 지붕은 모자(茅茨)를 덮어서 그 끝을 고르지 않고, 뜰 층계도 세 단으로 하되 흙으로 쌓아올렸다고 한다. 이것은 왕관(王官)의 소박하고 검약함을 표시하는 말로서 덕치사상의 한 표현이다. 나라와 백성이 가난한데 궁궐만 더 높이 짓는다는 것은 왕자(王者)의 백성을 사랑하는 도리가 아니라고 생각하였다. 그리고 수로왕은 정치제도를 정비하여 나라와 집안의 질서를 갖추고 백성들을 자식과 같이 사랑하여 그 가르침은 엄숙히 작위를 짓지 않도록 저절로 위엄이 서

---

111) 정중환, 「삼국유사와 일본서기에 보이는 불계사상」, 142~144쪽.
112) 『삼국유사』 가락국기, '俾創假宮而入御 但要質儉 茅茨不剪 土階三尺'.

고, 그 정사(政事)는 엄격을 내세우지 않아도 잘 다스려졌다.[113]
또한 가락국기에는 불교와 관련된 다음과 같은 기사가 주목된다.

왕이 가로되 내가 이제 서울을 정하고자 하노라 하고 가궁의 남쪽 신
답평에 가서 사방의 산악을 바라보고, 좌우를 돌아보며 말하기를 이
땅이 요엽(蓼葉)과 같이 협소하기는 하나 지세가 수이(秀異)하여 가
히 16나한의 살 곳이 될 뿐 아니라 향차 1에서 3이 되고 3에서 7이 되
어 7성(聖)이 살 곳으로는 가장 적합한 곳이니 이 곳에 왕궁을 이룩
함이 가장 좋겠다 하고 주위 1천 5백 보의 나성과 궁궐전당 그리고
여러 청(廳), 무기고, 창고 등을 세울 터를 정하고 돌아갔다.

위 사료에서 '지세가 요엽과 같다' 한 것은 현재의 김해읍 서쪽에서
남으로 뻗어간 산형(山形)을 말하는 것이고, '1에서 3으로, 3에서 7로'
라는 것은 그 산의 방향의 변화를 표시하는 것으로, 즉 북에서 동으로
굽어 동에서 다시 남으로 뻗었다는 것을 말한다. 또 혹자는 16나한은
부처님의 대제자들이고, 7성은 곧 7불을 말함인데 7성이 살 곳이란 말
은 이 곳 신답평에서 7세를 지나고 8세 때 지금의 김해읍으로 도읍을
옮겨 온 것이라고 해석하기도 한다.[114] 따라서 이 사료에 의하면 본가
야의 성립은 불교와 매우 연관성이 있음을 알 수 있겠다.
다음의 수로왕의 혼인설화는 불교와의 관련성을 보다 잘 보여준다.

"모두 천명이외라. 이 몸은 본래 아유타국의 공주인데 성은 허씨, 이
름은 황옥이며 나이는 16세입니다"[115]

---

113) 『삼국유사』 가락국기, '於是乎理國齊家 愛民如子 其敎不肅而威 其政不嚴
而理'.
114) 정중환, 앞의 책, 1962, 81쪽.
115) 『삼국유사』 가락국기, '從容語王曰 妾是阿踰陀國公主也 姓許名黃玉 年二
八矣'.

라고 한 기록이다.

여기에서 황옥의 조국이 아유타국이라 함은 불교와 인연이 깊은 나라에서 출가해 왔음을 의미하며 현재 허왕후 능 앞에 있는 파사석탑은 본래 왕후가 아유타국에서 올 때 풍랑을 진압하기 위해 가져온 것이라고 하였는데, 당시 신라의 왕명(王名)이 파사라고 한 것과는 무슨 관련이 있는 것인지 아직은 알 수 없다. 그러나 파사석탑은 허왕후가 결혼을 위해 자기 조국에서 김해에 도착할 때까지 해상의 안전을 불교에 귀착시켰음을 알수 있다.

『삼국유사』 탑상(塔像) 제4, 금관성 파사석탑조에도 본가야 성립시에 불교가 전파되었음을 의미해 주는 사료가 있어 여기에 소개해 보고자 한다.

金官虎溪寺婆裟石塔者 昔此邑爲金官國時 世祖首露王之妃 許皇后名黃玉 以東漢建武二十四年甲申. 自西域阿踰陁國所載來 初公主承二親之命 泛海將指東 阻波神之怒 不克而還 白父王 父王命載玆塔乃獲利涉 來泊南涯 有緋帆茜旗珠玉之美 今云主浦 初解綾袴於岡上處曰綾峴 茜旗初入海涯曰旗出邊 首露王聘迎之 同御國一百五十餘年 然于時海東未有創寺奉法之事 蓋像敎未至 而土人不信伏 故本記無創寺之文 逮第八代銍知王二年壬辰 置寺於其地 又創王后寺(在阿道訥祇王之世 法興王之前) 至今奉福焉 兼以鎭南倭 具見本國本記

수로왕이 불교국의 왕비를 맞아들여 함께 나라를 다스린 기간이 150여 년이었다고 한다.

그러나 이 때 해동에는 공식적으로 불교를 공인하지 않았기에 아직 백성들에게는 절을 세우고 불법을 받드는 일이 시행되지 않았으며 또한 널리 지방에까지도 유포되지 않았기에 본기에는 절을 세웠다는 기사가 없었음을 이 사료는 나타내주고 있다. 즉 본가야에 최초 불교 전래는 수로왕 때 왕실 및 지배계층 내에 전파되어 그 뒤 호국불교로서 성장하였음을 알 수 있다. 이는 『삼국유사』 금관성 파사석탑 후반부분 사료에서 찾아볼 수 있다.

逮第八代 銍知王二年壬辰 置寺於其地 又 創王后寺 至今奉福焉 兼 以鎭南倭 具見本國本記

따라서 가야불교의 이와 같은 성격은 삼국시대 불교사상의 형성에도 크게 기여했으리라고 본다.

『동국여지승람』에는 『삼국사기』 지리지를 주석하는 형식으로 신라 말의 대학자인 최치원의 찬(纂)인 석리정전(釋利貞傳)과 석순응전(釋順應傳)의 일문(逸文)을 이용하고 있다.

가락국 시조설화는 하늘에서 내려온 난생의 사람이라고 한 데 대하여 대가야국의 시조는 천신과 산신의 교감에서 탄생하였다고 하였다. 즉 가야 산신인 정견모주(正見母主)가 천신 이비사(夷毘詞)에 소감(所感)되어서 뇌질주일(惱窒朱日)과 뇌질청예(惱窒靑裔)를 탄생시켰다는 것이다.

여기에서 가야산신을 정견모주라고 했다는 것은 그 이름이 이미 불교적으로 일컬어진 것을 의미한다. 즉 정견(正見)이란 말은 불교의 팔정도(八正道) 중의 한 덕목이며 팔정도는 즉 정견(正見)·정사(正思)·정언(正言)·정업(正業)·정명(正命)·정정진(正精進)·정념(正念)인데 이 가운데 처음의 것이 정견으로 바른 견해를 가진다는 뜻이다. 따라서 모주라는 말은 성모에서 유인된 말이라 하겠다.

영남지방만 하여도 산신에게 성모를 칭한 설화가 많은데 가야산신도 본래 성모로 불렸던 것을 불교식으로 정견모주라고 한 것이 아닌가 한다.

제8대 질지왕은 수로왕과 왕후가 처음 만났던 곳에 왕후사(王后寺)

라는 절을 세워 왕과 왕비의 명복을 빌었다고 한 것도 불교가 성행하였음을 말해주는 단편적인 사료이다.116)

이렇듯 본가야 성립시부터 불교와 깊은 연관이 있어 불교국의 허왕후를 왕비로 맞아들였다고 보며, 그 후에도 본가야에는 불교가 만연되어 질지왕 때에는 왕후사를 세워 불교를 숭상하였음을 알 수 있다. 따라서 가야 제국에는 일찍이 불교가 들어와 지배층을 중심으로 애호되어 호국신앙으로 숭봉(崇奉)되었으며 일반 민중의 중생 제도(濟度)의 사상으로 영향을 발휘하는 단계로까지 파급되었을 것이다. 또한 본가야는 문화적인 교류를 통하여 신라에 불교사상을 전파시킴은 물론 신라의 불교 공인에도 많은 영향을 미쳤을 것으로 추측된다.

따라서 본가야에는 허황옥 이후 불교가 만연되어 2세기 중엽~5세기 중엽까지 불교신앙과 사상의 계기적 발전이 이룩되었다. 그러므로 고구려의 북방불교 전래보다 가야의 남방불교 전래가 앞선 것임을 추론할 수 있다. 가야불교의 수용경로는 다음과 같이 요약할 수 있다.117)

필자는 그 단서를 파인(巴人)들의 집단이주를 통해서 찾아보았다. 즉 허씨족 일파가 양자강을 따라 동쪽으로 나와서 황해를 건너 김해로 상륙할 수 있었다는 하나의 추론과 또 다른 하나는 무한(武漢)에서 광동으로 나와 그 당시 인도 상선을 이용하여 김해에 도달할 수도 있었다는 견해를 상정해 보았다.

이 당시 광동은 인도 상선의 집결지였다는 점에서 필자는 후자의 코스를 더 중시하고자 한다. 그 이유로는 이 당시의 자연적인 조건인 쿠로시오 해류나 계절풍 등이 원거리 항해를 가능하게 해 준 요인이었고 또 하나는 그 항로가 이미 고대인들에 의해 국제무역로로 활발히 이용

---

116) 『삼국유사』 가락국기, '以元嘉二十九年壬辰 於元君與皇后合婚之地創寺 額曰王后寺 遣使審量近側平田十結'.

117) 졸고, 「가야의 불교수용에 관한 연구」『한성대학교논문집』 제15집, 1991, 218~219쪽.

되어 왔다는 요인을 들 수 있다. 그러므로 가야의 불교는 1세기 중엽에 이와 같은 코스를 통하여 전해졌을 것으로 보인다. 그 후 후한시대 강남지방 불교의 지리적 전파거점인 강회(江淮)지역과 장강(長江)유역 그리고 강남 등지는 가야불교를 전파시키는 전진기지로서 계속적인 역할을 하였을 것으로 본다. 가야불교의 성격은 남래적(南來的)인 불교수용을 토대로 공(空)사상과 무(無)사상 그리고 기복적이고 호국적인 사상으로 구성되어 있음을 알 수 있다.118)

이와 같은 가야의 남래불교 사상은 고구려, 신라에도 영향을 주어 한국 고대불교 전개에 고구려의 북방불교와 더불어 큰 역할을 하였을 것으로 본다. 특히 가야의 불교는 한반도뿐만 아니라 왜지에도 영향을 주어 왜의 아미타 신앙과 같은 고대 불교사상 형성에도 중요한 일익을 담당하였을 것으로 생각된다.

불교뿐만 아니라 도가와 관련된 기록은 『동국여지승람』에 보인다. 초현대(招賢臺)는 김해부 동쪽 칠리에 있는 소산으로, 세속에 전하기를 "가락국 거등왕이 칠점산의 참시선인을 부르면 참시선인은 배를 타고 거문고를 안고 와서 서로 즐거워했으므로 인하여 이름한 것인데 왕이 앉았던 연화석과 바둑판들이 지금까지 있다."119)

참시선인은 금선(琴仙) 또는 칠점산에서 나왔다고 하여 칠점선인이라고 불리기도 했는데 그 모습은 한옥(寒玉)과 같고, 말소리는 범음(梵音)과 유사했다. 이에 가락국의 거등왕이 그의 뛰어난 덕을 사모하니 초현대를 지어 그를 초빙했다. 그는 거등왕의 초빙에 의해 배를 타고 금을 안고 와서 초현대에서 왕과 만나 둘이서 즐거운 한때를 보냈다. 그런데 이 사람은 쇠고기로 만든 요리의 향연은 사절하고 단풍나무진(楓香脂)과 도라지를 요구해서 먹었다고 한다.120) 그리고 거등왕에게

---

118) 위의 글, 219쪽.
119) '招賢臺 在府東七里小山也 俗傳 駕洛國居登王 招七點山㫌始仙人 㫌始乘舟抱琴而來 相與歡戲 因以爲名 王所坐蓮花石與棋局石 至今存焉'.

"임금이 자연스럽게 다스리면 백성이 자연스럽게 살게 된다"[121]라고
일러주었다. 여기에서 참시선인은 항상 금을 휴대하고 다니고, 금선이
라고 불렸다는 사실을 통하여 음악은 그의 생활의 주요한 한 부분이었
음을 알 수 있다. 우륵 또한 선인으로 불려지기도 하였다.[122]

거등왕에게 치국의 도를 가르쳐 준 참시선인이나 선인의 생활을 한
우륵과 같은 인물에 대한 기록을 통해 가야 제국에 도가사상이 전해져
서 만연되고 있었음을 알 수 있다.

본가야에 도가사상이 있었음은 대성동 고분군과 양동리 고분군에서
출토된 철정(鐵鋌)을 통해서도 뒷받침될 수 있다. 4세기 중엽으로 편
년되고 있는 대성동 제23호 목곽묘는 부곽은 동반하고 있지 않으나 후
한(後漢)의 방격규구사신경(方格規矩四神鏡)과 환두대도(環頭大刀),
단검(短劍), 도자(刀子), 갑주(甲冑) 등의 철제무기를 부장하고 있어
본가야(本伽耶 즉 금관가야)의 왕묘에 해당하는 규모와 내용을 보여
주고 있다. 이 밖에도 여기에는 특기할 만한 철정 60여 점 정도가 부장
되어 있었다. 제23호분에 다량으로 철정이 부장된 것은 대성동 고분군
가운데에서도 특출한 것이었다.

이러한 철정은 본가야에 도가사상이 있었음을 나타내는 유물로서
중요한 의미를 갖고 있는 것으로 생각하고 싶다. 특히 2세기 후반경으
로 추정되고 있는 양동리 제162호분과 2세기 말 내지는 3세기 초로 추
정되는 양동리 제235호분은 모두 구야국(狗邪國)의 수장묘 즉 왕묘로
생각된다. 또한 여기에는 철정의 전신에 해당하는 판상철부(板狀鐵斧)
가 제162호분과 제235호분에서 각각 40점과 30점이 부장되어 있었다.

이와 같은 판상철부와 철정이 다량으로 매납되어진 것은 분묘의 피

---

120) 차계환, 「신라사회와 도가사상」 『한국철학연구』 상권, 동명사, 1979, 346
쪽.
121) 李義健의 文集 『峒隱先生稿』(규장각 도서번호 5036, 5061) 참조.
122) 『삼국사기』 권4, 진흥왕 12, 13년조에 우륵에 관한 기사가 실려 있다.

장자가 토지신에게 분묘용 땅을 구입하기 위한 의미를 갖는 것으로 이해된다. 따라서 판상철부나 철정은 화폐와 같은 용도로 사용되었음을 알 수 있고 이러한 것들이 다량으로 매납되었던 것은 본가야에 도교적인 사상이 존재하였음을 이해케 하는 단서가 된다. 이와 같은 가야의 도가사상은 계욕적인 의식이나 덕치주의사상, 그리고 불교사상이 공립(公立)하고 융화하는 바탕을 제시해 주기도 하였을 것으로 본다.

가야에 도가사상이 있음은 우리의 고유사상인 신도(神道)사상이나 선도(仙道)사상, 그리고 샤머니즘이 바탕을 이루고 있음을 의미하기도 한다. 따라서 주술적 내용을 담고 있으면서 무속신앙과 관련이 있는 구지가(龜旨歌)가 대표적인 신가(神歌)라는 점은 우연한 일이 아니다.

5. 신라 · 백제 · 왜와의 관계

가야 제국이 국가적 발전을 거듭하면서 자연 대외관계도 활발히 전개되었다. 초기에는 주로 신라와의 관계가 중심을 이루었으나 4세기 이후 소위 삼국시대가 전개되면서부터는 팽창해 오는 신라, 고구려, 백제의 3국과 남쪽 왜국과의 사이에서 복잡한 대외관계를 유지하여 왔는데 본절에서는 이를 체계적으로 고찰하고자 한다.

『삼국사기』 신라본기에 기술된 가야와 신라의 대외관계 기사를 정리해 보면 다음과 같다.

① 탈해왕 21년(A.D. 77) 8월에 아찬 길문(吉門)이 가야병과 황산진구(黃山津口)에서 싸워 1천여 급을 얻었다.

② 파사왕 8년(87) 7월에 가소(加召), 마두(馬頭)의 2성을 쌓았다.

③ 동왕 15년(94) 2월에 가야병이 마두성을 공위(攻圍)하므로 아찬 길원(吉元)을 보내어 기병 1천을 이끌고 쳐서 쫓았다.

④ 동왕 17년(96) 9월에 가야인이 남비(南鄙)를 침습하므로 가성주

(加城主) 장세(長世)를 보내어 막게 하였더니 적에게 죽은 바 되었다. 왕이 노하여 용사 5천을 거느리고 나가 싸워 적을 깨뜨리니 노획(虜獲)이 매우 많았다.

⑤ 동왕 23년(102) 8월에 음즙벌국(音汁伐國)이 실직곡국(悉直谷國)과 지경을 다투어 왕에게 와서 재결을 청하므로 왕이 이를 난처히 여기어 이르되 금관국 수로왕이 연로하고 지식이 많다 하고 그를 불러 물었더니 수로가 향연할 새 5부는 다 이찬(伊飡)으로 접빈(接賓)의 주(主)를 삼되 오직 한지부(漢祗部)만이 위비(位卑)한 자로 주장케 하였다. 수로가 노하여 노(奴)의 탐하리(耽下里)란 자를 명하여 한지부 주인 보제(保齊)를 죽이고 돌아갔다. 그 노는 도망하여 음즙벌주 타추간(陁鄒干)의 집에 머물게 되었다. 왕이 사람을 보내어 그 노를 수색할 새 타추가 보내지 아니하는지라 왕이 노하여 군사를 일으켜 음즙벌국을 치니 그 주(主)가 무리로 더불어 스스로 항복하고 실직(悉直), 압독(押督)의 두 나라 왕도 와서 항복하였다.

⑥ 동왕 27년(106) 8월에 마두성주에 명하여 가야를 쳤다.

⑦ 지마왕(祗摩王) 4년(115) 2월에 가야가 남변을 침입하였다.

⑧ 동왕 5년(116) 8월에 장(將)을 보내어 가야에 침입할 새 왕은 정병 천만을 거느리고 그 뒤를 이으니 가야는 성을 둘러 굳게 지키고 마침 비가 오므로 이에 도로 돌아왔다.

⑨ 동왕 10년(121) 2월에 대증(大甑)산성을 쌓았다.

⑩ 내해왕(奈解王) 6년(201) 2월에 가야국이 화(和)를 청하였다.

⑪ 동왕 14년(209) 7월에 포상(浦上) 8국이 가라를 침략하려고 꾀하매 가라의 왕자가 와서 구원을 청하였다. 왕이 태자 간로(于老)와 이벌찬 이음(利音)에게 명하여 6부의 병을 이끌고 가서 구원케 하여 8국의 장군을 쳐죽이고 그들이 노략한 6천 인을 뺏어 돌려보내 주었다.

⑫ 동왕 17년(212) 3월에 가야가 왕자를 보내어 볼모를 삼았다.

위 사료를 토대로 초기 가야 제국과 신라왕의 관계를 살펴보기로 한다.

사료 ①의 황산진구는 지금의 양산 부근으로 비정되므로 이 때 신라와 접촉한 가야는 아마 금관국일 것이다. 그런데 사료상 신라와 가야의 첫 접촉이 탈해왕 때 이루어졌음은 주목을 요한다.

가락국기에는 석탈해가 신라에 도착하기 전에 먼저 가락국에 도착하여 수로왕과 왕위를 다투다가 패한 사실을 전하고 있다. 이것은 같은 해상세력인 수로집단과 탈해집단이 김해지역에서 서로 패권을 다투다가 여기서 패한 탈해집단이 다시 북상하여 경주지역으로 이동하였음을 반영한 것이라 생각된다. 그리고 사료 ①의 사실은 김해지역의 지리적 이점을 잘 알고 있는 탈해집단이 다시금 이 지역으로 진출을 꾀하고 있는 것이라 생각된다.

이후 가야와 신라의 충돌은 파사왕대에 빈번히 일어났는데 사료 ②~⑥에 의하면 그 충돌지점은 마두, 가소 지역이었다.

마두, 가소는 지금의 거창지역으로 비정되나 당시 신라가 이 지역까지 세력을 뻗쳤으리라고는 생각되지 않으며, 경주와 김해의 중간에서 구하는 것이 옳으리라고 생각된다. 사료 ④의 가성주는 가소성주로 생각되는데 이 때 가야인의 침입이 신라 남비라고 하였으므로 위의 추측과 부합된다 할 것이다.

어쨌든 이후 가야와 신라는 서로 공방을 계속하여 팽팽히 대립하였고 이 과정에서 가야의 수로왕은 경주에까지 거동하여 환영연에 지위가 낮은 자를 보낸 한지부의 추장 보제를 살해할 정도로 위세를 부렸으며 신라도 착실히 강역을 넓혀 121년에는 동래에까지 진출, 대증산성을 쌓기도 하였다.

사료의 누락인지는 알 수 없으나 121년 이후 약 90여 년 동안 양국은 소강상태를 이루었던 양국 관계가 다시 재개된다.

사료 ⑪의 가라는 『삼국사기』 물계자전(勿稽子傳)에는 아라(지금의 함안)로 되어 있다. 가라와 아라 중 어느 것이 옳은지는 확인할 수 없으나 필자는 아라로 보고자 한다. 또 포상 8국의 이름은 다 전해지지 않으나 위 물계자전에 의하면 골포(骨浦 : 지금의 창원), 칠포(漆浦 : 지금의 칠원), 고사포(古史浦 : 지금의 진해)의 3국 이름을 알 수 있는데, 이들 바닷가의 소국들은 금관가야의 세력권 안에 있던 국가들로 생각된다. 즉 사료 ⑪의 내용은 금관가야가 자기 아래의 소국들을 동원하여 아라가야를 공격했을 때, 아라가야가 금관가야와 대립하고 있던 신라에 원조를 요청한 것으로 생각된다. 이렇게 볼 때 사료 ⑩, ⑫의 신라와 강화하고 인질을 보낸 가야는 금관가야가 아니라 아라가야로 보는 것이 옳을 듯하다. 왜냐하면 앞에서 보았듯이 신라와 백중하게 대결하던 금관가야가 신라와 굴욕적인 외교관계를 맺었으리라고는 생각되지 않기 때문이다.

A.D. 212년 이후에 가야의 상황을 보면, 거등왕 때에는 왕자 선(仙)을 일본 북규슈(北九州)에 보내어 '아시하라 중국(葦原中國)'을 정복하고 가락계 왕국을 수립하였으며 거등 10년(209)에는 포상 8국의 공격을 받아 일시 곤란하였지만 6년 후에는 이서국(伊西國)을 공취함으로써[123] 그 세력이 청도(淸道), 경산, 대구에까지 뻗치는 강성을 자랑하였다. 이리하여 오늘날 가야고분이 동래, 안동, 의성 등지에까지 분포되는 등의 광역을 갖게 되었다.[124] 즉 가야 제국들은 3세기까지 김해 중심의 본가야를 중심세력으로 하여 성장, 발전하였던 것이다.

그러나 4세기에 들어와 금관가야는 쇠약해지고 한반도 북부에는 한 차례의 파동이 일어나고 그 파문은 한반도 남단에까지 미치게 되었다. 즉 4세기 초에 고구려는 한반도 서북지역을 소멸시키고 이 지역을 사이에 두고 백제와 패권을 다투게 되었다. 고구려와 백제는 경쟁적으로 그 영향력을 경상도 지역으로까지 확대해 나갔다. 그 결과 신라는 고구려에 부용이 되어 문물을 직접 수입하고[125] 자기 지역에 대한 통솔

---

123) 졸고, 앞의 글, 1985, 231쪽.
124) 위의 글, 231쪽.
125) 최종규, 「중기고분의 성격에 대한 약간의 고찰」『釜大史學』7, 1983, 1~

을 더욱 공고히 해 나갔을 것으로 보인다.[126]

원래 신라와 백제는 각각 내물왕과 근초고왕 때로부터 진한과 마한의 땅을 통합한 후 이어서 그 주위에 있는 지역을 병합하고자 가야지역으로 진출하기에 이르렀다. 즉 신라는 눌지왕대로부터 발전을 보면서 점차로 낙동강 유역으로 진출하여 가야의 동북경을 위협하였으며 백제는 근초고왕 이래 전라도 일대를 점령하고 가야의 서부지역으로 진출을 꾀하였다. 이 때 가야는 영토 방위력의 미약함을 느끼고 신라와 백제의 진출을 방비하기 위하여 왜지의 군사력을 개입시켰다. 가야는 고구려와 신라가 화친함을 기회로 하여 백제와 일본을 연락케 함으로써 서방으로 진출하여 오는 백제의 세력과 동방의 신라 진출을 동시에 막을 수 있었다.[127] 그러나 왜군은 고구려(광개토왕)에 의하여 격퇴되었다.

이러한 커다란 정세의 변혁은 4세기 말, 5세기 초에 걸친 고구려와 백제 사이의 세력다툼에서 백제가 크게 패하고 광개토왕의 군대가 낙동강 하류지역까지 내려와 가야를 토벌함으로써[128] 비롯된 것이다.

4세기부터 5세기 초까지의 이러한 일련의 파동을 거치면서 가야지역에는 몇 가지 변화가 일어났다. 우선 3세기까지 가야의 중심지역이었던 김해, 함안 등의 경남 해안지역은 큰 타격을 입고 쇠잔해졌으며 그 잔여세력의 일부는 전 단계에 자신의 영향력이 미치던 여타 지역으로 흩어지는 듯하였다. 이에 비해 고령, 함양 등의 내륙산간 후진지역은 오히려 전화를 입지 않고 기왕의 세력기반을 착실히 성장시켜 갈 수 있었을 것이다. 반면에 가야지역 중에서 신라에 가까운 지방 특히 성주(星州), 양산, 동래 등지의 세력은 고구려를 배경으로 삼은 경주세

17쪽.

126) 김태식, 「5세기 후반 대가야의 발전에 대한 연구」『한국사론』12, 1985, 42~43쪽.

127) 전길희, 「가야묘제의 연구」『梨大史苑』3집, 1961, 41쪽.

128) 광개토왕릉비문, 광개토왕 10년(400) 庚子條 참조.

력의 영향권 아래로 복속해 들어갔다.

이렇게 재편된 가야지역이 5세기에 지속적으로 발전하고 있을 무렵 국제환경은 또다시 변화하게 되었다. 5세기 전반부터 중엽에 걸쳐 신라는 고구려의 간섭을 배제하고 독자적인 고대국가의 기반을 닦아 나가면서 백제와도 화친을 맺었으며 고구려의 장수왕은 평양 천도를 단행한 이후 남하정책을 추구하였다.

결국 고구려가 475년에 백제 수도를 함락시킴에 따라 백제는 부득이 웅진으로 남천하게 되었으며 신라는 그 기회를 틈타 고령의 북방과 추풍령을 넘어 보은의 삼년산성까지 진출하는 성과를 올렸다.

이 무렵 가야는 고령의 대가야가 주도적인 세력이었으며, 그 대수장으로서의 중추세력은 고령 지산동 고분군을 축조하던 집단이었다.

고고학 자료를 통해 볼 때 당시 대가야의 세력권은 고령에서부터 서쪽으로 확산되어 지리산 북록에까지 미치고 있었음을 알 수 있는데 이는 고령 지산동 고분군에서 출토되는 대표적인 가야토기 형식들이 합천 삼가(三嘉) 고분군, 거창 말흘(末屹) 고분군, 함양 상백리 고분군 등에서 출토되는 것으로 보아 확인된다.

대가야는 이러한 추세에다가 앞서 말한 국제적인 정세의 좋은 조건에 힘입어 또다시 서진하여 소백산맥을 넘어 기문(己汶)지역 즉 지금의 임실 방면을 공략하면서 그 전성기를 맞게 되었다. 그러나 이에 대해 백제는 곧바로 반격을 시도하여 기문지역을 탈환한 다음, 그 패전의 책임을 물어 대가야와 왜와의 관계에서 커다란 이권이 있는 대사(帶沙)지역 즉 지금의 하동 방면까지 공취할 것을 도모하였다.129)

이러한 국제세력의 작용에 시달리면서 대가야는 자기 세력 자체 내

---

129)『일본서기』권17, 繼體紀 7년(513) 11월조, '辛亥朔己卯 於朝廷 引列百濟 姐彌文貴將軍 斯羅文得至 安羅辛己 奚及賁巴委佐 伴跛旣殿奚及竹汶至等 奉宣恩勅 以己汶 滯沙 賜百濟國 是月 伴跛國 遣戢支獻珍寶 乞己汶之地 而終不賜'.

의 결속을 강화해 나가는 수성기로 돌입하였을 것으로 본다. 그리하여
대가야는 자향(子香 : 거창), 대사(帶沙 : 하동), 마수비(麻須比 : 삼가),
이열비(爾列比 : 의령) 등지의 변경에 성을 축조하여130) 자기 세력권
을 정비하였고, 백제·왜가 하동을 그들의 교역장소로 이용하려는 것
을 군사력으로 억제131)하여 그 영유권을 확보하였다. 그러나 그 결과
대왜무역, 경쟁의 측면에서는 백제에게 패하였다. 가야를 소외시킨 백
제는 문화전수를 앞세워서 왜와 밀접한 교역관계를 성립시켰다.132)

　이러한 국제적 고립에 대응하여 대가야 이뇌왕(異腦王)은 522년에
신라의 법흥왕조와 결혼동맹을 맺어133) 안정을 도모하면서 대외관계
의 열세를 극복하고자 하였다.

　가야가 중국에 사신을 파견한 시기인 제(齊) 건원(建元) 원년(479) 5
세기 중엽 이후부터 6세기 중엽까지 가야의 당시의 상황에 대하여 단
편적인 사료가 있다.

---

130)『일본서기』권17, 繼體紀 8년(514) 3월조, '伴跛築城於子呑 帶沙 而連滿奚
　　置烽侯邸閣 以備日本 復築城於爾列比 麻須比 而絙麻且奚 推封 聚士卒兵
　　器 以逼新羅'.

131)『일본서기』권17, 繼體紀 9년조, '春移越甲戌朔丁丑 百濟使者文貴將軍等
　　請罷 仍勅 副物部連 遣罷歸之 (百濟本記云物部至連) 是月 到于沙都嶋 傳
　　聞伴跛人 懷恨銜毒 恃强縱虐 故物部連 率舟師五百 直詣帶沙江 文貴將軍
　　自新羅去 夏四月 物部連於帶沙江停佳六日 伴跛興師往伐 逼脫衣裳 劫掠
　　所齎 盡燒帷幕 物部連等 怖畏逃遁 僅存身命 泊汶慕羅(汶慕羅嶋名也)'.

132)『일본서기』권17, 繼體紀 10년(516) 5월, 9월조.

133)『삼국사기』신라본기 4, 법흥왕 9년(522) 3월조, '伽耶國王遣使請婚 王以
　　伊飡比助夫之妹送之'；『동국여지승람』권29, 고령현 建置연혁조, '又釋順
　　應傳 大伽耶國月光太子 乃正見之十世孫 父曰異腦王 求婚于新羅迎夷粲比
　　技輩之女 而生太子　則異腦王乃惱室朱日之八世孫也'；『일본서기』권17,
　　繼體紀 23년(529) 3월조, '由是 加羅結儻新羅 生怨日本 加羅王娶新羅王女
　　遂有兒息'.

<사료 1>

炤知麻立干三年(481년)三月 高句麗與靺鞨入北邊 取狐鳴等七城 又進軍於彌秩夫 我軍與百濟加耶援兵 分道禦之 賊敗退 追擊破之泥河西 斬首千餘級(『삼국사기』권3, 신라본기 제3)

<사료 2>

眞興王十五年(554년)秋七月 百濟王明禮與加良 來攻管山城 軍主角干于德伊湌耽知等逆戰失利 新州軍主金武力以州兵赴之 及交戰 裨將三年山郡高于都刀 急擊殺百濟王 於是 諸軍乘勝大克之 斬佐平四人 士卒二萬九千六百人 匹馬無反者(『삼국사기』권4, 신라본기 제4)

<사료> 1과 2의 '가야'와 '가량(加良)'은 동일한 대가야로 가야 제국이 5세기 후반에 들어서면서부터 때로는 신라와, 때로는 백제와 함께 공동작전을 수행함으로써 신라, 백제 사이에서 독립, 자존의 길을 모색한 것을 보여주는 기사이다. 이러한 사실은 비슷한 시기에 대가야가 중국의 남제(南齊)와 외교관계를 전개하고 있었음에서도 확인된다.134)

따라서 <사료> 1과 2의 전쟁에 대가야가 참전했던 것은 신라나 백제의 부용이라기보다는 자국의 이해에 따른 자주적 행동으로 이해하여야 할 것이다.

이와 같이 5세기 후반 이래로 지속되어 오던 대가야 중심의 가야세력은 540년 이후부터 다시 통합의 기운을 상실하고 분열된 채 신라, 백제와의 사이에서 외교적 타협으로 명맥을 유지할 뿐이었다. 당시 가야지역의 정치중심으로 안라(함안), 가라(고령), 졸마(卒麻), 산반해(散半奚), 다라(多羅 : 합천), 사이기(斯二岐), 자타(子他 : 거창), 구차(久嗟 : 固城) 등이 있었으며135) 그 중에서도 왕을 칭할 수 있는 유력자는

---

134) 이영식, 앞의 글, 1983, 39쪽.
135)『일본서기』권19, 欽明紀 2년(541) 4월조, '安羅次旱岐夷呑奚 大不孫 久取柔利 加羅上首位古殿奚 卒麻旱岐 散半奚旱岐兒 多羅下旱岐夷他 斯二岐旱岐兒 子他旱岐等 與任那日本府吉備臣 往赴百濟 俱聽詔書'.

가라왕, 안라왕이었다.[136] 이들은 대체로 가야 남부지역을 병합한 신라를 두려워하여 백제와의 제휴를 꾀하고 있었으며, 538년에 웅진에서 사비로 천도하고 중흥을 도모하던 백제의 성왕은 이들에게 문물 등을 베풀어주면서 유인하여 신라에 대한 견제를 획책하였다. 이러한 당시의 고고학적 유적이 고령 지산동 절상천정총(折上天井塚),[137] 고아동(古衙洞) 벽화고분,[138] 고아2동 고실분(古室墳)인 듯하며[139] 그 고분들로부터 가야지역에 강하게 미치고 있었던 백제문화의 영향력을 엿볼 수 있다.

그러나 가야지역을 둘러싼 신라, 백제 간의 쟁탈전이 암암리에 전개되고 있는 상황에서도 고구려의 남침위협은 계속적으로 존재하고 있었고, 이에 대해 신라와 백제는 군사동맹으로 대항하여 무력으로 551년에 한강지역을 탈취하였다.

이 때 가야 제국은 신라측과 백제측으로 양분되어 있었고 때로는 왜국의 군사력을 개재시키면서 생존을 위한 항쟁을 계속하였다. 대외무역 경쟁면에서는 문화전수를 앞세우는 백제와 기득을 주장하는 가야, 그리고 국가이익을 추구하는 왜가 서로 이해관계를 달리하여 복잡한 양상을 전개해 나아갔다.

따라서 가야의 대외관계에 대해서는 왜와의 관계가 언제부터 시작되었으며, 어떠한 관계를 유지하였는가를 고찰할 필요가 있다고 하겠다.

---

136) 『일본서기』 권19, 欽明紀 5년(544) 11월조, '於是 吉備臣 旱紀等曰 大王所述三策 亦協愚情而已 今願 歸以敬諸日本大臣 (謂在任那日本府之大臣也) 安羅王 加羅王 俱遣使同奏天皇 此誠千載一會之期 可不深思而熟計歟'.

137) 梅原末治, 『朝鮮古代の墓制』, 座石寶刊行會, 1947, 116쪽.

138) 김원룡·김정기, 「고령벽화고분 조사보고」 『한국고고학』 2, 서울대 고고인류학과, 1967 ; 계명대박물관, 『고령고아동벽화고분 실측조사보고』, 1984.

139) 김영하·윤용진, 「고령고아2동고분 조사보고」 『仁同不老洞고령고아고분 발굴조사보고』, 경북대박물관, 1966.

Ⅳ. 가야의 왜지진출과 세력확장

1. 가야의 규슈 지역 진출

가야와 왜의 관계에 대한 연구는 과거 일본인들에 의해 소위 임나일본부설을 중심으로 연구되어 왔으며, 특히 이 임나일본부는 일본의 제국주의적 식민지지배의 합리화를 위한 이론적 근거로서 이용되어 왔다. 그러나 가야의 대내외적 발전과정과 문화수준을 당시의 왜지의 상황과 비교, 고찰하여 보면 임나일본부설이 얼마나 허구인가를 알 수 있다. 따라서 본장에서는 가야세력의 규슈(九州) 지역 진출, 문화의 동류(東流) 그리고 왜지의 정치적 변동을 심층 분석함으로써 임나일본부설의 모순을 비판·검토하고 가야의 왜지진출의 역사상을 구성해 보고자 한다.

(1) 쓰시마(對馬島)로의 문화전파

그럼 먼저 가야가 규슈 지역에 진출하기에 앞서 그 경유지인 쓰시마(對馬島)에 그 거점을 마련하는 과정을 보기로 한다.

쓰시마는 우리 나라에서 육안으로 보일 뿐 아니라 지정학적으로 볼 때에도 청동문화와 고분문화 등의 일본으로의 도해(渡海)가 언제나 이 섬을 제1 경유지로 하였을 것은 쉽게 짐작할 수 있다. 이 쓰시마에는 가나쿠라(金藏) 님이라고 하는 성지가 있다. 이것은 신좌(神坐)일 것이다. 그런데 시타루(志多留)의 가나쿠라에는 재미있는 전설이 있다. 거기에는 가라에서 옹(甕)이 흘러와서 그 옹이 말하기를 "가라가 보이는 곳에 놓아 달라"고 하기에 거기에 모셔 놓았다고 하는 것이다. 그 옹은 1923년에 오카자키(岡崎)가 조사한 바 있는데 대개 헤이안(平安) 시대 때의 스에키(須惠器)와 같은 종류의 것이라고 한다. 정상에서는 옹의 파편이 발견되었으며, 이 옹의 전승은 가야로부터 흘러왔다고 한다.

그 밖에도 쓰시마에는 빈 선박의 전승이 있다. 한(韓)이라고는 말하지 않고 있으나 바다 저쪽에서 낭자가 빈 선박을 타고 흘러왔으며, 그것을 주운 자는 번영했다고 하는 설화이다. 이것은 시타루의 어느 특정의 가(家)와 관계되는 것으로 그 중에서도 우나쓰라(女連)라고 하는 집락에서는 확실히 한국의 왕녀가 흘러 들어왔다고 한다. 일설에는 그녀에게 취가(娶家)한 자는 금을 지참하게 되어 부자가 되었다고 하는데 그렇게 되면 이 전설은 가야의 시조전승과 매우 근사하지 않은가.1)

시타루의 가나쿠라 전설에는 '한(韓)이 보이는 곳'을 강조하였는데 이 한은 가야를 지칭하는 것이고 우나쓰라라고 하는 집락에 들어온 한국의 왕녀는 가야의 지배계층의 후예였을 것이다. 따라서 그녀와 취가하면 금을 지참하게 되어 부자가 된다고 하는 것은 그 당시 가야인이 원주민보다 높은 경제력과 선진문화를 향유하였음을 의미한다. 이러한 전승들을 살펴볼 때 가야가 규슈 지역에 진출하기에 앞서 쓰시마 지역을 확보하였음을 알 수 있고 이 곳을 발판으로 삼아 규슈로의 문화적 교류와 자유로운 민족이동이 가능했을 것으로 생각된다.

가야와 쓰시마와의 문화적 교류관계를 고고학적 성과를 중심으로

---

1) 司馬遼太郎・上田正昭 等編, 『日本の渡來文化』, 中央公論社, 1982, 340쪽.

살펴보자. 우선 부산 서쪽 김해 양동리 토광묘는 한국과 쓰시마와의 관계를 입증하는 대단히 중요한 사료로 여겨진다.

이 유적은 김해에서 서쪽으로 약 10km 떨어져 있는 곳으로 청동검 파두식(靑銅劍把頭飾) 1개, 삼한 이전부터 후기에 걸쳐 성행한 방격규구사신경(方格規矩四神鏡) 1면, 이외에 철검, 철모(鐵矛), 토기 등이 출토되었다. 쓰시마에서는 양동리에서 출토된 청동제의 검파두식과 동일한 것이 시케노탄 유적에서 출토되었으며, 화천(貨泉)도 출토되어 연대를 짐작할 수 있게 한다. 또 쓰시마 가라사키(唐崎) 유적에서 출토된 초선금구(鞘先金具) 같은 것이 대구와 김해에서 발굴되었다는 사실[2]과 고리(古里) 고분[3]을 통해서도 쓰시마 출토의 철기와 한반도 남부와의 관계는 깊다는 것을 알 수 있다.

또한 후술하겠지만 북규슈에서 철기문화의 성격을 보아도 일본의 야요이(彌生) 시대에 철을 제련했다고 하는 확증은 여간하여 포착하기가 힘들다. 야요이 시대에 철을 만들었다고 하는 보고가 있으나 실제로는 많은 철을 한국에서 가져갔다고 생각한다. 쓰시마의 경우에도 제철은 생각할 수 없고 한국으로부터 수입한 것이라고 생각한다.

그런데 더욱 주목을 끄는 것은 일본의 야요이 문화 유적에 속하는 쓰시마의 고쇼지마(小姓島) 유적[4]에서 지내식(池內式) 토기 C와 가장 잘 닮은 것이 출토되고 있다는 사실이다. 고쇼지마는 쓰시마 북측 가미쓰아가타(上縣)의 규슈쪽 해안인 사가우라(佐賀浦) 외항(外港)에 위치한 작은 섬인데, 간조시에는 걸어서도 건너다닐 수 있는 곳이다. 이 섬에 대한 조사는 1970년에 행해졌는데, 섬의 크기는 남북직경 약 70m, 넓은 곳은 폭 40m 정도로 이미 주위는 점판암제 암반이 해수에 침식된 지역이다.

---

2) 위의 책, 333쪽.
3) 고리고분은 金廣和 군이 쓰시마에서 발견한 고분이다.
4) 長崎縣敎育委員會, 「'對馬'長崎縣文化財調査報告書」 제17집, 1974 참조.

완만한 경사를 가진 설상대지(舌狀臺地)의 이 섬 정상부위는 지하의 암반이 부식된 황토층이고 거기에 있던 상식(箱式) 석관묘 5기를 조사한 것이다. 그 중에서도 지내식 토기 C와 가장 잘 닮은 대상구연(袋狀口緣) 토기가 출토된 것은 제2호 석관으로 발굴조사 전에 이미 도굴당한 것을 석관재와 토기편이 산재한 것을 보고 확인 조사 과정에서 발견하였으며 유구의 형태나 규모는 정확하게 알 수 없었다.

고분 출토 유물인 토기는 모두 석관개석상(石棺蓋石上)의 적석층에서 발견되었는데 대상구연 토기를 비롯해서 고배, 개(蓋), 소형 호편(壺片) 등이 각각 출토되었다. 그 중 대상구연 토기는 기고(器高) 26.1cm, 동부(胴部) 최대경 19.7cm로 구연부는 능각(稜角) 없이 둥글게 내만(內彎)하고 경부(頸部)는 아래로 향한 나팔형이며 구연부, 경부, 견부(絹部)에 각각 단면 M자상의 돌대(突帶)를 두르고 있다. 경부에서 동부의 이행은 완만한 경사각을 이루며 동부의 최대경은 약간 상위에 있다. 저부(底部)는 약간 들린 듯한 평저(平底)이고 태토는 정선된 점토를 사용하였으며 내외면 공히 단도마연(丹塗磨硏)되어 있다. 같이 출토된 고배와 개도 역시 단도마연된 토기였다고 한다. 보고자는 이 토기를 야요이식 토기 중기 후반(A.D. 1세기)의 것으로 편년하고 있다.

고쇼지마에서 출토된 대상구연 토기와 김해 지내동에서 발견된 지내식 토기 C는 그 특징면에서 매우 유사하다. 다만 규격면에서 고쇼지마 유적의 것이 다소 크다고 생각되나 복원된 것이어서 수치까지 확인할 수는 없는 일이다. 또 같은 고쇼지마 유적 제3호 석관5)에서 출토된 승석문(繩席文) 토기 B와 옹관으로 사용된 지내식 토기와는 기형상으로 다소 차이는 있지만 소성시(燒成施), 시문법(施文法), 색양(色樣)

---

5) 파괴된 석관묘에서 승석문(繩席文)이 시문(施文)된 도질토기가 발견되었다. 지름 19cm, 높이 23cm, 연질토기 내외면 공히 마멸이 심하며 색조는 황회색을 띤다.

등에서 아주 흡사하다는 사실 또한 결코 우연한 일이 아니라고 생각된
다. 이것은 지내동 C 토기 같은 전형적인 한국 무문토기가 기원 전후
시기에 쓰시마 고쇼지마 유적에서 출토된 승석문 토기 B에 영향을 미
친 것이라고 믿어진다. 야요이기 이후의 서부 일본의 문화양상이 한반
도의 영향하에 있었기에 지리적으로 한국과 더욱 가까운 쓰시마는 가
야의 영향권 내에 포함된 것이다. 고성(古城) 송천리(松川里) 석관묘6)
에서 무문토기, 회청색 토기와 함께 출토된 철검과 같은 것이 고쇼지
마 유적 제5호 석관7)에서 출토되었다는 사실도 지역적으로나 연대적
인 측면에서 볼 때 상호 무관하지 않음을 시사하고 있는 것으로 믿어
진다.

　마지막으로 지내동 옹관묘의 원류 문제가 남아 있는데, 이 점은 부
산 동래 패총,8) 괴정동(槐亭洞) 유적9)과 경남의 김해 패총, 진해중학
교 뒷산 유적10), 전남 신창리 유적11) 등지에서 발굴되는 옹관묘와 비
교를 통해 알 수 있다. 따라서 A.D. 1세기경에는 가야문화가 쓰시마에
전래되었으며 이것은 고쇼지마 유적의 유물과 지내식 토기 C가 서로
닮았다는 점에서 확인될 수가 있다. 한편 5세기 이후로 김해, 쓰시마
이키(壹崎), 북규슈를 연결하는 해로는 점차 왜인 전용의 항로로 되어
갔고 본래 신라 때의 속도(屬島)였다고 지금까지 전해 오는 쓰시마는
이 때부터 왜인의 반도진출을 위한 병참기지로 화하여 이 곳에 병영이
설치되었음을 『삼국사기』가 전하는 바이다. 『삼국사기』 실성왕(實聖

---

　6) 김동호, 「고성송천리 솔섬석관묘」(동아대박물관 고적조사보고서 제13
　　　책), 1977 참조.
　7) 제5호 석관 내에서 청동제 십자형 파두식(把頭飾)과 철검이 발견되었다.
　　　철검은 전장 24.4cm, 망부(鋩部)는 표면에 송진(松津)이 부착되어 있다.
　　　그리고 중앙폭은 2.9cm, 두께 0.6cm이다.
　8) 梅原末治 外, 『朝鮮古文化綜鑑』, 1944, 제1책 도판 제49 참조.
　9) 金廷鶴, 『韓國の考古學』, 河出書房新社, 1972 참조.
　10) 김원룡, 『新昌里甕棺墓地』(서울대 고고인류학총간 제1책), 1964 참조.
　11) 김원룡, 위의 책 참조.

王) 7년조에는 '春二月 王聞倭人於對馬島置營 貯以兵革資粮以謀襲 我'라고 기록되어 있다. 이러한 쓰시마의 기록과 유적은 쓰시마는 야마 토(大和) 정부 시대에도 한반도 교섭의 한 거점이 되었을 뿐만 아니라, 그 이전인 야요이 시대에 있어서도 곧 가야문화가 규슈 지역으로 전파 될 때 쓰시마는 그 중간거점이 되었음을 시사하는 것이다.

(2) 가야의 규슈 진출과 세력확장

고대에 있어서 한반도문화의 일본으로의 전파는 주지하는 바이다. 일본에서의 많은 고고학적 발굴성과가 이를 잘 보여주고 있는데, 그 중 가야지역의 문화가 중심을 이루었다고 할 것이다. 그러면 가야문화 의 전파과정을 살펴보기에 앞서 그 전사(前史)로서 신화를 통해서 본 가야와 왜의 관계를 검토해 보기로 하겠다.

일본열도에 강림하여 국신(國神 : 원주민)계를 지배했다는 '천신(天 神 : 외래민)'계 가운데에서 이즈모(出雲 : 島根지역)와 지쿠시(筑紫)의 2대 계열이 있는 것은 『고사기』, 『일본서기』가 전하는 바이다. 그리고 지쿠시계인 천손족의 출발지점이 한반도 동남단의 김해지역이었다는 것은 천손강림 설화만 가지고도 거의 분명하다.

김해지역은 『삼국지』에서 말하는 변진구야국이다. 천손강림 신화의 제1단락은 한국, 그 중에서도 금관가락국 등에서 북규슈에 이주민 집 단을 파견하기 위해 호족 등이 계획을 세워 제1선을 보내는 광경이 반 영되어 있다.

『일본서기』 본문의 인용문에서는 아시하라(葦原)의 국, 즉 일본의 땅에는 '형화광신(螢火光神)'이나 '승성사신(蠅聲邪神)'이 많다고 하고 있음에 대해 『고사기』에서는 대단히 소란하고 재빠르며 거친 신이 많 다고 기술되어 있다.12) 또한 『일본서기』는 본문 이외의 내용에서 잔인

---

12) 『고사기』는 『日本古典文學大系』 Ⅰ, (岩波書店版) 食野憲司 等 校注本.
　　『일본서기』 권2 神代下에는 '以爲葦原中國之主 然彼地多有螢火光神 及蠅

하고 광포한 신이 있다고 언급하고 있다. 여기에서 열거하고 있는 개개의 신에는 고유하고 특별한 의미가 있는 것이 아니고, 이들 신 중에는 명령에 따르지 않는 세력이 있다고 한다.

개개의 신의 이름에 '아마(あま)'가 붙은 것과 붙지 않은 것은 각각 한국에서 건너간 사람과 소위 국진신(國津神) 즉 원주민을 구분하기 위하여 적당히 표현했을 것이다.

신화의 내용 중에 보내진 인간이 3년이 지나도 돌아오지 않았다고 하는 기록이 나오는데 그가 이즈모계의 신 오아나무치 신(大己貴神)과 결탁했기 때문이었다. 가락계통이라 해도 다양한 계통의 세력이 있었을 것이고, 거기에는 이미 다른 계통의 이주민도 존재하고 있었을 것이다. 이들 이주민들은 고국에 의하여 좌우되기도 하였을 뿐만 아니라 그 지역에서의 상황변화에 의하여 행동이 일정하지 않았을 것이다.

그 지역에는 또 원주민도 있었을 것이며 이들 모두 고국에서는 '명령에 복종하지 않는 신'으로 생각해서 고국을 떠난 이주민 집단이 이들과 결탁하여 고국에서는 '명령에 따르지 않는 존재'로 생각하였을 것이다.

이 신화는 가락국인이 야요이 시대 후기에 일본열도에 이주한 사실을 반영하고 있는 것일 뿐이며, 이 때가 이주의 시작이라고 생각하면 안 될 것이다. 야요이 시대 후기 이전에도 제일 먼저 규슈의 황무지를 개척한 계통은 거리상으로 생각해 보아도 가락계통이었을 것이고, 그것은 이 신화의 제4단에서 다시 명백해진다.

于時 高皇産靈尊 以眞床追衾 覆於皇孫天津彦彦火瓊瓊杵尊使降之 皇孫乃離天磐座 且排分天八重雲 稜威之道別道別而 天降於日向襲 之高千穗峯矣 既而皇孫遊行之狀世者 則自穗日二上天浮橋 立於浮 渚在平處 而膂宍之空國 自頓丘覓國行去 到於吾田長屋笠狹之碕矣

聲邪神復有草木咸能言語'라고 기록되어 있다.

(『일본서기』 권2 神代下 天孫降臨)

제4단에서는 니니기노미코토(瓊瓊杵尊)가 히무가(日向) 소(襲) 다카치호 봉우리(高千穗峯)에 천강했다고 기록되어 있다. 그리고 천강과 관련이 있는 지명으로서 공통적인 의미를 지닌 말은 구시히(槵日, 또는 槵觸)였다는 것을 알 수 있다. 『고사기』에서는 지쿠시(筑紫) 히무가의 '高千穗久士布流多氣'로 되어 있다. 히무가라는 지방 국명은 후세에 만들어진 것이었고 '高千穗久士布流多氣'는 높은 봉(峰)의 의미이다. 결국 천존(天尊)은 높은 환(槵) 또는 구사(久士)의 봉(峰)에 내렸던 것이다. '槵日二上'의 다카치호 봉우리는 제2의 일서(一書)에 '日向槵', '日高千穗槵', '日二上峯'과 같은 것이고 '구시히(くしひ)'는 기묘(奇妙)하다, 즉 이 산은 영산으로 기묘(奇妙)한 것이 많다라고 말할 수 있다. 이상(二上)은 동봉서봉(東峯西峯)을 나란히 세움을 말한다.13) 이것에 의하면 구시히(槵日)는 기이(奇異)·신령(神靈)의 의미이고, '히(ひ)'는 어간 '구시(くし)'에 붙은 어미이며 원래는 '구시(くし)' 내지 '구지(くじ)'라고 한다.

천강한 후 국멱(國覓 : 좋은 나라를 구함)을 위해 떠날 때에 대해 『일본서기』 원문은 황폐된 메마른 불모지(膂穴의 空國)을, 쭉 언덕이 이어지는 곳(頓丘)을 지나 좋은 나라를 찾으러 갔다고 기록하고 있다. 『일본서기』에 대해서 『고사기』의 기록은 대단히 차이가 난다. 천강한 후 천손은 2인의 부하를 끌고다니며 이름도 없는 해변에 서서 2인에게 "여기는 한국을 향해 입사지 전(笠沙之前)에 직통해 있고 조일(朝日)도 직사(直射)해 있고, 석일(夕日)도 비치는 나라이다. 고로 길한 땅이다"라고 했다고 한다. 양자가 조금 차이는 있으나 결국 같은 내용을 말하고 있음에 지나지 않는다. 어느 서적에도 천강해서 산에서 내려오면 다음에는 당연 거주지를 정하지 않을 수 없었다는 것을 기술한 것이

---

13) 佐伯 校訂,『日本書紀』上卷, 248쪽.

다. 그것이 국멱 또는 진래(眞來)라고 표현되어 있는 것이다.

『고사기』에는 '오토모 무라지(大伴連)와 구메 아타이(久米直)의 조선(祖先)'이라고 하여 두 사람의 이름이 나오나 『일본서기』에는 이들을 찾아볼 수가 없다. 이것은 함께 역사 조작의 소산이기에 무시해야 할 것이다. 두 책의 신화가 같은 내용이었다면 『고사기』의 한국(韓國)은 『일본서기』의 여혈지공국(膂穴之空國) 또는 여혈흉부국(膂穴胸副國)에 해당한다. 편찬 경위로 보아 『고사기』가 먼저 만들어졌기에 보다 올바르다고 할 수가 있다. 이것은 18세기의 모토오리(本居宣長) 이래의 정론이라 하겠다.14)

그렇다고 하면 『고사기』의 진래(眞來)를 국멱으로 한 것은 조작이고 한국이 공국(空國)으로 된 것도 왜곡이다. 이 조작은 그 근원을 올바로 파악할 수 있다. 원래 한국은 일본어로 공국이라고도 표기된다. 이것을 『일본서기』에는 '가라(カラ : 空)'라 읽고 '무나(ムナ)'라고 읽고, 그 위에 소시시(ソシシ)라고 하는 무나의 침사(枕詞)까지 붙여서 혼란시키고 있는 것이다. 이리하여 한국과는 관련이 없는 신화가 되어 버렸던 것이나 결국은 성공하지 못했다. 공국이 한국이었던 것은 『고사기』와 대조하면 곧 알 수 있기 때문이다.15)

이렇게 생각해 볼 때 천손은 산에 내리고 새로운 거주지를 정할 때 거기가 '가라(駕洛國)'을 향해 좋은 위치에 있었다고 하는 것, 한국과의 왕래에 편리하였던 것을 제일 조건으로 하고 있었던 것을 알 수 있다. 조일(朝日), 석일(夕日)이 잘 비친다고 하는 말은 어떻든 삶의 터전으로서 '위생적(衛生的)'인 입지조건을 갖추고 있는 곳을 문학적으로 표현한 것이다. 그리하면 천강한 천손은 확실히 가락인 외에는 없다. 다음에 '久士布流穗日'의 '구지', '구시'를 해석해 보자. 『삼국유사』 권2 가락국기의 '구지'가 확실한 이 '구지', '구시'이다.

---

14) 倉野 校注, 『古事記』上卷, 129쪽.
15) 김석형, 『古代朝日關係史』, 勁草書房, 1969, 135쪽.

천지개벽한 후 이 땅에는 지금껏 나라라는 칭호가 없고 또 왕이나 신하라는 칭호도 없었다. 모두가 각각 산이나 들(野)에 모여서 살았다.……북구지(北龜旨)에 이상한 소리로 부르는 기색이 있어서 200~300명이 모였는데 모습은 보이지 않고 소리만 들려 "거기에 누가 있느냐"고 했다. 구간들이 답해서 "우리들이 있습니다"고 하면 또 "내가 있는 곳은 어디냐"고 물으므로 "구지입니다"라고 답했다. 또 "천(天)이 우리에게 명령한 것은 여기에 와서 나라를 만들어 왕이 되라고 하는 것이었다. 그 때문에 여기에 내려온 것이다. 너희들은 이제부터 산정의 흙을 한 주먹씩 쥐고 다음의 노래를 부르거라, '거북아 거북아 목을 내놓으라', '내놓지 않으면 구워서 먹겠다'."16)

윗문장의 '거북아 거북아' 원문은 '龜可 龜可'이고 한문의 의미대로 해석했다. 그러나 신화의 원형에서 생각하면 한국어의 번역에 의해 다시 변형한 것으로 이해하지 않으면 안 된다.

'구(龜)'는 가메(かめ : 거북)와는 관계 없고 '구지'의 '구'였다. '구지봉'의 '구지(くじ)'가 한국어의 제전을 의미하는 말 'kus'로 해석하면 구지의 봉이란 큰 제전을 한 봉이라 하는 것이고 '龜可 龜可'도 맨 처음의 'kus'와 관련이 있다고 생각하지 않으면 안 된다.17)

가락인은 그들의 조선이 하늘에서 내려왔다고 생각하여 봄이 되면 성대한 제사를 행하여 그 장소를 받든다고 하는 의미의 구지(くじ) 또는 구시(くし)의 봉이라 부른 것이다. 이리하여 일본의 고문헌에 보이

---

16) 『삼국유사』 권2, 가락국기.
17) 일본의 학자들은 이 구지(くじ), 구시(くし)를 'Kus'라고 해석하지 않는다. 그러나 이는 한국 고지명에 '곶(串)', '구(口)', '갑(岬)' 또는 '가서(加西)', '고시(古尸)', '고사(古斯)', '가슬(嘉瑟)' 등의 표기로 잔존해 있으며, 'Kochi', 'Koji', 'Kashi'와 같은 계통의 말에 해당한다. 돌출해 나온 지형에 붙인 말로 '구지후루(くじふる)' 봉이라고 통한다. 여하간 '구시후루(くしふる)'는 김해 구지봉과 같은 어원에서 생긴 말이다.

는 천손천강의 신화는 가락 이주민의 것이었다고 생각하지 않을 수 없다. 가락인은 규슈에 이주한 후에도 자기들의 개국신화를 보지(保持)하고 있고, 조국의 천(天)은 'あま=海'도 되고 조국 자체도 되었다.

그런고로 이 천손강림 신화는 야요이 시대의 유적, 유물과 결부하여 생각할 때 청동기류의 집중지역이 북규슈에 2개소 있다는 것으로 보아 그 가운데서 동(東)의 집중지역 즉 후쿠오카(福岡) 현 북부를 비정시키는 것이 적당할 것이다. 거기는 한국의 낙동강 하구와 직결해 있을 뿐만 아니라 한국에서 가야계 이주민이 쓰시마를 지나서 일본열도로 가는 최단거리이기도 하다.

다음으로는 왜지의 거석문화 가운데 그 대표예가 될 수 있는 지석묘를 보도록 하겠다.

일본의 지석묘는 왜지 내에서도 지역적으로 한국과는 가장 인접한 서북 규슈 지방이 그 중심지이고 시기적으로는 일본 고대국가 성립의 태동기인 야요이 문화 초기 단계에서 시작된다. 따라서 일본에서는 이 지석묘를 통해서 야요이 문화의 원류와 일본 고대국가의 형성 과정을 밝히는 데 관계학자들의 관심이 기울어지고 있다. 더욱이 왜지 지석묘의 특징이 한국 남부지방의 지석묘와 상호 유사하여 양국의 지석묘의 비교는 한일 교섭관계 연구에도 중요한 위치를 차지하고 있다.[18]

지석묘에 대한 각종 보고서 및 연구논문의 종합적인 요지는 모두가 한결같이 왜지의 지석묘는 한국 남부지방 지석묘의 일부 형식을 취해서 야요이 문화 형성기에 이루어진 신 묘제라는 데 대해서는 그 의견을 같이하고 있다. 그러나 실질적인 연대 추정이나 형식 분류방법 등에 있어서는 약간씩의 차이를 보이고 있다.

즉 마쓰오(松尾禎作)는 「북규슈 지석묘의 연구」[19]에서 북규슈 지방

---

18) 심봉근, 「한일 지석묘의 연구」 『한국고고학보』 10·11, 1981, 79쪽.
19) 松尾禎作, 「北九州支石墓の研究」 『松尾禎作先生還曆記念論集』, 佐賀縣, 1957 참조.

지석묘의 내부구조를 ⓐ 토광 ⓑ 석실과 석관 ⓒ 석위(石圍)와 부석(敷石) ⓓ 옹관 등으로 나누고 일본에 전파된 초기 지석묘는 한국 지석묘 중 지하에 석관 또는 석실을 갖춘 기반식(碁盤式) 지석묘이며 그 실재기간을 야요이 시대 전기에서 시작하여 야요이 시대 후기까지 계속된 것으로 보고 있다.

그러나 모리사다(森貞次郎)는 1969년에 「일본의 초기 지석묘」[20]에서 일본 지석묘의 내부구조를 ⓐ 장방형 조제상식(粗製箱式) 석관 ⓑ 방형에 가까운 조제조상식(粗製粗箱式) 석관 ⓒ 타원형 석위묘 ⓓ 원형 또는 장(長)타원형 토광 ⓔ 명확한 지석을 갖지 않은 지석묘 ⓕ 지석 없이 석관이 있는 것 등으로 구분하고 그 전파시기와 형식에 관해서는 당시의 단계로서는 다누키야마(狸山) 지석묘 형식과 같이 외양은 기반형(碁盤形)을 갖고, 하부구조는 석관 또는 석실로 된 소위 남방식 제Ⅲ류[21]를 변용하여 사용한 것이 일본 초기 지석묘의 특징이라 하였으며 그 실연대에 대해서도 다누키야마 지석묘에서 유우스식(夜臼式) 토기가 출토되고 있으므로 같은 유우스식 토기를 낸 가라쓰(唐津) 시 우키쿤덴(宇木汲田) 패총의 유우스 단순층 C^{14} 측정치를 이용하여 B.C. 5세기말의 연대를 참고예로 들고 있다.

또한 고모토(甲元眞之)는 「서북 규슈 지방의 지석묘 일고찰」[22] 「조선 지석묘의 재검토」[23]라는 글에서 일본 지석묘의 내부구조를 ⓐ 상

---

20) 森貞次郎, 「日本における初期支石墓」『金載元博士回甲記念論集』, 1965, 참조.

21) 김재원·윤무병, 「한국 지석묘 연구」에서는 지석묘의 형식 분류를 먼저 남방식 지석묘와 북방식 지석묘로 나누고 남방식 지석묘를 지석의 유·무에 따라서 A, B식으로 구분하며 이 A, B식을 다시 세분해서 Ⅰ, Ⅱ, Ⅲ류로 구분하였는데 제Ⅲ류는 기반식 지석묘로서 지석과 개석을 구비하였으나 부석(敷石)하지 않은 형태를 말한다.

22) 甲元眞之, 「西北九州地方の支石墓一考察」『熊本法文論集』 제41호, 1978 참조.

23) 甲元眞之, 「朝鮮支石墓の再檢討」『古文化論攷』 10, 1980 참조.

식(箱式) 석관 ⓑ 토광 ⓒ 옹관 ⓓ 석실 ⓔ 배석(配石) 토광 등으로 구분하고 한국으로부터 왜지에 전파된 지석묘의 최고(最古) 형식은 개석식(蓋石式) 지석묘하에 석관을 가진 것이라 하고 과거 자신이 발표한 한국 마제석검 연구의 연대를 참고로 하여 그 전파시기와 추정연대를 B.C. 2세기로 생각하고 있다.[24] 이처럼 논자에 따라 그 분류방식과 실연대의 추정을 각각 달리하고 있다.

일본의 지석묘는 한국과 같이 전역에 널리 분포되어 있는 것이 아니고 일부지역인 서북 규슈 지방에만 편재하고 있다. 그 중에서도 특히 역사적으로나 지리적으로 한국과는 밀접한 관계를 갖고 있는 가라쓰(唐津) 만을 중심해서 그 주위인 사가(佐賀) 현, 북부의 가라쓰 평야, 북동측인 후쿠오카(福岡) 현 이토시마(糸島) 평야, 남서측인 나가사키(長崎) 현 북부 해안지대, 같은 현 시마바라(島原) 반도 고원지대, 그리고 동남측인 구마모토(熊本) 현 남부 소평야 지대로 크게 5분되어 군집하고 있으며 지석묘가 입지한 환경은 시마바라 반도를 제외한 여타의 지역은 모두 대소 하천이거나 해안변의 평야를 낀 소구릉, 사구(砂丘) 충적대지상에 각각 위치하고 있는 것이 그 특징이다. 이와 같은 현상은 먼저 지석묘가 지리적, 분포상 한국 지석묘에 그 원류를 두고 있다는 것과, 다음 입지조건상 지석묘의 사용인이 도작농경을 행했다는 것을 의미하고 있는 것이다.

전대인 조몬(繩文) 시대의 유적이 대부분 하구나 해안의 상록단(上麓端) 또는 산중에 위치한 데 비해서 지석묘 유적은 모두 대소 평야를 낀 대지상에 위치하고 있다는 것은 곧 조몬 문화 시대인이 수렵·어로 생활이 주 생산수단이었던 데 비해서 지석묘 시대인은 농경생활이 주업이었음을 의미하는 좋은 예가 아닐까 생각된다. 뿐만 아니라 이 시기부터 농경도구와 탄화미 장흔(庄痕) 등의 실물도 지석묘의 분포지역

---

24) 甲元眞之, 「朝鮮半島の有莖式磨製石劍」『古代文化』24 - 7, 1972 ; 「朝鮮半島の有柄式磨製石劍」『古代文化』제24, 1972 참조.

과 중첩되면서 출토되고 있어서 이와 같은 사실을 보다 명확하게 뒷받
침해 주고 있다.25)

한편 일본의 지석묘 내에서 출토되는 유물내용은 한국 지석묘에서
출토되는 유물내용과 크게 상이한 바 없다. 그러나 그 수량과 출토되
는 위치(부장된 장소)가 다소 차이를 보인다고 할 수 있다. 즉 일본 지
석묘에서 출토되는 유물은 호형(壺形) 및 발형(鉢形)과 같은 토기류가
가장 많고 그 다음은 석촉(石鏃)과 같은 석기류이며 변형 지석묘의 옹
관 속에서는 청동기도 출토된다고 하나 특례에 속한다. 개중에는 관옥
(管玉), 토우, 비취대주(翡翠大珠)가 출토되는 예도 있다. 그 중 토기는
하라야마(原山), 가자미다케(風觀岳), 다누키야마(狸山), 오고우치(小
川內) 지석묘군 등과 같이 초기에 형성된 지석묘에서는 한결같이 유우
스식 토기인 호형, 발형 토기가 출토되고 고탄다(五反田), 사코가시라
(迫頭) 지석묘와 같이 약간 뒤진 감이 있는 유적에서는 유우스식 토기
와 이타즈케 I 식(板付 I 式) 토기에 상당하는 것들이 출토되고 있다.

그 밖에 후반에 속하는 유적에서도 야요이 전기 내지는 중기에 해당
되는 각종 토기가 출토되고 있는데 전체적인 숫자상으로는 한국 지석
묘의 부장유물에 비해서 매우 빈약하다고 할 정도로 적은 편이다. 그
러나 토기의 특징은 시대에 따라 다르게 나타난다.

그리고 한 가지 지적하고 넘어갈 것은 이 시기부터 규슈 지방의 소
형의 호형 토기가 등장한다는 것과 그 기형(器形)의 특징이 고식(古
式)일수록 원저형(圓底形)으로 단도마연된 것이 대부분이라는 점이다.
또한 이들 지석묘와 동반해서 대형 호와 발을 조합한 옹관묘도 발견되
고 있다. 이는 한국 지석묘 또는 그에 상당하는 시기의 유적에서 출토
된 무문토기와 무관하다고 말할 수 없을 것이다.

석기는 시토(支蛬) 6호분 지석묘에서 흑요석제 타제석촉 6개가 출
토된 것을 비롯해서 동 제8호 지석묘에서 마제석촉 4개, 미쿠모(三雲)

---

25) 심봉근, 앞의 글, 1981, 97~98쪽.

지석묘에서 마제석촉 6개가 각각 출토되었으며 확실한 보고서는 접하지 못했으나 후쿠오카(福岡) 시 유적지명표와 마에바루 정(前原町) 이다유카이(井田用會) 지석묘에서도 마제석촉이 출토되었고, 후쿠오카 시 니시쿠(西區) 스센지(周船寺) 지석묘에서는 유병식(有柄式) 마제석검이 출토되었다고 전하나 지석묘의 형식이나 보물의 특징에 관해서는 전혀 알 길이 없다. 그러나 시토, 미쿠모 지석묘와 같이 마제석촉을 내는 지석묘는 인접한 유구에서 출토된 토기나 옹관 형식이 증명하듯이 모두가 야요이 전기 말에 편년되는 것으로서 일본 지석묘로서는 그 종말기에 속하며 한국의 유물로 이에 상당하는 것은 김해 무계리와 부산 괴정동 출토 석촉의 실물과 형태적으로나 연대상으로도 상호관계를 맺을 것으로 생각된다.[26]

마지막으로 관옥, 대주, 토우가 출토된 하라야마(原山) 지석묘는 토기에서 설명했다시피 유우스식 토기를 표지(標識)로 하는 일본 지석묘의 초기 형성기에 상당하는 지석묘에서만 출토되고 있다.

이상에서 살펴본 바를 요약한다면 먼저 한국 지석묘를 편년별로 탁자 지석묘, 개석식 지석묘, 기반식 지석묘로 외형상 크게 3분하고 이들을 일본 지석묘의 형식과 대조하여 보았더니 일본에 전파된 초기 지석묘는 하라야마, 가자미다케 지석묘군에서 보이는 바와 같이 개석식 지석묘와 기반식 지석묘가 혼재한 상태의 것으로서 한국 지석묘의 경우 개석식 지석묘 말기, 기반식 지석묘 초기단계에 해당하는 시기에 한국

---

26) 김해 무계리 및 부산 괴정동에서 출토된 마제석촉은 마제석검과 더불어 그 형태가 과장된 대형의 것으로 실용품으로 생각하기 어려울 정도이며 시기적으로도 한국 마제석촉 중 가장 후행하는 것으로서 후에 나타나는 세형동검과 교환하였을 가능성이 크다. 일본에서 출토된 것도 형태적으로는 상기 두 유적에서 출토된 것과 조금도 다를 바 없으며, 시기적으로도 소위 김해식 옹관(甕棺)을 표지로 하는 야요이 전기 후반에 상당하고 있어서 그 전파과정 전후관계에 있어서 무관하다고는 할 수 없을 것이다.

남부지방에서 규슈 지방으로 처음 전파되었으며 그 실연대는 B.C. 4세기말로 추정되었다.[27]

그리고 일본 지석묘의 분포지역과 입지장소는 서북 규슈 지방의 가라쓰(唐津) 평야, 이토시마(糸島) 평야, 나가사키(長崎) 해안지대, 시마바라(島原) 고원지대, 구마모토(熊本)의 소평야 지대의 소구릉 정상 등지로 모두 서북 규슈 지방의 평야를 낀 대지에 위치한다는 것이 특징적으로 나타난다. 또한 그 사용기간도 지역적으로 약간씩 차이를 보이고 있긴 하지만 전형적인 지석묘의 경우는 서북 규슈 지방의 야요이 문화 전기 초두단계에서 전기 후반에 걸치는 기간에 주로 형성되었다고 생각된다(그림 5 참조). 한편 토기는 야요이식 토기라고 하여 발형 토기, 호형 토기, 고배 등 새로운 토기문화가 시작되었다. 이와 똑같은 토기문화가 한국 남부지방, 특히 가야지역의 무문토기 문화에서 볼 수 있어 그 기원을 알 수 있다.[28]

뿐만 아니라 우리 나라 남부지방인 김해시내에서 옹관묘가 발견되고 여기에 부장품으로 동반해서 출토된 이형 토기가 가까운 왜지 서북 규슈 지방의 야요이 토기와 상사(相似)하고 있다는 점이 보다 주목을 끌었다. 더욱이 이 토기는 합구식(合口式) 옹관으로 사용된 이형적인 무문토기와 회청색 계통의 승석문 토기가 공반(共伴)되어 출토되었다는 점에서 무문토기와 야요이식 토기의 편년을 다루는 데 있어서도 절대적인 자료가 될 뿐 아니라 당시 현해탄을 사이에 두고 이루어진 고대 한일 양국 간의 문화교류 문제를 생각하는 데 있어서도 그 의의 또한 클 것으로 믿어진다.

그런데 놀라운 사실은 옹관으로 사용된 2점의 토기는 흔히 김해지방에서 볼 수 있는 무문토기와 회청색 연질계통의 승석문 토기라는 점

---

27) 심봉근, 앞의 글, 1981, 100~103쪽.
28) 이은창, 「가야지역 토기의 연구」『신라가야문화』 제2집, 영남대 신라가야
   문화연구소, 1970, 153~155쪽.

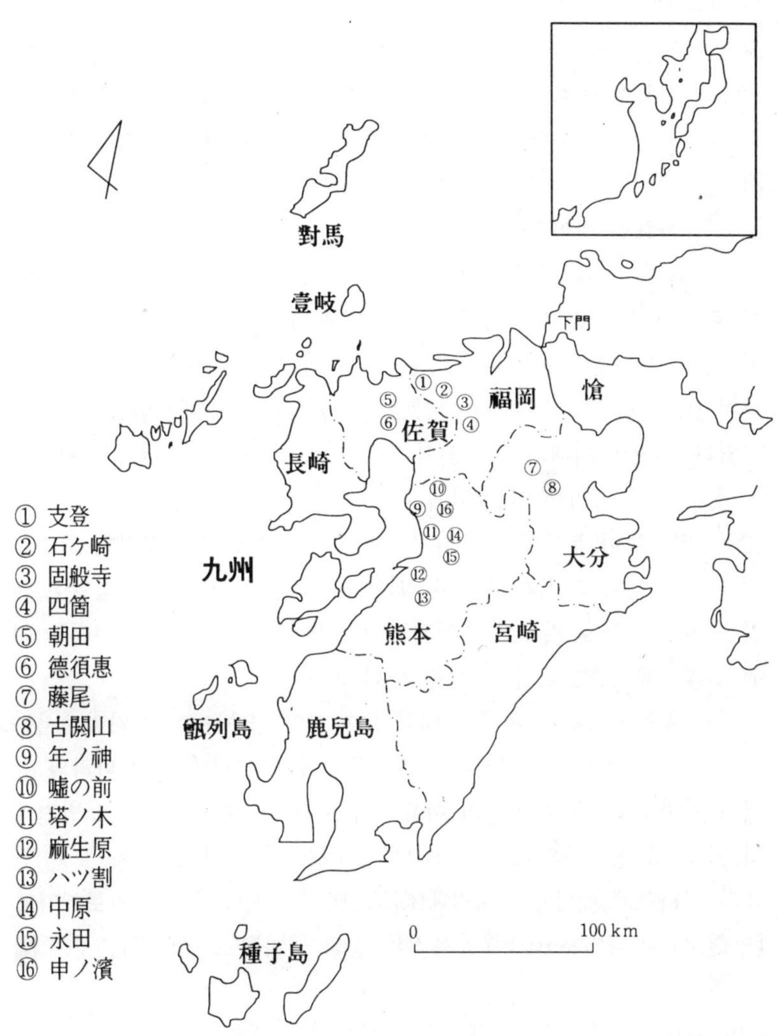

그림 5. 왜지의 지석묘 분포도

(沈奉謹,「韓日支石墓의 關係」,『韓國
考古學報』10·11, 1981, p107~108 참조)

에 대해서는 별 문제가 없었으나 부장품으로 사용된 단도마연의 이형 토기가 지금까지 우리 나라에서는 없었던 기종으로서 일본 서북 규슈 지방의 야요이 문화 중기에 나타나는 소위 스구식(須玖式) 호형 토기와 모든 면에서 잘 닮았다는 점이었다. 이것은 일제시대 김해 패총에서 김해식 옹관이 발견된 것과 같이 고대 한일관계사를 연구하는 데 중요한 자료인 것이다.

연대적 측면에서 우선 지내동에서 발견된 이 토기 3점을 모두 지내식 토기 A, B, C라고 명명한다. 그 중에서 옹관으로 사용된 지내식 토기 A, B 가운데 지내식 토기 A는 전형적인 한국 무문토기이고 지내식 토기 B는 기표면에 승석문이 타날(打捺)된 새로운 제작법을 가진 토기였다. 후자인 지내식 토기 B의 경우 중국 한식(漢式) 토기의 영향이 이 곳 낙동강 유역에 미친 뒤에 제작된 토기라고 믿고 그 시기는 B.C. 108년 한군현이 북부지방에 설치된 이후의 일이라고 생각하며 최소한 이 지내식 토기 A, B가 혼합된 상태가 나타났을 때는 이미 상당한 시간을 필요로 했을 것으로 추정되기 때문에 이들 두 토기의 연대를 기원 전후 1세기중으로 설정할 수 있다.

다음 부장품으로 사용된 지내식 토기 C의 경우는 우리 나라에서는 처음 보는 새로운 기종(器種)의 무문토기이다. 그러나 우리 나라와 인접한 왜지 서북 규슈 지방의 야요이식 토기 가운데는 간혹 그 발견예가 있다. 즉 쓰시마의 고쇼지마(小姓島) 유적을 비롯해서 후쿠오카 현내의 이타즈케(板付),[29] 지리베(塵部),[30] 무사시(武藏),[31] 지토세가와(千歲川),[32] 나가오카(永岡) 유적[33] 등과 구마모토 현의 기온치(祇園

---

29) 森貞次郎·岡崎敬, 「福岡縣板付遺蹟」『日本農耕文化の生成』, 東京堂, 1961 참조.
30) 小林行雄 外, 『彌生式土器集成』, 日本東京堂刊, 1964 참조.
31) 森本大爾, 『彌生式土器集團』 제1집, 1933 참조.
32) 小林行雄 外, 앞의 책, 1964 참조.
33) 中山平次郎, 「大甕を發見させる古代遺蹟」『考古學雜誌』 제11권 제2호,

地),[34] 다키카와(瀧川),[35] 시모야마가미(下山神) 유적[36] 등지에서 토기의 기형은 서로 약간씩 차이는 있지만 같은 계통의 것으로 생각되는 것들이 출토되고 있다. 그런데 서북 규슈 지방에서는 이 토기들은 야요이식 토기 편년상 중기 후반 즉 A.D. 1세기경의 스구 Ⅱ식(須玖Ⅱ式) 토기에 해당하는 것으로 보고 있다.[37] 이렇게 되고 보면 우선 연대상으로 기원전후 1세기경으로 편년하는 무문토기의 편년과 기원후 1세기로 편년되는 야요이식 토기의 편년상에서도 각각 대차가 나타나지 않기 때문에 이 토기가 기원을 전후한 시기에 사용된 것이라는 데 대해서는 큰 이론이 있을 수 없다.

그러므로 지내동에서 발견된 토기를 보아도 우리의 청동기시대의 말기 적갈색 무문토기가 기원을 전후한 시기에 서북 규슈 지방 야요이식 토기의 원류임을 알 수 있다(표 6 참조).

이상 지석묘, 토기 등을 통해서 가야인의 규슈 진출의 전사(前史)로서 가야지역과 북규슈 지역의 문화적 교류상황을 살펴보았다. 이러한 문화전파와 주민의 이동은 기원후에도 계속적으로 나타나는데 이는 철기문화의 전파를 통해서 확인할 수 있다.

그러면 야요이 시대 후기 이래 철재(鐵滓)에 관한 가야와 왜의 인식 차이를 검토해 보기로 한다. 일본열도에서도 야요이 시대 이래로 철재의 흔적이 많이 발견되었는데, 특히 주목할 만한 것은 이러한 철재가 고분의 부장품으로 사용되었다는 것이다. 후쿠오카 현 이마주쿠(今宿), 아이하라(相原) 유적에서는 6세기 후반에 축조된 단분(丹墳)의 묘도(墓道)에 공헌품으로서 철재가 부장되어 있었다고 한다. 와카야마(和

1920 참조.

34) 坪井淸足,「熊本縣下盆城郡限庄町祇園地」『彌生式土器取生都錄解說』, 日本, 1953 참조.

35) 緒方勉,『彌生式土器集錄』, 日本考古學會, 1963 참조.

36) 위의 글 참조.

37) 심봉근,「일본 彌生문화 형성과정 연구」『동아논총』 제16집, 1979 참조.

<표 6> 倭地에서 출토된 토기의 내용

종류 / 출토지명	壺形	鉢形	夜臼式	(壺形·鉢形)	板付式	高坏	有蓋坏壺	廣口壺	短頸壺	有壺長頸壺	甂	陶岳	彌生式	土馬	同種의 伽耶土器類
原山·風觀岳·狸山	○	○													無文土器
五反田·迫頭				○	○										無文土器
靜岡縣御池						○									熊川貝塚
東京和泉								○							熊川貝塚
奈良縣大和歷史館						○	○		○	○	○	○			陶質土器
靜岡市 賤機山						○	○			○	○				陶質土器
稻荷山									○	○					陶質土器
大阪大藪						○	○								陶質土器
カマト塚						○									陶質土器
對馬島 小姓島						○							○		無文土器
福岡縣板付鹿部													○		無文土器
熊本縣 祇園地瀧川													○		無文土器
出雲地方														○	金海池內洞土馬

歌山)의 오타니(大谷) 고분군에서도 석실분 안에 철재가 다량으로 들어 있었다고 한다. 이는 당시 열도에서의 철 및 철재에 대한 존중의 정도를 엿볼 수 있게 한다.

동시에 이러한 고분 주변지역에서 전형적인 수로(竪爐)가 발굴되고 있어 단철의 제조가 성행하였음을 보여준다.38) 일본 학계에서도 "주로 사철(砂鐵)을 이용하여 1,000℃ 정도에서 반용융의 연철(鍊鐵) 즉 해면철을 얻었다. 이러한 저온처리에서 불순물의 함유량을 줄이고 탄소의 함유량도 1.7% 이하로 하여 가단철을 만들었다.39) 일본에서는 야요이 시대부터 철기는 대부분이 단철이며40) 일본에서 출토되는 철부(鐵

---

38) 奧野正男, 「韓鍛, 卓素の系譜」 『日本文化と朝鮮』 3, 1978, 73~74쪽.

39) 日本考古學會 編, 『日本考古學辭典』, 東京堂, 1978, 374쪽.

40) 奧野正男, 앞의 글, 1978 참조.

斧)는 대부분이 단조철이며 이외에 주철로 단면이 제형(梯形)을 나타내는 것들이 중기 이후의 고분으로부터 출토되는데 이는 한반도로부터의 수입품이 아닌가 생각된다"[41]라고 하여 고분시대 중기까지도 여전히 단철 제조만이 일본에서 성행하였음을 언급하고 있다.

반면에 한반도쪽에서는 낙동강 하류지역의 김해 부원동 패총, 성산 북구 패총, 김해 패총, 고성 패총 등 패각 등의 폐기장에 철재가 발굴되어[42] 실제로 제철과정에서 철재는 무용물로 인식되었음을 알 수 있다. 철재가 공헌물로 고분에까지 넣어진 일본의 경우와는 좋은 대조를 이룬다.

철정은 가야지역에서 1세기경으로 추정되는 웅천 패총에서의 출토예를 비롯하여 2~3세기경의 부산 오륜대 고분군, 5~6세기경의 부산 복천동 제1호분 및 학소대 고분군에서 발견된 예가 있다. 특히 복천동에서 100매의 철정이 한꺼번에 출토되었다. 신라지역에서도 5~6세기경의 고분에서 수 매에서 수십 매까지 출토되었다.

일본에서 출토된 철정은 가야 및 신라지역으로부터 출토되는 것과 형태 및 크기가 같아서 일본의 고고학자들도 이러한 철정은 한반도로부터 수입된 것이라는 견해에 동의하고 있다.[43] 그러나 철정이 갖는 문제성은 양지역 간의 교류를 증명하는 것으로 그치지 않는다.

철정의 제조공정은 최근의 가까운 수로에서 1,200℃ 이상의 열을 가하여 선철(銑鐵)로 만든다. 선철은 함탄량이 높아 그 자체로서는 단조(鍛造)가 불가능하고 주조품을 만들어도 부스러지기 쉬우므로 철광석과 함께 용광로에 넣어 잘 섞음으로써 철광석 중의 산소가 선철의 탄소와 반응하게 하여 선철의 함탄량을 낮춤으로써 초강(炒鋼)을 만든

---

41) 水野淸一 編, 『圖解考古學辭典』, 創元社, 1978, 690~691쪽.
42) 이남규, 「남한 초기철기문화의 일고찰」 『고고학보』 12, 1982, 46~47쪽.
43) 岡崎敬, 「日本における初期鐵製品の問題」 『考古學雜誌』 42-1 ; 森浩一, 「古墳出土の鐵鋌について」 『古代學研究』 21, 22.

다. 초강이 끝난 용탕(熔湯)을 소철괴로 응고시켜 이를 단조하고 조직
을 치밀하게 한 다음 판상으로 성형시켜 장기간 보관하는데, 이것이
철정이다. 조사된 바에 의하면 복천동 출토 철정과 구정리 철정 등이
이러한 과정을 거친 것이라 한다.[44]

　만약 일본에서 출토된 철정이 한반도에서의 수입품이라면 이는 양
지역의 제철기술이 엄청난 차이를 가지고 있었다는 사실을 입증하는
것이고, 따라서 당시 일본 열도에서는 아직 철의 대량생산이 불가능한
단계였고 철기제조를 위해서는 가야지역의 제철기술에 의존하지 않을
수 없었을 것이다.

　문헌사료를 통해서도 이와 같은 사실을 알 수 있다. 『삼국지』 위지
변진조에서 ‘國出鐵 韓濊倭皆從取之 諸市買皆用鐵 如中國用錢 又以
供給二郡’이라 하여 3세기에 가야지역에서는 철을 생산하여 이웃지역
에 공급한 것으로 기록되어 있는데 이를 화폐와 같이 사용했다고 하였
으니 여기서 철이란 철광석을 의미하는 것이 아니라 철정과 같이 일단
가공된 제품을 가리키는 것으로 추측할 수 있다. 『일본서기』 진구(神
功) 황후 46년 3월조에도 ‘是百濟肖古王 深之歡喜 而厚遇焉 仍以五
色綵絹各一匹 及角弓箭 竝鐵鋌卌枚’라 하여 근초고왕이 철정을 왜의
사신에게 주었음을 기록하고 있어서 당시의 철정이 귀중한 물품으로
취급되었음을 알 수 있게 한다.

　다음은 최근에 김해지역에서 발굴된 유물들을 통하여 가야와 왜지
와의 교류상황을 고찰해 보기로 한다.

　김해 대성동과 양동리에서 출토된 유물 중 왜지와의 관련이 있는 유
물로는 통형동기(筒形銅器), 파형동기, 벽옥제 옥장(玉丈) 등이 있다.

---

44) 윤동석·신경환, 「한국 초기철기시대에 토광묘에서 출토된 철기유물의
　　금속학적 고찰」 『고고학보』 12, 117~118쪽 ; 윤동석, 「패총유적에서 발
　　견된 초기철기유물에 관한 금속학적 연구」 『대한금속학회지』 20 - 3,
　　1982 참조.

이 중 옥장은 길이 4.9cm, 직경 2~3.1cm의 크기이다. 4세기대 왜국에서 왕 정도의 신분만이 소유했던 벽옥제 옥장의 첫 발견은 이 대성동 고분이 왕릉급의 무덤이며 이 시기에 본가야(금관가야)가 왜집단과 활발히 교류했음을 확인할 수 있게 해 주었다.[45]

통형동기는 깃대나 창대 끝에 끼운 쇠붙이를 말한다. 손으로 잡기에 적당한 굵기의 청동 혹은 철제 원통이다. 마치 대나무와 같이 속이 비어 있고 그 안에 구슬 따위를 넣어 소리가 나게 되어 있다. 한 쪽은 막혀 있으나 다른 쪽은 나무막대기를 끼워 막을 수 있게 뚫려 있고 사면에 속이 보이는 길고 좁은 긴 네모의 투창(透窓)이 있다. 수장이 제사를 지낼 때 지팡이처럼 짚고 흔들어 방울소리를 냄으로써 수장의 신비성과 위엄을 나타내던 위의구(威儀具)라고 추정해 왔었다.

이 통형동기가 일본열도 특히 오사카(大阪) 지방 특히 기나이(畿內)를 중심으로 약 60점이 출토되어 관심을 끈 바 있다. 그런데 이와 똑같은 통형동기가 한반도에서도 30여 점이나 출토되었다. 경남 김해 대성동 고분에서 16점이 나왔다. 그 밖의 것도 김해지역에서 출토된 것으로 전해지고 있다. 30여 점이 모두 가야영역에서 출토된 것이다. 더욱이 이것들은 4세기에서 5세기 전반기의 고분에서 출토된 것으로 보아 김해의 금관가야국에서 제작된 희귀품임에 틀림이 없다. 따라서 대성동 고분에서 통형동기가 출토되자 왜지의 통형동기는 가야에서 제작하여 왜지로 전해졌을 가능성이 있다고 여기게 되었다. 동래의 복천동 유적과 함안의 사도리 유적지에서도 통형동기가 출토되었는데, 이것 역시 금관가야의 제품으로 보기도 한다.

대성동 고분의 통형동기는 창대의 손잡이로 하여 긴 막대기를 끼웠고 그 끝에는 창날이 꽂혀 있었던 형태임을 파악하게 되었다. 의식 때에 위의구로 사용했을 것이라는 추측을 배제할 수는 없지만 창으로 겸용했을 가능성도 있다.

---

45) 신경철, 김해 대성동고분 3차 발굴성과 발표 참조.

　파형동기는 김해 대성동에서도 3세기 후반 4세기대의 것이 출토되었지만 일본 후쿠오카(福岡) 현 이노하라(井原) 야리미조 유적, 세토나이(瀨戶內)에 인접한 시코쿠(四國) 북쪽의 가가와(香川) 현 모리히로(森廣) 유적, 기나이 지방 중심부인 오사카의 와이즈미(和泉) 황금총 고분에서 출토되었다. 이 곳 와이즈미 황금총 고분의 것은 좌우의 폭이 50cm인 목제(나무판자) 방패에 3개의 소형 파형동기가 부착되어 있었다. 이것은 파형동기가 권위의 상징과 방패장식이었음을 확증해 주는 귀중한 고고학적 자료가 되고 있다. 그리고 야리미조 고분과 모리히로 고분에서 출토된 파형동기는 요시노가리(吉野里)의 주형(鑄型)에 비추어 볼 때 매우 흡사하다. 파(巴) 꼬리가 7개이며 좌측으로 회전한 좌 7파형(巴形)이다. 중심부의 약간 볼록한 유단원추대(有段圓錐臺)도 흡사하여 거의 같은 기법으로 생산되었을 가능성이 있다. 이것은 요시노가리에 왕도(王都)를 잡고 있던 북규슈 왕조가 제작하여 공급했다는 것이 되며 또한 북규슈 왕조는 이 파형동기를 보유하고 있는 지방을 지배했거나 밀접한 교류를 가졌다는 것을 뒷받침해 준다.46) 김해 대성동 고분의 파형동기가 종래의 날조된 임나일본부의 허구성을 일거에 뒤엎어 진실대로 바로잡아 준 것이었다면 요시노가리의 주형은 기나이 왕조 중심사관을 불식하고 북규슈 왕조 즉 가야족 세력이 기나이 지방을 관장하였음을 실증해 주는 것이 된다.

　그러면 이제 가야인의 북규슈 진출의 경로에 대해서 살펴보자. 우선 가야인의 출발지점은 김해지역으로 추정된다. 『삼국사기』와 『삼국유사』에 전하는 석탈해 설화에서는 탈해가 먼저 가락국에 기항(奇港)하였다가 용납되지 않아 신라로 갔다 하였으며47) 『삼국지』 한전에 전하

---

46) 최성규, 『일본왕가의 뿌리는 가야왕족』, 을지서적, 1993 참조.

47) 『삼국사기』 脫解尼師今 元年紀에서는 '脫解 本多婆那國所生也 其國在倭國東北一千里 初其國王娶女國王女爲妻 有娠七年乃生大卵 王曰 人而生卵 不祥也 宜棄之 其女不忍 以帛裹卵並寶物 置於櫝中 浮於海 任其所往 初至金官國海邊 金官人怪之不取 又至辰韓阿珍浦口……'라 하였고 『삼국유

는 『위략 魏略』의 염사치(廉斯鑡)의 설화 중에는 낙랑인들이 당시(1세기) 변진지방을 항로로 자유로이 내왕하였음을 짐작케 하는 바, 1세기 초에 이와 같이 자유내왕이 가능하였다면 이것은 1세기 이전부터 항로가 결정되었고, 따라서 당시 낙동강 하구는 국제적인 항구였음을 짐작하게 한다.48)

또 『삼국지』 왜인전에 '從郡至倭 循海岸水行 歷韓國 乍南乍東 到其北岸狗邪韓國 七千餘里'라고 하여 항로를 명시하고 있는데, 여기서 狗邪韓國은 즉 가야국이다. 그러니 왜국에서 오는 데는 반드시 쓰시마를 거쳐 낙동강 하구인 김해 부근에 도착하여 이 곳에서 다시 남쪽의 다도해를 거쳐 서쪽 황해로 빠져 나가 낙랑이나 대방에 도착하였을 것이다. 구야한국은 이 전 항로에 있어서 중간지점이 된다. 뿐만 아니라 '國出鐵 韓濊倭皆從取之'라 한 것을 보면 이 곳은 확실히 자고로 교역의 중심지를 이루고 있었다.

결국 『삼국지』 위지 왜인전에 의하면 한국의 남해안에서 일본열도로 가는 해로의 이정(里程)은 구야한국(김해)에서 쓰시마 → 이키 → 이토국이었는데 이 해로를 이주민들이 가장 많이 이용하였을 것이다. 이 점은 고고학적으로도 입증되는데 특히 김해시 지내동 지역이 주목된다.

사』에서는 탈해의 아진포 도착 후의 설화를 자세히 기록하고 있다.
48) 『삼국지』 한전에 각주로 인용된 『위략 魏略』의 일문(逸文) 중 '至王莽地皇時 廉斯鑡爲辰韓右渠帥 聞樂浪土地美人民饒樂 亡欲來降 出其邑落 見田中驅雀男子一人 其語非韓人 問之 男子曰 我等漢人 各戶來 我等輩千五百人伐材木 爲韓所擊得 皆斷髮爲奴 積三年矣 鑡曰 我當降漢樂浪 汝欲去不 戶來曰可 辰鑡囚將戶來 來出詣含資縣 縣言郡 郡卽以鑡爲譯 從○中乘大船入辰韓 逆取戶來降伴輩尙得千人 其五百人已死 鑡時曉謂辰韓 汝還五百人 若不者 樂浪當遺萬兵乘船來擊汝 辰韓曰 五百人已死 我當出贖直耳 乃出辰韓萬五千人 弁韓布萬五千匹鑡 收取直還 郡表鑡功義賜冠幘田宅 子孫數世 至安帝延光四年時 故受復除'라고 하여 해로로 진한 땅에 왕환(往還)하였음을 알 수 있다.

지내동은 현재 김해시와 부산시의 경계가 되는 낙동강 서지류의 중간지점인 불암동(佛岩洞) 선암(仙岩)부락에서 북으로 약 1km 되는 거리에 있는 해발 100m 지점에 있다. 과거 낙동강의 본류가 지금과 달리 선암부락 앞으로 흘렀을 때에는 서부 경남지역 주민들을 양산, 부산으로 운반하는 항구로서의 역할을 담당했고[49] 현재에도 부산을 연결하는 국도와 고속도로가 모두 이 곳을 통과하고 있다. 그리고 고대 김해지역과 왜지의 해상교통도 대부분 이 곳을 기점으로 하여 이루어진 것으로 예상된다.

유적 주위의 지명이 불암동 또는 선암부락이라 한 것도, 남해안 고속도로 공사중 파손되긴 하였지만 선암부락 뒷편의 화강암벽에 마애불이 위치한 연유에서 명명된 것으로[50] 강에서나 또는 해상교통의 무사함을 기원하는 의미에서 그 시발지 혹은 종착지가 되는 이 곳에 조성한 것이라 믿어지며, 인접한 초선대(招仙臺)에도[51] 마찬가지로 마애불이 새겨져 있다. 그리고 이 곳에서 서쪽으로 약 4km 지점에는 가야 초기의 역사와 전설이 담긴 김수로왕릉[52]과 김해 패총,[53] 부원동 패

---

49) 불암 또는 선암에 대해서 『신증동국여지승람』 金海都護府 山川條에 '佛巖津 在府東十里 俓往東萊者 乘船於此 泊于梁山之龍堂'이라 하여 동래 방면으로의 교통은 이 곳 나루터를 이용하였음을 말해주고 있다.

50) 미륵암 마애불상이라고 하였는데 남해안 고속도로 공사중 파괴되었다. 액면부(額面部)가 파손을 입었으므로 형태는 분명하지 못했으나 두 귀가 어깨까지 늘어져 있고 눈은 반쯤 감은 형태를 하고 있었으며 짧은 목에 삼수(三首)는 흔적만 남기고 가사는 비교적 선이 뚜렷하였으며 두광(頭光)이 어렴풋이 남아 있었다. 높이 1.8m, 부견(副肩) 65cm이다.

51) 김해시 어방동(漁防洞) 185번지에 있는 초선대 마애석불은 불암동과 경계지역에 위치하는데 1974년 2월 지방유형문화재 78호로 지정되었다. 가락국 거등왕(居登王)이 선인(仙人)을 초대하여 바둑을 두며 즐겼다는 전설이 있어 초선대라 불렀는데 불상은 남향하는 화강암벽에 선각으로 여래좌상을 새겼다. 높이 3.5m 정도이나 마멸이 심해서 선명하지는 않지만 의적(衣積)은 무릎까지 덮여 있고 두광이 부분적으로 남아 있다.

52) 사적 73호인 수로왕릉은 김해시 중앙의 서상동 312번지에 있는 도형(圖

총,[54] 구(舊) 김해읍터[55]가 있고 남쪽으로는 죽도(竹島) 성곽과 죽림(竹林) 패총,[56] 수가리(水佳里) 패총,[57] 농소리(農所里) 패총[58] 등이 10km 내외의 거리에 즐비하게 있으며, 동쪽으로는 4km 거리에 예안리 패총[59]과 고분군들이 각각 위치하고 있어 마치 낙동강 하구의 지내동 유적이 중심이 된 듯한 느낌을 갖게 하고 있다.[60]

이와 같은 고고학적 발굴성과에 의해 가야인들은 대개 지내동지역

形) 토분이다. 『동국여지승람』에 '在府西三百步 每歲春秋 府中父老 共會設祭'라고 왕릉에 대해서 기록하고 있으며 선조 13년(1580) 영남관찰사 허수(許晬)가 왕릉을 수축(修築)하여 상석(床石), 석단, 능표(陵表)를 갖추게 되었다고 한다. 임진왜란 때 도굴되었다는 이야기가 남아 있고, 현재의 능은 인조 25년(1647)에 '가락국 수로왕릉'이라는 능비 건립 때 보수된 것이다.

53) 김해 패총은 1920년, 일본인에 의해 발굴 조사된 것이다. 梅原末治 外, 「金海貝塚發掘調査報告書」, 朝鮮總督府, 1923 참조.

54) 부원동 패총은 1980년 4월 동아대박물관 조사진에 의해 발굴되었다. 심봉근, 『김해부원동유적』(동아대박물관 고적조사보고 제5책), 1981 참조.

55) 가락국의 궁터는 지금의 김해시 동상동 74의 5번지와 봉황동 315번지 일대이며 조선조까지의 읍터는 동상동, 대성동이 그 중심지로 김해시내의 중간에 위치한다.

56) 죽도성곽은 김해시 가락면 죽림리 787번지에 위치하여 임진왜란 때 왜군 나베시마(鍋島直茂)가 축성한 왜성(倭城)이고 죽림 패총은 이 성곽 주위 민가에 많이 분포되어 있는데 그 내용은 즐문, 무문, 김해기에 해당되는 것들이다. 인접한 가락면 북정리, 상덕리에도 동일 내용의 패총이 분포하고 있다.

57) 수가리 패총은 즐문, 무문, 김해기에 해당되는 내용을 가진 패총으로 1979년 부산대박물관 조사진에 의해 발굴되었다. 정징원 외, 「김해수가리패총考」, 부산대박물관 유적조사보고 제4집, 1981.

58) 김용기, 「김해농소리패총 발굴조사보고」, 부산대박물관, 1965 참조.

59) 김해군 대동면 예안리 377의 1번지에 위치하며 김해기에 해당하는 패총과 가야시대의 고분군이 얽혀 있는 유적이다. 1976년부터 부산대박물관 조사진에 의해 발굴중에 있다.

60) 심봉근, 「김해지내동옹관묘」 『한국고고학보』 12, 1982, 90~91쪽.

을 중심으로 한 지역을 기원 전후 1세기경부터 고대 한일교섭사의 출발지로 이용하였음이 판명되고 있다. 여기서 현해탄을 건너 쓰시마를 중간 거점으로 하고 이키(壹崎)를 거쳐 규슈 동북쪽인 후쿠오카 현 이토시마 평야와 사가 현 북부 해안지대인 남서쪽인 나가사키 현 시마바라 반도 고원지대, 그리고 동북측인 구마모토 현 남부 소평야 지대로 진출한 것이다.

또 다른 항로로는 이즈모 항로가 있는데, 여기에는 두 가지 항로가 있다.

첫째 항로는 한국 동해나 또는 남해에서 리망한류를 타고 북위 30도 부근에서 쓰시마해류 서파(西派)를 횡단하여 본류를 이용해서 이즈모 서안의 '이나사노오하마(伊那佐之浜)'에 도달하는 직접항로이다. 특히 동기(冬期)에는 서북풍이 불어 이 항로를 자주 이용하였다.

둘째 항로는 동해로부터 오키(隱岐)를 경유하여 시마네(島根) 만 근처나 이나바(因幡) 해안에 도착하는 항로이다.

가야 제국은 이런 항로를 이용하여 북규슈나 이즈모 지방을 내왕하였을 것이다.

『삼국유사』를 비롯한 제 사료에는 가야의 교역과 조선술 및 항해술의 발달을 유추해 볼 수 있는 기사가 있다.

① '便拜辭而出 到麟郊外渡頭 將中朝來 泊之水道而行 王竊恐滯留 謀亂急發舟師五百艘而追之……'(『삼국유사』 가락국기)

② '望山島京南島嶼也……忽自海之西南隅掛緋 張茜旗而指乎北……妾是阿踰陁國公主也……'(『삼국유사』 가락국기)

사료 ①은 수로와 탈해가 왕위쟁탈 끝에 탈해가 중국에서 온 배가 정박하는 곳을 통하여 도망을 하자 수군 500척을 보내어 이를 쫓게 하였다는 것이다. 사료 ②는 수로가 왕후를 맞이하는 과정에서 신하들이 망산도라는 망루에서 왕후의 배가 붉은 깃발과 진홍의 돛을 달고 오는 것을 본 것과 왕후가 첫날밤에 자신의 출자(出自)를 말하는 내용이다.

'중국에서 오는 배'는 당시에 중국과의 빈번했던 교역상황을 나타내는 것으로 풀이할 수 있는데,『삼국지』왜인전에,

③ '從郡至倭 循海岸水行 歷韓國 乍南乍東 到其北岸 狗邪韓國 七千餘里 始渡一海 千餘里……'라 하여 중국에서 왜로 가는 항로가 나타나 있다. 그 경로는 狗邪 즉 가야를 거쳐서 가도록 기록되어 있어 중국과의 교류가 일찍부터 있었음을 알 수 있다.

중국과의 교역관계는 중국측의 사료인『남제서』에서도 확인할 수 있다.

④ '加羅國 三韓種也 建元元年 國王荷知使來獻 詔曰 量廣始登 遠夷洽化 加羅王荷知款關海外 奉贄東遐 可授輔國將軍 本國王'(『南齊書』권58, 열전 39, 蠻東南夷傳)

이것은 479년에 금관가야의 8대 질지왕으로 생각되는 하지왕이 중국에 조공하고 보국장군본왕으로 책봉받은 기록으로 중국과 가야와의 교역관계가 관무역적 성격 외에 보다 더 빈번한 관계였음을 보여준다. 또 사료 ①에서 수군 500척을 급히 출동시켜 쫓게 한 것과 사료 ②에서 볼 수 있듯이 '망산'이라는 '해안 초소'에서 남해의 제 선박들의 상황을 파악하는 등의 행동은 해상국가로서의 가야의 면모를 여실히 나타내준다.

⑤ '東有美地 靑山四周 其中亦有乘天磐船而飛降者 余謂 彼地 必當足以恢弘大業 光宅天下 蓋六合之中心乎'(『일본서기』권3, 神武王)

⑥ '十七年秋七月丙午朔 詔曰 船者天下之要用也 今海邊之民 由無船以甚苦步運其令諸國 俾造船舶 同十月 始造船舶'(『일본서기』권5, 崇神王)

사료 ⑤에서 진무(神武) 왕 제1세 때 도읍지를 정하는 데 사용한 선박이 '천반선'인데 이 천반선은 그들의 조국의 배, 가야제 배를 말한다. 또한 사료 ⑥에서 스진(崇神) 왕이 배를 건조한 이 대목은 획기적인 것이다. 즉 지금까지 자주 나타나던 천부교, 천반선인 가야제 배는 자

취를 감추고, 스진왕 때 와서야 비로소 일본식 선박을 만들게 되었다. 따라서 가야의 조선술은 왜국 선박제조의 선도자임을 알 수 있다.

이상의 사료를 검토해 볼 적에 가야는 조선술이 발달하여 왜지와 중국, 낙랑, 대방 등을 자유로이 왕래할 정도의 수준을 가진 해상국임을 알 수 있다.

(3) 가야문화의 동진

이제 북규슈 지역의 가야인, 가야문화가 동류하여 기나이 지역에 미치고 야마토(大和) 정권의 성립에 어떠한 영향을 미쳤는가를 검토해 보기로 하자. 북규슈의 가야인들은 계속 세력을 확장하여 야마구치(山口)를 거쳐 시마네(島根)로 뻗어 나갔다.

가야인들의 이즈모 지방 진출을 뒷받침하는 고고학적 자료는 김해 부원동기의 설정에도 나타나 있다. 부원동 A구의 교란층(攪亂層)에서 나온 이형 토기로 적갈색 토마(土馬)와 회청색 어형(魚形)이 있다. 토마는 10cm 미만의 소형이지만 우리 나라에서는 가장 오랜 토마라는 점에서 주목된다.

이러한 소형 토마는 일본에서도 6, 7세기경에 나타나고 있으며 그것은 기청(祈晴), 기우(祈雨) 때 공헌되는 신마(神馬)로 간주되고 있으며[61] 그것들이 특히 중부 일본의 일본해 지방, 고래로 우리 나라와 관계가 깊은 이즈모 지방에 집중되어 있는 것이 주목되며 우리의 토마와 관계를 가지고 있을 것으로 짐작된다.[62] 따라서 이즈모 지방은 가야인들이 북규슈 후쿠오카에서 기나이쪽으로 진출하는 하나의 거점이었을 것으로 본다.

한편 가야의 토기가 스에키(須惠器)와 하지키(土師器)의 원류라는 고고학적 사실에서도 가야 세력권의 기나이 지역 진출을 확인할 수 있

---

61) 廣江耕史, 『出雲の土馬』 16, 國學資料院 1981, 37~41쪽.
62) 김원룡, 「김해부원동기의 설정」 『한국고고학보』 12, 1982, 34~35쪽.

다.63) 하지키는 가야의 연질 적색토기계이고 스에키는 가야의 도질 토기계라고 하겠다. 특히 대구, 현풍 등지의 낙동강 유역 출토 연질 적색토기계의 증(甑), 완(盌), 발(鉢) 등과 웅천 패총에서 출토된 증, 고배, 광구원저호(廣口圓底壺) 등의 그 질감과 기형에 유사한 동질동형의 하지키가 왜지에서 출토되었는 바, 시즈오카(靜岡) 현 오이케(御池) 출토 고배, 도쿄(東京) 이즈미(和泉) 유적 출토 광구호(廣口壺) 등의 유례도 있음을 알 수 있다. 이것으로 왜지 하지키의 생산은 남해안 지역의 연질 적색토기의 생산기술의 영향을 입은 것을 추정할 수 있다.

그리고 가야계 도공의 도일은 문헌상으로 나타나지 않아 가야 도질토기의 생산기술과 토기의 양식적인 면에서 본다면 가야의 도질토기 생산기술의 일본에의 전수는 일찍부터 시작되었을 것이다.

일본의 도질토기 곧 ‘스에키’의 양상은 신라지역과 가야지역의 양상이 농후하니 신라와 가야의 도질토기의 생산기술이 간단없이 흘러 들어가서 일본 스에키의 발전을 촉진시킨 것으로 생각된다. 특히 나라(奈良) 현의 발견물이며 야마토 역사관 소장품인 유개배(有蓋坏)·하소(瓺)·단경호(短頸壺)·유대장경호(有臺長頸壺), 시즈오카 시 시즈하타야마(賤機山) 고분 출토 유개배·고배·도악(陶岳)·하소(瓺)64) 등과 이나리야마(稻荷山) 고분 출토 하소(瓺)·단경호, 오사카 오야부(大藪) 고분 출토 고배·개배, 가마도 총(カマド塚) 출토 고배 등은 역시 낙동강 유역을 중심으로 한 가야지방에 분포된 도질토기의 양상과 같으니 일본의 ‘스에키’의 그 원류는 곧 낙동강 유역인 가야지역에서 찾아야 할 것이다. 한국 남부지방의 스에키에 해당하는 회청색 경질토기 문화가 시작된 것은 A.D. 1세기경이었다. 이러한 토기는 김해 패총,

---

63) 小林行雄 編, 『世界考古學大系』 3(日本Ⅲ), 平凡社, 138쪽 ; 小野山節 編, 『古代史發掘』 6, 講談社, 1975, 126~127쪽.

64) 齋藤忠, 「容器の發達」(各種の須惠器) 『日本考古學圖鑑』, 平凡社, 1965, 97쪽.

웅천 패총 기타 유적의 같은 층위에서 공반(共伴)되는 것이며 소식(燒式)의 요법(窯法)에 차이가 있을 뿐이고 기형 등에는 차이가 없다.

회청색 경질토기는 새로운 요법 일등요(一登窯 : 터널요)에서 구워져 환원염(還元焰)에 의하여 회청색의 굳은 토기가 만들어진 것이란 사실에서도 일본 스에키의 원류는 가야지역임을 알 수 있다.65)

2장에서 전기 및 후기에 걸친 가야식 토기의 테크닉과 형식의 특징, 그 변화에 대하여 논하였거니와 그러한 것이 일본의 하지키와 스에키에 대단히 비슷한 점이 많이 있음을 알 수 있었다.

더욱이 특이한 기형이라든가 수법이 양 지역의 토기와 비슷한 점이 많이 있다는 것이 양자 사이의 문화교류를 증명하는 것이다.66) 그러므로 이제까지 하지키 및 스에키의 형식이며 편년을 논함에 있어 일본 내에서의 일방적인 토기 자료에 의거한 것과는 다른 관점에서의 연구가 필요하다고 생각된다.

우선 일본에 있어서 하지키와 스에키가 시기적으로 선후관계에 있는가 하는 문제이다. 한반도에서는 하지키와 스에키에 해당하는 적갈색 연질토기와 회갈색 경질토기는 적갈색 연질토기가 먼저 형성되었다. 양자는 용도와 제법(製法)에 약간의 차이는 있으나 기형 등에 구별이 없다. 그러므로 일본의 고분시대인이 이러한 다른 제법의 두 가지 토기 중에 어느 하나를 선택적으로 먼저 수용하였는가가 문제된다. 하지키나 스에키는 완전히 가야식 토기와 같은 것으로 그러한 토기들은 아마도 가야지방에서 건너간 도공들에 의하여 만들어졌을 것이라고 김정학은 밝히고 있다. 그러므로 고분시대의 문화중심이었던 나라(奈良)와 가와치(河內) 지방에서는 하지키가 먼저 만들어졌고 그 다음에 스에키가 제조되었을 것으로 추정한다.

---

65) 김정학, 「토기」 『일본문화의 원류로서의 비교한국문화』, 삼성출판사, 1981, 509~510쪽.
66) 위의 글, 524~525쪽.

일본의 고분시대 특히 상층문화는 야요이 문화와는 단절되어 있다. 다시 말하면 야마토 국가를 형성한 지배세력과 야요이 문화를 주도한 지배층과의 교체가 있었던 것을 증명해 주는 것이다. 즉 나라지방의 초기의 고총고분(高塚古墳)은 말할 것도 없이 그 시대의 지배층의 분묘인데 그것이 묘제뿐만 아니라 시체, 부장품 등의 매장방법까지도 반도의 고분과 비슷한 것은 그 지배층의 성분에 대하여 시사하는 점이 있다고 하겠다. 왜냐하면 묘제와 장법(葬法)은 그 사회의 신앙 및 습속과 결부되어 있는 것이기 때문에 가장 보수성이 강한 것이며 다른 사회 또는 다른 민족의 묘제나 장제를 쉽게 채용하는 일이 없기 때문이다.

그뿐 아니라 고분시대의 토기, 철제의 농공구, 무기, 식구(式具) 및 철제, 금동제, 또는 옥제의 복식품 등에 이르기까지 상층계급의 생활문화가 거의 모두 가야지역에서 발견된 그것들과 비슷한 것은 고분시대의 상층문화가 선택적인 채용이 아님을 말하고 있다. 토기가 고대 생활문화의 중요한 요소 중 하나임은 더 말할 나위도 없다. 하지키와 스에키의 유적으로서는 나라 현 후루(布留), 오사카 부(大阪府) 후나바시(船橋)의 유적이 가장 오래고 한반도측 자료와 비교하면 3세기 후반서부터 4세기경의 가야식 토기의 기형에 비정된다.

최근 오사카 센호쿠(泉北) 구릉 일대의 도읍(陶邑), 채전요지(採田窯址)는 도읍요지군 중에서는 가장 오래고 4~5세기경의 가야식 토기에 비교된다. 그리하여 상기한 유적은 어느 것이나 하지키와 스에키가 공반하는 것은 일본에 있어서 이 두 가지 토기가 같은 시기에 전해진 것을 증명하는 것이라 할 것이다. 또 이러한 유적에서 발견되는 하지키나 스에키의 토기문화는 기나이 지방이 가장 일렀던 것 같다. 그것은 야마토 정권의 형성과 관계가 있었을 것이다.

하여튼 하지키와 스에키는 제법이나 기형에 있어서 가야식 토기를 매우 많이 닮은 것이 있고 특히 요법(窯法)에 있어서 하지키가 700~

800℃, 스에키가 1,000~1,300℃의 화도로 구워진 것은 가야식 토기와 똑같으며, 그것은 요의 구조도 양 지역이 같았던 것을 말하는 것으로서 가야식 토기와의 관계를 말하는 것이라 하겠다.[67]

야요이식 문화는 규슈 서북부가 문화중심이었으므로 그 지역의 야요이식 토기가 한국의 무문토기와 가장 많이 닮은 것과 같이 고분문화는 기나이 지방 중심이었으므로 그 지역의 하지키와 스에키가 한반도의 가야식 토기에 가장 가깝다. 이것은 또 한반도로부터 무문토기와 가야식 토기가 일본열도에 전해진 루트를 시사하는 것이라 하겠다.

하지키와 스에키는 제법과 기형면에서 가야의 토기를 그 모체로 하여 전승받은 것은 확실하며 또 나라 지방의 초기 고총고분과 가야고분이 비슷한 점에서도 가야의 문화권이 규슈의 후쿠오카 현 지방에서 구마모토 지방으로 확장되었고 야마구치 현을 거쳐 나라 현, 오사카 부, 즉 일본의 중심지역까지 이르렀음을 알 수 있다.

그리고 가야의 소국세력은 야요이 시대 중기 이후부터 규슈 지방에서 활약하였으며 야마토 국가 형성시에도 지배계층의 한 분야에서 야마토 문화 형성의 일익을 담당하였음을 나타내 주고 있다.

4세기경 왜지의 전기 고분은 내부구조는 수혈식 석실이고, 그 입지조건이 구릉의 능선선단(稜線先端)인 것 등은 가야묘제의 특징과 같은 것으로 그 지배세력의 출자를 짐작케 하고 있다. 일본 건국신화는 ‘태양신화’로서 ‘단군신화’나 가야국의 ‘수로신화’와 유사한데 특히 수로왕 신화와 더 유사점이 많은 것은[68] 일본 건국시의 지배세력의 출자를 시사하는 것으로 볼 수 있다. 즉 가야지방으로부터 이주한 농경민족이 야요이 시대부터 지배세력을 이루어 드디어 일본 건국의 주체세

---

67) 위의 글, 531쪽.
68) 『고사기』와 『일본서기』의 신대신화 중에서 아마테라스 대신(天照大神)이 국조(國祖)의 지위에 놓여 있는데, 아마테라스 대신은 태양신, ‘모신(母神)’으로서 여신으로 표현되어 있다. 태양신화의 원초형을 보이고 있다.

력이 되었다고 보는 것이다. 그 과정에는 3세기 이후에 가야지방으로부터 철재와 철제무기가 공급되었고 그 무렵에 새로운 인적 이동도 함께 있었던 것으로 생각된다. 그리하여 건국 후에는 각 지방호족들에 의한 정복, 통합 사업이 수반되었던 바, 이 때 철제무기와 기마를 가진 가야족의 진출이 크게 두드러졌던 것이다. 왜지의 5세기 이후 고분에서 다량의 철제무기와 갑주, 마구 등이 발견되는 것은 당시의 이러한 상황을 반영한다고 하겠다.

위와 같이 농경민족인 가야인들은 일본에 이주하며 그 농업생산력에 의하여 부를 축적하고 선주민을 정복, 지배하면서 다시 철재와 철제무기, 기마전술을 가진 새로운 이주민을 받아들여 국가 건설의 주체세력을 형성하였던 것이다.[69]

즉 일본의 개명은 서부지방으로부터 동점하여, 1세기 전후로부터 대륙문화를 간접 채취한 야마토 지방에서 통일의 모체가 된 부족세력이 일어나 긴키(近畿) 지방을 통합하고 반대로 4세기 말, 5세기 초에 걸쳐 서쪽으로 진출하여 규슈 지방까지 평정하여 간 것이라고 생각함이 가장 자연스러운 역사적 현실로서 판단된다. 그리고 이러한 통일과정에서 자고로 규슈 및 산인(山陰) 지방의 가야인에 의해 개척된 반도에의 통로가 이제까지보다 의욕적으로 일본의 정치적, 경제적 요청을 충족시키는 데 이용되었던 것이다.

상기와 같은 관점에서 에가미(江上波夫)의 기마민족설(騎馬民族說)을 검토해 보자.

에가미의 기마민족 일본정복국가설은 이 때까지 일본 민족이나 국가는 일본국토 내에서 자생, 발전한 것으로 생각하였던 일본국민들의 생각을 뒤엎은 것이며, 더욱이 동북아시아계의 기마민족이 남한을 거쳐서 일본에 진출하여 선주민족을 정복하여 일본국가를 세웠다는 것

---

69) 김정학, 「고대의 한일관계 농경민족일본정복국가론」, 『한국고대와 인접문화와의 관계』, 한국정신문화원, 1981, 123~124쪽.

은 그들의 민족감정을 크게 흔들어 놓았던 것이다. 에가미가 대체로 국수주의적인 일본 국민성을 알면서 이렇게 정복국가설을 발표하였다는 것은 그의 용기를 크게 찬양할 만하다. 그의 설은 처음에는 상당한 지지층을 얻었으나 일부 학자들의 반대론도 많이 일어났다. 그러나 에가미는 동양사학의 석학이며 아울러 민족학, 고고학 등의 해박한 지식을 가지고 있어서 그의 설을 전면적으로 뒤엎을 만한 저서나 논문은 아직 없는 것으로 보인다.

기마민족정복설은 5세기 말이 아니고 4세기 초경에 '천황'의 씨(氏) 즉 천황가의 조선(祖先)을 중심으로 하는 퉁구스계통의 기마민족이 기나이 야마토로 공격하여 들어가 왕권을 수립했다고 주장한다.

에가미에 의하면 오호(五胡)가 중국의 화북에 침입해 기마민족인 고구려가 한국에 경역을 확대했을 때, 고구려와 같은 계의 북방 기마민족의 일파가 한국반도를 남하하여 남단의 구야(가야 또는 가락지방)지방의 왜인을 정복하고 즉시 일본에도 침입했다. 이 때 일본의 왜인 사이에선 기나이 야마토를 중심으로 한 통합이 진척되어 나갔던 것이다. 4세기 초 천황씨를 중심으로 한 이 기마민족은 규슈에 상륙했다. 그리고 야마토에 들어가 1세기가 안 된 시기, 즉 4세기 말 내지 5세기 초에는 강대한 왕권을 기나이에 수립했다는 것이다.[70]

그의 기마민족설은 왜지 기나이 지방에 있어 4세기경의 전기 고분에서는 주로 철검, 철봉(鐵鋒), 갑주류 또는 마구류가 대량으로 나오는 사실에 토대를 둔 것이다. 즉 그는 이것을 전기 고분시대의 지배계급은 사제적, 주술적, 평화적인 데 반하여 후기 고분시대의 그들은 전투적, 기마민족적, 왕후귀족적이라고 본 것이다. 다시 말하면 5세기경에 동북아시아계의 기마민족이 기나이에 진출하여 정복국가를 세웠다는 것이다.

그런데 그의 설에 불합리한 점이 있는 것은 다음과 같다.

---

70) 井上光貞,『日本國家の起源』, 岩波新書, 1960, 185쪽.

첫째, 기나이 지방의 전기 고분은 전방후원분 수혈식 석실로서 상당히 큰 규모의 무덤이다. 이것은 통일왕국이 형성되어 강화된 왕권을 상징하는 것인데, 이러한 전기의 고분에는 갑주나 마구 등이 발견되지 않으므로 일본건국의 지배세력을 기마민족이라고 볼 수 없다. 그리고 5세기경의 후기 고분, 예컨대 대표적인 오진(應神)·닌토쿠(仁德) 두 능도 전방후원분 수혈식 석실분으로 문화의 단절을 생각할 수 없다.

다시 말하면 5세기경에 전기 고분의 주인공과 이질적인 기마민족이 내습하여 전자를 정복하고 통일국가를 세웠다고 볼 수 없다.[71]

더욱 해괴한 것은 에가미는 변한지방을 왜인이 점거하여 있었다고 하고 이러한 변한 또는 진국의 왜인이 영도자가 되어 북규슈에 침입하여 스진(崇神) 천황이 되었고, 그리하여 북규슈와 남한이 왜한연합국을 형성하였다는 이론이다. 그뿐 아니라 에가미는 "진왕의 지배하에 있던 변한＝임나의 일부는 야요이 시대로부터 왜인의 영역이었다"고 분명히 말하고 있다. 이것은 후일 일본의 임나지배설의 전초적인 역할을 의식한 설인 듯하다.

오히려 앞에서 언급한 것처럼 야요이 시대 전기, 중기, 후기는 선진 가야문화의 왜지 진출을 반영하는 상황이었으니 가야의 일부가 왜인의 영역이 될 수가 없고 반대로 북규슈, 후쿠오카와 사가(佐賀)는 가야인들에 의해 좌우되었던 것으로 이해해야 할 것이다.

일본에서 기마민족을 강조하는 것은 고분문화의 유물이 고분시대 중기에 나타났다고 보기 때문인데 고구려만이 기마민족이라고 하는 것도 수긍하기 어렵고, 이 기마민족이 4세기 초두 이전에 한국을 남하해서 가락지방까지 정복했다고 하는 것도 문제가 있다.

모든 일본 학자가 4세기 초두에 일본열도 내에서 통합이 진행되고 있었다고 대부분이 기술하고 있으나 고분문화의 발생기였던 시기에 열도내에서는 정반대의 분산적 발생현상 즉 규슈, 기비(吉備), 기나이

---

71) 김정학, 앞의 글, 1981, 118~121쪽.

등 각지에서 대소의 지방세력이 발생하고 있었던 것을 고분문화에서 볼 수 있다.

4세기 말, 5세기 초에 비교적 대세력의 기나이 야마토 정권이 수립되어 5세기 말까지 존속한 것도 사실이나(讚~武의 왜왕조), 동시기에 북규슈에도 그와 같은 강대한 정권이 있었음과 또 기비 지방에도 별개의 작은 정치세력이 존재했었던 사실을 생각하지 않으면 안 된다. 이 학설에선 기마민족이 4세기에 한국을 여하히 하여 남하했던가를 문헌자료와 어떻게 연결하여 설명한 것인지 아직 불명하나, 여하간 한국 고문헌에서 대응할 만한 자료를 찾는다는 것은 어렵다. 일본열도 내 규슈에서 기나이 야마토에의 동진과 정복에 관한 대응 문헌자료는 소위 진무(神武)의 동정(東征)에서 구하려고 하나 그것을 4세기 말, 5세기 초로 보면 고고학적 자료 및 특히 그 이후 시기의 문헌자료에서 말하는 것과 차이가 적지 않다.

이 기마민족설 중 일본열도 내에서 논자가 '기마민족'으로 보는 고구려계통의 이주민 집단이 규슈에서 야마토로 공격하여 들어갔다고 하는 기본 주지는 수긍이 간다. 그러나 필자는 고구려계통에서만이 아니라 백제계통 이주민의 강력한 집단이 가락계통과도 연합해서 북규슈에서 기나이 야마토로 갔던 것으로 본다. 그 시기는 5세기 말 즉 기나이를 중심으로 체계화된 고분문화의 시대구분에 의하면 중기에 속하고 이를 계기로 기나이 지방의 고분문화는 전환점을 맞았던 것이라 추정할 수 있다.72)

2. '임나일본부'설의 검토

(1) 임나일본부에 관한 제설의 검토

---

72) 김석형, 『古代朝日關係史』, 勁草書房, 1969, 319쪽.

먼저 임나에 관한 사료를 일본, 국내, 중국의 것을 망라하여 정리하면서 그 개념을 밝혀보고자 한다.

임나(任那)라는 말은 국내나 중국보다도 일본에서 더 많이 광범하게 쓰여졌고, 임나에 관한 사료도 양국보다 일본에 압도적으로 많이 남아 있다.

『일본서기』에 ‘任那國遣蘇那曷叱知 令朝貢也 任那者 去筑紫國 二千餘里 北阻海以在鷄林之西南’[73]이라 하면서 임나의 명확한 위치를 밝히고 있어 매우 주목된다. 또한 이어서 ‘是歲 任那人蘇那曷叱智請之 欲歸于國 蓋先皇之世來朝未還歟 故敦賞蘇那曷叱智 仍齎赤絹一百匹 賜任那王 然新羅人遮之於道而奪焉 其二國之怨 始起於是時也’[74]라고 하였는데 신라인이 도중에 탈취하였다는 것을 보면 여기의 임나는 고령의 대가야를 지칭하는 것으로 볼 수 있다. 상기 두 기록에 이은 분주(分註)에서는 임나란 이름은 천황으로부터 받은 것이라고 기록하고 있다.[75]

긴메이(欽明) 천황 23년조에는 ‘春正月 新羅打滅任那官家(一本云 卄一年 任那滅焉 總言任那 別言 加羅國 安羅國 斯二岐國 多羅國 卒麻國 古嵯國 子他國 散半下國 乞湌國 稔禮國 合十國)’[76]이라는 기사

---

73) 『일본서기』 권5, 崇神紀 65년조.

74) 『일본서기』 권6, 垂仁紀 2년조.

75) ‘一云 御間城天皇之世 額有角人 乘一般 泊越于國笥飯浦 故號其處曰角鹿也 問之曰 何國人也 對曰 意富加羅國王之子 名都怒我阿羅斯等 亦名曰于斯岐阿利叱智干岐 傳聞日本國有聖皇 以歸化之 到于穴門時 其國有人 名伊都都比古 謂臣曰 吾則是國王也 除吾復無二王 故勿往他處 然臣究見其爲人 必知非王也 卽更還之 不知道路 留連嶋浦 自北海廻之 經出雲國 至於此間也 是時遇天皇崩 使留之 仕活目天皇逮于三年 天皇問都怒我阿羅斯等曰 欲歸汝國耶 對諮 甚望也 天皇詔阿羅斯等曰 汝不迷道心速詣之 遇先皇而仕歟 是以 改汝本國名……仍以赤織絹給阿羅斯等 返于本土 故號其國 謂彌摩那國 其是之緣也’.

76) 『일본서기』 권19, 欽明紀 23년 임오조.

가 있는데, 여기의 임나는 가야 제국 전체를 지칭하고 있음을 알 수 있다.

임나란 말이 나오는 우리측의 사료로는『삼국사기』열전 강수조(强首條)에 '强首中原京沙梁人也 父昔諦奈麻…… 太宗大王卽位 唐使者至傳詔書 其中有難讀處 王召問之 在王前一見說釋無疑滯 王驚喜 恨相見之晩 問其姓名 對曰 臣本任那可良人 名字頭……'라 한 기록이 있다. 여기에서 임나가량인의 가량은 가야이며 강수가 임나가야인이었음을 알 수 있다.

또 광개토왕비문에도 '十年庚子 敎遣步騎五萬 往救新羅 從男居城至新羅城 倭滿其中 官軍方至 倭賊退 □□ 背急追至任那加羅從拔城城卽歸服 安羅人戍兵……'이라 하여 임나가라란 나라 이름이 나타나고 있다. 그리고 안라인이란 말이 보이는데 안라란 지금의 경남 함안으로 가야국의 하나인 것은 주지의 사실이다.

또 후양(後梁) 용덕(龍德) 4년(924)에 신라 경명왕(景明王)의 왕명으로 지었다는 경남 창원 봉림사지에 있는 진경대사(眞鏡大師)의 비문에도 '大師諱審希 俗姓新金氏 其先任那王族 草拔聖枝 每若隣兵投於我國 遠相興武大王……'이라 한 것이 있다. 여기의 신김씨란 김해의 가야가 신라에 투항한 뒤에 경주왕족의 김씨와 구별하기 위하여 김해김씨에게 붙여진 것이며, 홍무대왕이란 김유신을 말한다. 따라서 이 비문의 임나왕족이란 김해지방에 있던 가야를 지칭한 것이 분명하다.

중국의 사료로는『한원 翰苑』권30, 번제부(蕃第部) 신라조에 '開源拓構肇金水之年宅壞 疏疆創趾卜辰之域 國苟資路 地惣任那'라는 기사에 주(注)하여 '齊書云 加羅國三韓種也 今訊新羅耆老云 加羅任那昔爲新羅所滅 其故今竝在國南七八百里 此新羅有辰韓卜辰二十四國及任那加羅慕韓之地也'라는 기록이 있고,『송서』왜인전에 '自稱持節都督 倭百濟新羅任那慕韓國諸軍事安東大將軍倭國王'이라 하여 임나

란 명칭이 보이고 있다.

이상에서 살펴본 바와 같이 임나라는 국명은 가야 제국 중 특정한 일국을 지칭하는 협의의 임나국과 가야 제국 전체를 지칭하는 광의의 개념, 그리고 단순히 일본측이 말하는 허구의 소위 임나관가(일본부) 등 세 가지 개념으로 나눌 수 있다. 임나는 최초에는 1개국을 가리키는 명칭이었으나 이것이 그 후에는 가야 제국 전체를 지칭하게 되었다고 본다.77)

그런데 『일본서기』에는 유랴쿠기(雄略紀) 8년(464) 2월조, 긴메이기(欽明紀) 2년(541) 4월조 및 동 5년(544) 2월조에 임나일본부라는 말이 기록되어 있다. 그러나 '일본'이라는 국호가 사용된 것은 7세기 후엽 이후이기 때문에 임나일본부라는 말은 『일본서기』의 찬자가 조작한 것임에 틀림없다.

그러함에도 불구하고 임나일본부설의 주장들은 먼저 4세기에 있어서 야마토 세력에 의한 서부 일본의 통일을 인정하고 그러한 국내적 안전을 기반으로 4세기 후반부터 5세기 초에 선진적인 생산기술 및 철 자원을 획득하기 위해 한반도에 진출하여 그 당시 소국분립 상태였던 한반도 남부의 변한제국을 그 세력하에 두었다고 강변하고 있다. 이와 같은 일본측의 임나일본부설이 타당한가를 살펴보기에 앞서 선행 연구된 여러 임나일본부설을 우선 검토해 보기로 한다.

임나 문제에 대한 일본학계의 정설을 대표하는 것은 스에마쓰(末松保和)의 『임나흥망사』(1949)이다.78)

그는 이 책에서 4세기 후반에서 6세기 중반까지의 '임나경영(任那經營)'이라는 가정 아래, 임나의 성립, 창성, 멸망기로 나누어 편년적인 정리와 임나 관계 지명의 비정에 주력하였다.

4세기 초에 열도를 통일한 야마토 조정이 진구(神功) 황후에 의한

---

77) 문경현, 「가야사의 신고찰」 『대구사학』 제9집, 14~15쪽.
78) 末松保和, 『任那興亡史』, 東京 : 大八州出版, 1949, 245쪽.

신라정벌이 이루어지는 360년경부터 가야가 멸망하는 562년까지 약 2세기 동안 임나일본부라는 지배기관을 통해 가야지역, 넓게는 마한지역까지를 지배했다고 한 그의 주장은 대부분의 일인 학자들이 일본고대사를 이해하는 데 있어 공공연히 인정하는 전제이자 일본의 각급 교과서에 실려 있는 '임나경영설'의 내용이다.[79]

그는 결론적으로 임나는 일본의 대륙관계사의 일부분이었다는 것이 명백하다고 하고, 그 기간은 대체로 350년대부터 640년대에 이르는 약 300년간을 임나기로서 총괄 파악해야 한다고 주장하였다. 그리고 고구려, 백제, 신라 삼국과의 관계는 말할 것도 없고 중국 남조와의 교통도 임나 문제와 관련된 것으로 이해할 수 있다고 하고 있는 것을 보면 그의 임나관은 일본측의 일반적인 견해를 대표한다는 것을 알 수 있다.

그는 끝내 가야의 주체적 역사발전의 자위성을 인정하지 않았고 특히 임나역사의 성립을 369년에 왜국의 고대한국 출병을 계기로 한 것으로 보고 있으며 임나는 일본역사의 일부로서 성립한 것이라는 관점에서 이 문제를 취급하고 있다.

이상에서 보듯이 스에마쓰의 주장에는 『일본서기』의 기사를 사실(史實)로 꾸며내기 위한 의도가 명확한 반면, 논증을 위한 자료 다룸은 매우 빈약하다. 그러나 2년 후에 그의 주장을 보완하는 논문이 발표되었다. 후쿠야마(福山敏男)의 「이소노카미 신궁(石上神宮)의 칠지도(七支刀)」(『美術研究』 158호, 1951)가 바로 그것이다.[80]

---

79) 井上光貞 等, 『文部省檢定濟敎科書 詳說日本史』, 文部省, 1977, 22~24쪽. "야마도 4세기 전반에는 야마토 조정에 의해 서로는 북규슈로부터 동으로는 중부지방에 이르는 지역에 정치적 통일체가 형성되었을 것으로 생각된다.……야마토 조정은 4세기 후반부터 5세기 초에 걸쳐 선진적인 생산기술과 철자원을 획득하기 위해 한반도에 진출하였으며 아직 소국분립 상태의 한반도 남부 변한제국을 그 세력하에 넣었다. 이것이 임나이다"라고 하여 전체적인 내용이 스에마쓰의 주장과 동일하다.
80) 이진희, 「일본에서의 광개토왕릉비 연구」 『동방학지』 43, 연세대 국학연

후쿠야마는 1950년에 칠지도(나라 현 이소노카미 신궁 秘寶)의 명문을 검토한 다음 해에 상기의 논문을 발표하였는데, 그가 판독한 명문은 '泰和四年五(혹은 正)月十六日丙午正陽 造百鍊鐵 七支刀 生辟百兵 宜復供侯王□□□□作先世以來 未有此刀 百滋□世 奇生聖音 故爲倭王□造 (傳) 示□世'이다. 그는 칠지도의 연구에 있어서 중요한 위치를 차지하는 명문들, 즉 첫머리의 '태□'를 '태화'로 읽고 '의(宜)'자와 후왕(侯王)의 '후', 백제(百濟)의 '자(滋)', 왜왕의 '왜'자를 처음으로 판독하는 성과를 올렸다.

그런데 그는 '태화사년'을 동진(東晋)의 태화(太和) 4년으로 비정하는 오류를 범하였다. '태(泰)□'와 '화(和)'라고 하는 곳은 메이지(明治) 이후에 칼 같은 것으로 깎아낸 흔적이 있으므로 '화'자로 단정하기 어려운 것이며 또한 동진의 '태화'라면 어째서 상감하기 힘든 태(泰)자를 칠지도에 채용하였는가에 대한 충분한 설명도 없었다.

다음으로 태화(太和)는 동진만이 아니라 다른 시기에도 있었는데 그가 구태여 동진의 연호를 채용한 것은 『일본서기』 진구 52년(372)조에 보이는 "백제 구저(久氐) 등이 치구나마가히코(千熊長彦)를 따라와서 칠지도 일구(一口), 칠자경면(七子鏡面) 등 각종 중보(重寶)를 바쳤다"는 기사를 염두에 두었기 때문이었을 것으로 보인다. 그는 다른 시기의 '태화(太和)'를 비정의 대상으로 삼지 않은 것은 "우리 역사와 멀기 때문"이라고 설명하고 있다. 고증의 결과 동진의 태화 4년으로 낙착된 것이 아니라 『일본서기』의 기사를 사실로 정당화시키기 위한 의도에서 이루어진 것이었다.

이는 자료를 취급하는 자세가 전도된 것이지만 일본 학계는 그의 논문을 높이 평가하였다. 왜냐하면 후쿠야마의 신설에 따르면 백제에서 칠지도가 제작된 것은 바로 '7국 평정'이 이루어진 369년(東晋 太和 4년)이며 백제왕은 '영원한 복속'을 맹세하면서 3년 뒤인 372년에 태화

─────────────

구원, 1984, 4~5쪽.

정권에게 이것을 헌상(神功 52년조)한 것으로 되기 때문이다. 즉 진구황후의 출병과 임나일본부 설치는 당대의 금석사료에 의해 사실이었다는 것이 증명된다고 하는 주장이다.

이러한 주장에 대하여 김석형은 「초기조일관계연구」(1966)를 발표하여[81] 4세기에서 6세기경에 일본열도는 통일된 것이 아니라 분국적(分國的) 상황이라고 전제하고 임나일본부도 야마토 세력이 삼한, 삼국의 분국을 통제하기 위해 열도 내에 설치한 기관임을 주장함으로써 임나일본부설에 대한 최초의 체계적 반론을 제기하였다.

그는 이제까지의 견해와는 반대입장에 서서 한반도에 있던 신라, 백제, 가야 등의 국가들은 일본열도 내부에 식민지적 종속세력을 가지고 있었다고 논증하고 있다. 그래서 『일본서기』에 보이는 소위 임나는 기비 지방의 가야군(加夜郡)에 있었던 것으로 추정하였다.

그의 주장은 『일본서기』가 기술하고 있는 야마토 조정의 조선진출론 및 그 거점으로서의 임나론을 전혀 인정할 수 없다고 하고, 오히려 삼한삼국의 이주민들이 일본열도에 진출하여 분국을 세웠다고 주장하는 것이다. 그는 결론 부분에서 『일본서기』의 천황 및 야마토 조정 중심의 사관을 완전히 비판하고 가야에 대해서는 한반도의 모국 가락과는 다른 일본열도 내의 백제계 종속 소국이었던 임나가 있었고 『일본서기』에 전하는 가야란 이것에 속하는 것이라고 하였다.

이러한 그의 주장을 뒷받침하는 자료로서 그는 고고학적인 연구 결과를 이용하고 있다. 즉 규슈 지방 고분의 양식과 부장품에서 삼국의 요소가 많이 발견되고 있다는 것을 그 증거로 제시하고 있다. 고분의 입지조건이 산상이 아니고 능선면이며, 크고 높은 봉토와 수혈식 석실은 바로 삼국과 가락의 고분과 상통한다는 것이다. 또 부장품에 있어서도 생산도구와 무기, 장신구 등이 모두 한반도에서 건너간 것[82]이라

---

81) 金錫亨, 『古代朝日關係史』, 東京 : 勁草書房, 1969, 437쪽에서도 이 시대의 상황을 상세히 설명하고 있다.

는 것이다.

이어서 발표된 논문들로는 천관우의 '임나일본부 백제군사령부설' 등이 있다. 특히 천관우는 『일본서기』의 한반도 관계 기사를 자세히 분석하고 임나 관계 기사는 백제를 주어로 하여 재구성해야 한다는 새로운 이론을 제시하였다.[83]

정중환[84]은 일본 사료나 일본 사가들이 말하는 바 임나일본부가 창설되었다면 그것은 역시 신묘년(辛卯年) 도해(渡海) 이후의 일이라고 보는 것이 가장 온당한 견해일 것이라고 하면서 만약 그 이전에 이러한 형태의 무엇이 있었다면 그것은 왜인들이 설치한 하나의 교역 중심지일 것이라고 보았다. 그것이 신라나 가야에 군사적·정치적인 영향을 미치는 것은 아니고 상주한 어떤 기관일 수도 없다는 견해를 표명한 후 결론적으로 말하기를 일본부의 창설은 왜인이 신묘년 도해 이래로 과거의 연고지인 임나지방에 잠정적인 조처로서 어떤 군사적 주둔지가 설치되었음을 의미하는 것이라는 견해를 내놓고 있다.

여기에 대해서 김정학[85]은 일본의 야요이 문화는 한국 남부 특히 가야지역에서 전해진 것으로 믿는다면서 문화뿐' 아니라 사람도 함께 건너갔을 것이라고 하였다. 계속하여 그는 야요이 문화를 이룩한 가야계 사람은 일본화하였으며 임나 문제를 일본 내의 삼한, 삼국의 분국에 관한 문제로 보려는 것은 분국이란 어의와 관점의 차이에서 오는 것일 뿐이라고 하였다.

또 그는 임나일본부의 문제에 관해서 일본이라고 하는 국호는 7세기 후반부터 사용되었다는 것이 정설이라는 점을 들어 일본부라는 임

---

82) 위의 책, 437쪽.

83) 천관우, 「임나일본부의 허구」『한국사의 재조명』, 독서신문사, 1977, 95~ 109쪽.

84) 정중환, 「가라사 연구 - 일본 관계를 중심으로 - 」『동아논총』4집, 1968, 30쪽.

85) 김정학, 「임나일본부설의 허구」『신동아』, 1963, 101쪽.

나 통치의 기관이 이 때에 두어진 것은 아니라는 의견을 제시하였다.

『일본서기』를 통해서 임나 관계 기사를 보아도 임나에는 최후까지 임나왕(旱岐)이 있었고 일본부와 같은 정청(政廳)이 임나국민을 통치했다는 시사는 전혀 보이지 않는다고 하면서 그것은 일본의 무력적 정복의 의도를 과장한 표현으로서 일본의 입장에 선 후대의 수사가(修史家)가 일본의 반도 정복의 꿈을 표현한 조어이며 사실(史實)과는 아주 소원한 것이라고 결론짓고 있다. 이러한 견해는 한국학자들의 일반적인 경향이지만 김정학은 고고학적 자료를 위의 주장을 뒷받침하는 증거로 사용하고 있어서 주목을 끈다. 이외에도 이진희(「好太王碑と任那日本府」, 1979)와 김재붕(「日本古代國家と朝鮮」, 1975) 등의 재일사학자도 각각 광개토왕비문 변조와 오진(應神) 천황 백제출자설(百濟出自說)을 주장하여 임나일본부의 허구성 및 재해석의 문제점을 제기하였다.

한편 전후 일본학계에서도 임나일본부에 대해서 비판하는 양심적인 학자가 있었다.

이노우에(井上秀雄)는 『임나일본부와 왜』[86]라는 저서 속에 실려 있는 「임나일본부의 행정조직」의 부분에서 『일본서기』가 인용한 백제사서의 엄밀한 사료비판이 이루어져야 한다고 하면서 이 사서는 어떤 정치적 입장에서 편찬된 것이 명확하다고 밝혔다.

그는 임나일본부가 결코 야마토 정권의 한반도 진출의 거점이라고 할 수 있는 것은 아니고 백제에 침략당한 서부 가야 제국의 망명세력이라고 할 수 있다고 한 후, 다시 임나일본부의 용어는 백제본기(百濟本紀)에만 있고 백제측에서 그러한 기록을 한 것은 6세기 말 이후의 백제가 한반도에서 고립되어 군사적 구원을 왜에 청한 정치상황 때문이라고 하였다. 결국 이노우에가 규명하고자 했던 임나제국 및 임나일본부설에 대한 견해는 다음과 같이 요약이 된다.

---

86) 井上秀雄, 『任那日本府と倭』, 東京 : 東亞出版, 1963 참조.

첫째로 임나일본부는 종래의 일본 학자들이 주장해 온 것처럼 야마토 조정의 한반도 남부지방에의 침략의 거점이었고 식민지적 존재였다는 주장과는 달리 임나 재주(在住)의 일본인 및 그 지방의 유력자와 혈연관계를 맺고 있는 일본인과 그 자손들이 야마토 조정의 세력을 배경으로 하면서도 자체의 실리를 추구하는 독자적 입장[87]에서 설치한 기관으로 보고 있는 것이다. 그 성립 시기는 4세기 후반 야마토 조정이 한반도 남부지방에 진출하고 있던 때로 보고 낙동강 서측 유역 및 대구에서 울산 이남의 지방에 근거지를 두었다고 한다.

둘째로 임나일본부는 독자적인 세력으로서 가야 제국의 합동회의의 의장적 존재로 회의의 소집이라든가 야마토 조정의 칙조(勅詔)를 전달하는 기관으로 보아야 한다고 하였다.

그리고 임나일본부라고 하는 표현은 백제본기의 편자가 임나지방의 왜인 세력이 구축한 일종의 연합체로 보고 어떠한 형태로든지 야마토 조정과 관계가 있는 것으로 표현하고 있다고 하면서 메이지(明治) 이래 이것이 야마토 조정의 출선(出先)기관처럼 인식되어 왔지만 그는 이 둘 사이에 하등의 직접적인 관계가 없었던 것[88]으로 보고 있다.

야마오(山尾幸久)는 임나일본부를 정치기관으로 본 종래의 견해나 가야 제국의 외교 및 군사 문제에 대한 합의, 연락기관으로 파악한 이노우에의 설을 부정하고 '부(府)를 마을 즉 재경(在京), 재외(在外)의 대읍(大邑)'이라 하고 가야국에 소속된 작은 성읍에 왜왕권으로부터 파견된 왜왕의 신하가 상주하고 이를 중심으로 왜인계 2세 등이 모인 정치집단으로 파악하였다.[89]

이보다 앞서 요시다(吉田晶)도 역시 '임나부'가 가야 제국에 대한 통

---

87) 위의 책, 14쪽.

88) 위의 책, 110쪽.

89) 山尾幸久, 「日本書紀のなかの朝鮮」 『日本と朝鮮の古代史』, 岩波書店, 1979, 137~145쪽.

치기관이나 군정기관은 아니라 하고 "가야 제국에 연합하여 중요사항을 토의하는 회의에서 그 실체를 드러내는 임나일본부는 항상 제국을 통제, 지배하는 기관이 아니라 왜국의 측에서 이 회의를 유리하게 운영하고 그에 의해 많은 선진적 문명, 문화를 기나이 세력측으로 일원적으로 수용하기 위한 기관"이라고 하였다.[90]

  기토(鬼頭淸明)는 신라, 백제, 왜 혹은 야마토 정권의 세력들에 의해 포위된 가야 제국은 결국 엄밀한 의미에서 자립한 국가기구도 민족체도 결성하지 못하고 7세기 초에는 역사상에서 사라지고 말았지만 그럼에도 불구하고 그 자체에도 주체적인 한 계열의 역사적 발전이 있었음에 틀림없다[91]고 주장하였다. 이와 같은 전제하에서 그는 『삼국사기』, 『삼국유사』의 가야 관계 기사를 주도면밀하게 분석, 검토하고 아울러 『일본서기』를 이용하여 가야 제국의 내적 발전을 밝히는 작업으로 신분제도에 대하여 고찰하고 있다. 즉 6세기 초의 가야 제국에는 원시형태에서 탈피하여 한기(旱岐 : 上旱岐), 하한기(下旱岐)라고 하는 정치적 신분관계가 형성되었다[92]고 하고, 그것이 곧 가야 제국에 정치사회로의 발전이 내재하고 있었다는 것을 보여 주는 것이라고 하였다. 그러나 가야 제국이 외교문제를 중심으로 하는 합의체인 임나일본부와 임나한기(任那旱岐)로 이루어지는 조직을 신라와 백제의 침략과 개입으로 하나의 통일체를 형성하지 못하여 정치적으로 그 자주적인 신분의 지위가 약화되었다고 한다. 이렇게 내적인 정치적 자립을 시도하였으나 외부의 압력에 의하여 단결을 보지 못한 가야 제국은 결국 신라에게 멸망당하고 말았다.[93]

---

90) 吉田晶, 「古代國家の形成」, 『日本歷史』 2(古代), 岩波講座, 1975, 56~57쪽.

91) 鬼頭淸明, 『日本古代國家の形成と東アジア』, 東京 : 校倉書房, 1976, 188쪽.

92) 위의 책, 208~210쪽.

93) 위의 책, 216쪽.

특히 임나일본부는 가야 제국의 공통된 외교문제를 토의, 결정하는 합의체로서 한기층을 중심으로 참가하는 기관이었지만, 여기에 참석하는 자는 아마 가야 제국 이외의 일본열도 내부의 정치세력으로부터 파견되어 온 관인(官人)[94]도 있었을 것으로 생각하고 있다. 그는 가야 제국의 내적 발전은 인정하지만 결국 임나일본부를 인정하고 어떠한 형태로든지 왜와 연결되어 있음을 강조하고 있다(표 7 참조).

요컨대 일본에서의 임나일본부설에 관한 전제는 대개 다음과 같다.

첫째, 임나일본부는 야마토 정권에 의해 경영된 것이며 그러한 사실은 우선적으로 『일본서기』를 통해 알 수 있다. 또한 『일본서기』는 설화성이 강하고 조작된 기사가 많이 수록되어 있지만 한반도 관계 기사에 관한 한 그 내용은 역사적 사실의 반영으로 인정할 수 있다.

둘째, 임나경영에 대한 방증으로는 『송서』를 중심으로 한 왜의 오왕(五王)에 관한 중국측 기록을 들 수 있으며, 이러한 중국사서는 『일본서기』에 결여된 5세기의 한일관계사를 보충할 수 있는 객관적 자료이며 왜 오왕은 곧 야마토 정권의 천황에 비정될 수 있다.

셋째, 4세기 초의 야마토 정권에 의한 국내통일과 무력의 축적이 임나경영을 가능케 한 현실적 기반이 되었다. 야마토 정권이 한반도에 진출한 이유는 선진문물을 능동적으로 수용하기 위함이었고, 실제로 임나경영을 통해 선진문물의 수용, 고대국가로의 성장이라는 목적을 달성할 수 있었다고 하는 것이다.

이와 같은 일본 학자들의 임나일본부에 대한 견해에는 많은 문제점이 있으나, 그것은 대개 다음 두 가지로 요약될 수 있을 것이다.

첫째는 3~5세기 한·중 사료에 나타나는 '왜'를 일본열도를 통일한 야마토 정권으로 볼 수 있는가 하는 점이며, 둘째로는 과연 4~5세기에 일본열도의 정치세력이 한반도 남부를 지배하였다는 임나일본부의 존재를 인정할 수 있는가 하는 점이다.

---

94) 위의 책, 251쪽.

<표 7> 임나일본부설에 관한 제 학설 요약

학자명	요　　　지	비정 대상지	참 고 문 헌
末松保和	일본의 대륙관계사의 일부분으로 간주	한반도 일각에 있는 일본의 서쪽땅	任那興亡史
김석형	왜지 내 삼한삼국 분국 설치	吉備 加夜郡	초기조일관계연구
福山敏男	칠지도의 명문을 검토	금석사료에 의한 임나 설치 증명	石上神宮の七支刀
천관우	한국 및 중국사료와 일본서기 분석	백제군 사령부설	삼국시대
정중환	일본사료 및 일본사가들의 제설 검토	교역중심지와 잠정적 군사주둔지	가라사연구
김정학	고고학적 자료 제시	일본의 무력적 정복의 의도를 과장표현	임나일본부설의 허구
이진희	광개토왕비문 변조	임나일본의 허구성 제기	호태왕비와 임나일본부
井上秀雄	임나 재주의 일본인 및 그 지방 유력자와 혈연관계를 맺고 있는 독자적 집단	낙동강 서측 유역 및 대구에서 울산 이남 지역	任那日本府と倭
山尾幸久	왜왕권으로부터 파견된 왜인계 2세들의 정치집단	재경, 재외의 대읍	日本と朝鮮の古代史
吉田晶	가야 제국의 중요사항을 검토하는 회의	회의운영기관	古代國家の形成
鬼頭清明	가야 제국의 내적 발전의 존속	외교문제를 중심으로 하는 합의체	日本古代國家の形成と東アジア

그러면 이제 3~5세기 왜의 성격과 임나일본부설의 근거를 검토하고, 그 실체를 새롭게 조명해 보도록 하겠다.

(2) 3~5세기 왜의 성격

왜의 존재가 역사상 구체적인 모습으로 등장하는 것은 『삼국지』 왜인전으로 여기에는 군소의 읍락국가들이 나타난다. 이 왜인전에 따르면 2세기 후엽에는 이러한 군소의 읍락국가들 사이에 정복 통합을 위한 전란이 오랫동안 계속되었고, 3세기에는 그 중에서 제일 강력한 야마타이국(邪馬臺國)과 구나국(狗奴國)과의 싸움이 가장 치열하였던 듯하다.

야마타이국은 서기 2세기 후반경에 일어난 왜지 최초의 정치적 통합체로서 일본고대사의 출발점 같은 존재이다. 그런데 왜인전에서는 히미코(卑彌呼)라는 여왕에 대해서 다음과 같이 말하고 있다.

其國本亦以男子爲王 住七八十年 倭國亂 相攻伐歷年 乃共立一女子 爲王 名曰卑彌呼 事鬼道 能惑衆 年已長大 無夫壻 有男弟佐治國 自爲王以來 少有見者 以婢千人自侍 唯有男子一人給飲食 傳辭出入 居處宮室樓觀 城柵嚴設 常有人持兵守衛…… 倭女王卑彌呼與狗奴 國男王卑彌弓呼素不和…… 卑彌呼以死 大作家 徑百餘步 殉葬者奴 婢百餘人 更立男王 國中不服 更相誅殺 當時殺千餘人 復立卑彌呼 宗女壹與 年十三爲王 國中遂定 政等以檄告諭壹與……

이 기록에 의하면 히미코는 ‘귀도혹중’의 무당과 같은 존재로서 거처 깊숙이 틀어박혀 좀처럼 만나볼 수 없을 뿐 아니라 ‘비천인’이니 남자가 급식 전사한다느니 하여 비현실적인 신적 존재임을 표현하고 있다. 그리고 그가 죽은 뒤 남왕으로서는 안정이 안 되기 때문에 13세 소녀를 세울 수밖에 없었다는 등의 사정들은 히미코가 왜연맹을 실력으로 복종시킨 무력이나 경제력이 있었던 것이 아니고 무당으로서 신의 힘을 빌어 정신적 영도자로서 군림하였고 또 왜연맹이 그러한 종교적 영도자의 권위만을 인정하고 있었던 것임을 말하고 있는 것이라 하겠다.

그런데 야마타이국의 위치에 대해서는 규슈설과 야마토설이 대립되고 있다. 그러나 같은 왜인전 기사를 보면, 야마타이국의 위치는 규슈설을 취하지 않을 수 없다.

倭人在帶方東南大海之中 依山島爲國邑 舊百餘國 漢時有朝見者 今

使譯所通三十國 從郡至倭 循海岸水行 歷韓國 乍南乍東 到其北岸
狗邪韓國 七千餘里 始渡一海千餘里 至對馬國 其大官曰卑狗 副曰
卑奴母離…… 又南渡一海千餘里 名曰瀚海 至一大國 官亦曰卑狗
副曰卑奴母離……又渡一海千餘里 至末盧國 有四千餘戶 濱山海居
…… 東南陸行五百里 到伊都國…… 世有王 皆統屬女王國 郡使往
來常所駐 東南至奴國百里…… 東行至不彌國百里…… 南至投馬國
水行二十日 官曰彌彌 副曰彌彌那利 可五萬餘戶 南至邪馬臺國 女
王之所都 水行十日 陸行一月 官有伊支馬 次曰彌馬升 次曰彌馬獲
支 次曰奴佳鞮 可七萬餘戶 自女王國以北 其戶數道里可略載 其餘
旁國遠絕 不可得詳…… 自郡至女王國 萬二千餘里

이 기사에 의하면 대방군에서 여왕국인 야마타이국까지의 총 리수
(里數)는 1만 2천 리이며, 그 도정을 도식하면 다음과 같다.

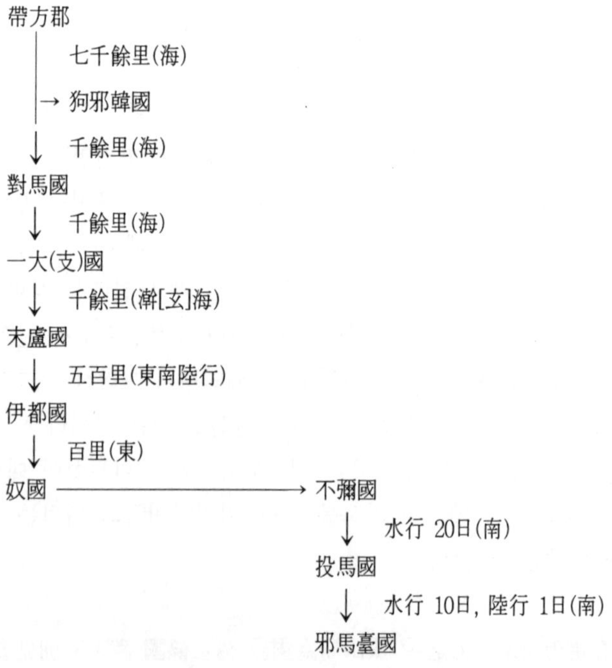

여기 원전에 나오는 국가 중 구야한국은 김해, 일지국은 이키(壹岐), 말로국은 마쓰우라(松浦), 이도(伊都)는 이토(怡土), 노국은 후쿠오카시 부근, 불미국은 우미(宇美)라는 데 의견의 일치를 보고 있으며, 여기까지는 노순(路順)이나 위치비정에 별 문제가 없다. 다만 '到其北岸狗邪韓國'의 '기북안'은 일부 일본 학자들이 생각하는 것처럼 '왜 영토의 북단'이란 뜻은 아니고 시라토리(白鳥庫吉)·히노하라(日野開三郎)가 지적한 것처럼 해협의 북안이란 뜻으로서 교통이 빈번한 국제지역의 북쪽 출발점이라고 해석해야 할 것이며 그렇게 함으로써만『삼국지』의 저자가 현지인에게 들었건 자신이 생각해냈건 일부러 안(岸)자를 쓴 묘미를 생생하게 느낄 수 있을 것이다.95)

이렇게 보면 다카치호(高千穗) 일대의 산악지대가 야마타이국으로 생각되며, 히미코는 해변국가들의 정신적 영도자로 군림했던 것으로 생각된다.

야마타이국은 경초(景初) 2년(238), 정시(正始) 원년(240)·4년·6년·8년조에 걸쳐 중국의 위(魏)와 통교한 기사가 나온다.96) 야마타이국의 위 통교기사 및『오지 吳志』손권전(孫權傳)에 보이는 바와 같은 오제(吳帝)의 적극적인 동범정책(東犯政策) 등을 고려해 보면『일본서기』의 오국 통교기사를 반드시 남조와의 관계로 고정시켜 보는 것은『송서』의 기록에 집착한 일본 학계의 선입견에 불과할지 모른다. 가령 야마타이국이 위와 더불어 오와도 관계를 가지고 있었다면 이같은 경험의 흔적이 야마토 세력에 어떠한 형태로든 계승되고, 이것이『일본서기』에 반영된 것일 수 있다. 이러한 추측은『일본서기』의 오국 통교기사가 선진문물의 수용이라는 측면에 초점이 맞추어져 있을 뿐이고,『송서』에서 나타나는 바와 같은 정치적인 위기의식과는 관련이 없다는 점에서도 재확인할 수 있다. 또 오국과의 통교과정에서도 오로 가

---

95) 김원룡,「邪馬臺國小考」『학술원논문집』제14집, 1975, 386~390쪽.
96)『後漢書集解』2, 왜전 ;『삼국지집해』왜인전 참조.

기 위해서 고구려에 길을 물었다는 오진(應神) 37년의 기사는 야마토(大和) 세력의 중국에 관한 이해 부족을 드러내는 동시에 야마타이국의 위(魏) 통교사실이 와전된 것일 가능성도 있다. 또한 이같은 오국 통교기사가 지쿠시(筑紫)와 깊은 연관이 있는 것처럼 기술한 것으로부터 규슈의 세력과 밀접한 관계가 있음을 시사해 주고 있다. 『일본서기』에서는 오에 갔던 사신이 종종 지쿠시에 먼저 도착한 사실을 언급하고 있는 것이다. 사신이 비록 지쿠시에 도착하였다고 해도 야마토에 이르기까지는 당시의 교통수단에 비추어 볼 때 사신이 야마토에 직접 이르는 것과 별다른 차이가 없었을 것이므로 이를 새삼스럽게 기록할 필요가 없었을 것이다. 오히려 야마토의 입구인 나니와(難波)나 무코(武庫)에 도착한 기사를 싣는 편이 자연스러웠을 것이다. 그런데 야마토 세력의 사신이 지쿠시를 지나갈 때, 지방의 호족세력이 오의 기술자를 요구하거나 혹은 하사품을 훼손하는 등의 사건이 야기되기도 하였다. 이는 통일국가로서의 야마토 세력을 가정한다면 상식 밖의 일이다. 그러므로 이는 원래 지쿠시를 관문으로 하는 규슈 세력의 사신이 경험한 사실을 후대에 야마토 왕조에서 자신의 것으로 가탁하였을 가능성이 크다.[97]

『삼국지』에 전하는 여왕 히미코의 견사(遣使 : 240년대) 이래 『일본서기』 소재(所載)의 진(晉) 기거주(起居注)에 전하는 266년 왜의 서진(西晉) 입조기사를 종점으로 하여 그 후 약 150년간 중·왜관계는 사상(史上)에서 단절되었다가 413년(晉 安帝, 義熙 9)에 『진서』의 왜국이 방물(方物)을 바쳤다고 하는 기사를 시작으로 다시 계속되고 있다.

그 뒤로는 약 90년간 연속 통교한 사실을 전하고 있는데 열거하면 다음과 같다.

① 413년(東晉 安帝 義熙 9)

---

97) 山尾幸久, 『魏志倭人傳』(講談社現代新書), 1966, 12쪽.

是月 高句麗 倭國 及西南夷銅頭大師 竝獻方物
② 421년(宋 武帝 永初 2)
詔曰 倭讚萬里修貢 遠誠宣甄 可賜除授
③ 425년(宋 文帝 元嘉 2)
讚又遣馬曹達 奉表獻方物
④ 430년(宋 文帝 元嘉 7)
是月 倭國王 遣使獻方物
⑤ 438년(宋 文帝 元嘉 15)
본기에는 다만 '是歲 武都王 河南國 高句麗 倭國 扶南國 林邑國 竝遣使獻方物'이라 하였고 왜인전에는 '讚死 弟珍立遣使貢獻 自稱使持節都督倭百濟新羅任那秦韓慕韓六國諸軍事安東大將軍倭國王 表求除正詔除安東將軍倭國王 珍又求除正倭隨等寸三人平西征虜軍 寇軍輔國將軍號 詔並聽'이라고 하였다.
⑥ 443년(宋 文帝 元嘉 20)
倭國王濟 遣使來奉獻 復以爲安東將軍倭國王
⑦ 451년(宋 文帝 元帝 元嘉 28)
秋七月甲辰 加持節都督倭新羅任那加羅秦韓慕韓六國諸軍事安東將軍 如故並院所上 二十三人軍號
⑧ 460년(宋 孝武帝 大明 4)
倭國 遣使 獻方物
⑨ 462년(宋 孝武帝 大明 6)
濟死 世子興 遣使貢獻 三月壬寅 詔曰…… 宣授爵號 可安東將軍倭國王
⑩ 477년(宋 順帝 昇明 원년)
冬十一月己酉 倭國 遣使 獻方物
⑪ 478년(宋 順帝 昇明 2)
興死 弟武立 自稱使持節都督百濟新羅任那加羅秦韓慕韓七國諸軍事安東大將軍倭國王 五月戊午 詔除武使持節都督倭新羅任那加羅秦韓慕韓六國諸軍事安東大將軍倭王
⑫ 479년(南齊 高祖 建元 원년)

進新除使持節都督倭新羅任那加羅秦韓慕韓六國諸軍士安東大將
軍倭王 武號 爲鎭東 將軍
⑬ 502년(梁 武帝 天監 원년)
夏四月戊辰進 武號征東將軍

이상 왜인의 통교기사 중 처음의 413년의 동진 통교와 마지막 479년
의 남제 통교, 502년 양에의 견사 이외는 모두 송과의 통교 관계 기사
이며, 이 중에 왜왕의 이름으로 찬, 진, 제, 흥, 무의 5명이 보인다.

왜 오왕의 기사는 일본의 고대사를 구성하는 핵심적인 내용 중의 하
나로서 4세기경에 일본열도를 통일한 야마토 세력이 안정된 기반 위에
서 동아시아라는 국제무대로 눈을 돌려 고구려, 백제 등의 세력과 각
축하는 활약상을 보여주는 객관적인 사료로 높이 평가되어 일본 학계
에서는 왜 오왕의 천황 비정에 다대한 노력을 기울였다.[98]

즉 중국 사서의 왜 오왕을 야마토 정권의 천황으로 비판 없이 인정
한 전제 위에서『일본서기』의 5세기경 천황인 오진(應神), 닌토쿠(仁
德), 리추(履中), 한제이(反正), 인교(允恭), 안코(安康), 유랴쿠(雄略)
등으로 비정하기 위하여 다음과 같은 여러 형태의 연구가 진행되었다.

첫째,『고사기』에 기록된 천황의 사망년도 간지와 재위 햇수를 고려
하여 각 천황의 연대를 추정하고, 이로부터 왜 오왕을 찾아내는 방법
이다. 둘째로는 사망년의 간지는 일치하지 않더라도 외국 사료와 일치
하는 간지로부터 그 천황의 연대를 추정하는 방법이다. 셋째는 천황의
명칭 및 계보를『송서』의 왕명 및 계보와 비교하여 천황을 추정하는
것이다.

이상에서 언급한 제 학설 중에서 일본 학계가 대체로 받아들이고 있
는 것은 세번째의 방법이다. 그러나 이 방법조차도 왕명의 비정에 있
어서 음과 자형의 유사성, 의미 등의 혼동으로 일관성을 결하고 있다.

---

98) 笠井倭人,『硏究史 倭の五王』, 東京 學生社, 1973 참조.

그리고 이와 같은 비정이 개연성을 갖고 있는 것에 불과하다는 것은 일본 학자들도 인정하고 있다.99)

그러나 『송서』에 나타나는 바와 같은 왜의 정치적 상황이 『일본서기』가 보여주는 야마토 정권의 상황 즉 왜 오왕에 비정되는 리추(履中)에서 유랴쿠(雄略)까지의 기사내용과 서로 부합하고 있는가 하는데는 기본적인 의문이 제기되어 오지 않았다. 다만 120년의 기년 조정 등을 통해 비슷한 시기라고 인정되는 천황을 중심으로 그 비정을 기도하였는데 왜 오왕의 기사가 보여주는 재위연대와 일치하는 천황은 극히 드물었다. 또한 왜 오왕의 계보와 리추~유랴쿠기의 계보가 부분적으로 일치한다고 해도 음운 및 의미 등의 상사성을 활용하는 방법에 의한 결과와 모순되는 경우가 많다.100) 이는 일본 학자들이 당연시 여긴 왜 오왕이 곧 일본 천황이라는 전제에 대한 근본적인 의문을 제기하지 않을 수 없게 한다.

그러면 먼저 5세기의 왜지 상황을 고찰해 보기로 하자. 무왕의 표문(表文)에 보이는 상미(相彌)의 활발한 정복공작101)이나 또는 무왕 자신이 그렇게도 열심히 높은 관작의 제수를 위해서 노력한 사실102) 등은 모두 당시 규슈 왕조가 그 주변 소세력을 정복 병합하여 일본열도를 통합하려는 의도에서 나온 것이라고 보아야 할 것이다.

그러나 이러한 규슈 왕조의 활동과 때를 같이하여 긴키, 나라 지방에 자리잡은 천황가의 야마토 정부도 점차 그 주변 일대를 정복하고

---

99) 平野邦雄, 「ヤマト王權と朝鮮」『岩波講座 日本歷史』, 東京 : 岩波書店, 1975, 253~254쪽.

100) 島辻表德, 「5世紀の河內政權」『東アジアの古代文化』12, 1977, 70~71쪽.

101)『송서』 왜국전에 왜왕인 무가 송의 순제 승명 2년(478)에 상주한 표문중에 ‘自昔租彌躬環甲冑跋涉山川不遑寧處東征毛人五十五國西服衆夷六十育國渡平海北九十五國……’이라고 한 것이 그것이다.

102) 무는 스스로 ‘使持節都督倭百濟新羅任那加羅秦韓慕韓七國諸軍事安東大將軍倭國王’에 제수되는 것을 요구하여 그 중에서 백제가 빠진 ‘使持節都督倭新羅任那加羅秦韓慕韓六國諸軍事安東大將軍倭王’에 제수되고 있다.

병합하여 마침내 6세기 초에는 일본열도 내의 2대 왕조가 충돌을 하는 사태에까지 이르렀다. 그래서 천황가의 긴키 야마토 조정이 규슈 왕조와 결전을 감행하여 일으킨 전투가 바로『일본서기』의 이와이(磐井)의 타도이다. 6세기에 이르러서도 규슈 지방의 세력이 기나이 야마토 조정에 있어 취급하기 어려운 존재였음을 알 수 있다.

그러면 527년의 이와이의 반란사건을 자세히 검토해 보기로 한다. 527년 기나이 야마토 왕권은 임나 '부흥' 때문에 오미노케나(近江毛野)에 6만의 대군을 주고 신라를 토멸하고자 하였다고 한다. 임나는 한국의 가야이고 여기서는 금관가야국을 가리킨다. 그러나 이 때의 임나 '부흥'은 허언이니, 금관가야국이 이 때까지는 아직 존재하고 있었으며 532년에야 신라에 투항하였다. 여하간 야마토 조정의 6만의 대군이 신라를 공격하려고 할 때에 지쿠시의 구니노미야쓰코(國造 : 지방호족의 칭호) 이와이는 반역을 기도하여 기나이 야마토의 명령에 따르지 않고 시기를 엿보고 있었다.

신라는 이와이에게 회뢰(賄賂)를 보내서 오미노케나를 방어하게 했다. 그리고 고구려, 백제, 신라, 임나 등에서 온 배를 맞이하여서 오미노케나의 군대를 방어하였다.103) 이를 보건대 이와이는 원래 한반도의 제국과 활발히 접촉하고 있었던 것으로 생각되어진다. 특히 이와이가 가야본국과도 밀접한 연관을 평상시에 맺었기에 기나이 야마토와 전 규슈와의 패권다툼에 선박을 파견하였던 것이 아닌가 생각된다.

『일본서기』한반도 관계 기사의 성격이 획기적으로 변화하는 시기는 게이타이(繼體)대부터이다.104) 6년(512) 4월조에 '遣穗積臣押山使於百濟仍賜筑紫國馬四十匹'이라는 기사가 있다. 이 기사는 『일본서

---

103)『일본서기』17, 繼體 21년 6월 壬辰朔甲午 ; 동 22년 11월 甲寅朔甲子條. 이 반란에 전 규슈가 참가했었던 것을 알 수 있다.
104) 이근우, 「임나일본부설에 대한 비판적 연구」, 한국정신문화연구원 부속 대학원 석사학위논문, 1983, 78쪽.

기』특유의 과장이나 윤색이 없는 객관적인 기사이다. 그 중 상징적인 것은 지쿠시국이 말을 40필이나 백제에 보내고 있다는 점이다. 이와이의 난을 527년의 짧은 기간에 국한할 수 없는 대사건임을 감안한다면 이 기사는 야마토 정권이 지쿠시를 중심으로 한 이와이 세력, 즉 규슈의 왜를 타도하고 그 지역의 점령을 통해 획득한 전리품으로서 지쿠시 말(馬)을 백제에 보낸 것으로 생각된다. 이 때부터 야마토 정권은 한반도와 직접적 연관을 맺은 것 같다. 선진문물을 보유한 전설상의 금은지국(金銀之國)으로서가 아니라 실제적인 정치, 외교 관계 속의 국가로서 한반도의 여러 나라를 접하게 된 것이다.[105]

이렇게 야마토 정권이 북규슈를 정복한 것은 6세기 초의 일이며 그 이전 시대에 한반도 및 중국과 교통하던 왜의 실체는 가야를 본국으로 받드는 규슈의 지쿠시였다. 그렇다면 4세기의 통일왕조로서 야마토 세력이 임나를 경영했다는 종래의 학설은 이미 그 근거를 상실한 것으로 보아야 한다.

그러면 이제 왜 오왕이 중국 남조(南朝)에 요구한 자칭 작호를 생각해 보자. 규슈의 왜가 한반도 남부를 자신의 영역으로 간주한 이유는 어디에 있었을까. 이러한 작호가 실제적인 상황의 반영이 아니라는 것은 분명하다. 또 이러한 작호를 제수해 준 남조측도 구체적인 정세를 파악하고 있지 못하였다. 왜에게 임나가라를 포함한 '육국제군사'를 제수하면서 거의 같은 시기에 가라왕 하지(荷知)에게도 '한국장군본국왕(韓國將軍本國王)'을 제수한 사실로부터 작호의 제수가 중국왕조와 직접적 이해관계가 없는 한 극히 명목적이라는 것을 알 수 있다. 작호 자체도 진한(秦韓)과 신라, 모한과 백제 등이 병용되는 모순을 노출시키고 있다. 즉 이 작호를 합리적으로 해석할 수 없는 것이다. 그래서 작호 중의 여러 나라 이름을 지역개념으로서가 아니라 출신지를 바탕으로 한 구성원의 개념으로 바꾸어 볼 수 있다면 왜가 삼한시대의 진

---

105) 金澤庄三郎, 『日鮮同祖論』, 成甲書房, 1978, 12쪽.

한·마한계의 주민을 비롯하여 삼국시대에 들어서는 백제, 신라 등지의 주민을 흡수하고 있었다는 역사적인 사실을 인정할 때[106] 왜왕의 자칭 작호는 극히 현실적이고 합리적이다. 작호에서 변한이 제외된 이유는 규슈 왜왕조의 출자가 변한과 밀접한 관련이 있다는 사실에서 찾을 수 있다.[107] 그렇지 않으면 왜와 변한계가 중복되기 때문이다.

(3) 임나일본부설의 비판과 신해석

이상에서 3~5세기 왜의 존재가 일인들이 주장하는 것처럼 야마토정권이 아닌 규슈의 왕조임을 살펴보았다. 여기에서는 3~5세기에 걸쳐 일본 - 그것이 규슈의 왜왕조라고 하더라도 - 이라는 나라가 과연 가야지역을 경영할 수 있었겠는가 하는 문제를 검토하고『일본서기』에 나타나는 일본부 기사를 새롭게 해석하여 그 실체를 규명해 보도록 하겠다.

이미 지적한 바와 같이 임나일본부설은 광개토왕비문의 '신묘년'조와『일본서기』의 진구 황후기에 보이는 한반도 출병기사를 결부시켜 도출한 것이다. 그러나 '신묘년'조는 해석의 이설(異說)과 비문변조설이 대두되면서 지금까지 논쟁의 초점이 되고 있음은 주지의 사실이다. '신묘년'조의 비판적 검토는 정인보 선생이 일본 학계의 전통적 해석을 비판하고 새로운 해석을 발표하면서 비롯되었다. 「광개토경평안호태왕릉비문석략」이라는 제목으로『백낙준박사회갑기념 국학논총』에 실은 것이 그것이다.

여기에서 다시 일본의 전통적인 해독법을 보면 구독법(句讀法)은 다음과 같다.

百殘 新羅舊是屬民 由來 朝貢 而倭以辛卯年來 渡海破 百殘 □□

---

106) 김석형, 앞의 책, 124~125, 272~326쪽.
107) 江上波夫,『騎馬民族國家』, 中公新書 147, 1967, 173~180쪽.

□羅以爲臣民

　이 때 '도해'의 주어를 고구려, '파'의 목적어를 왜로 해석하였다. 그리고 '이위신민'의 주어를 백제로 보고, 뒤에 이어지는 '以六年丙申'의 백제 토벌의 기사와 결부시켰다. 즉 391년에 왜가 왔기 때문에 고구려는 이를 '도해파(渡海破)'했다는 해석이다. 그리고 결여된 세 글자는 '聯侵新'으로 보는 것이 타당하다 하여 '百殘聯侵新羅'가 된다고 하였다. 아무튼 여기에서 우리가 정인보의 논지를 높이 평가하는 것은 기왕의 일본 학자들의 해석을 최초로 부정하고 새로운 해석을 가하여 소위 신묘년 기사를 우리의 입장에서 크게 부각시킨 데 있다고 볼 수 있다. 이러한 정인보의 업적에 뒤이어 1963년에 현지조사를 실시한 바 있는 북한의 박시형, 김석형은 1966년에 광개토대왕릉비에 대한 연구를 내놓았는데, 박시형은 소위 신묘년 기사의 석문(釋文) 자체는 요코이(橫井忠直)의 석문과 완전히 일치하고 해석상으로는 대체로 정인보의 해석과 대동소이하며 '百殘□□□羅'를 '百殘[招][倭][侵]羅'로 설정하였다.108)

　그리고 김석형의 경우도 정인보의 논지를 따랐다고 볼 수 있는데 여기에 약간의 수정을 가하였다. 즉 정인보는 "고구려가 도해하여 왜를 파하였다"고 하였으나 김석형은 백잔이 광개토대왕의 즉위년인 신묘년(391)에 '왜'를 동원하여 고구려에 대항했다고 해석했던 것이다. 그 왜는 당연히 북규슈의 백제계의 왜로서 고국인 백제에 동원되었다. 그러나 백제가 고구려와의 '속민' 관계를 떠났기 때문에 고구려가 수군으로 도해하여 왜군의 고국인 백제를 격파하였다고 하였다.109)

---

108) 박시형은 1966년에 「광개토왕릉비」를 내놓았으며 동서의 일문 초독(抄讀)은 三品彰英 編, 「朝鮮研究年譜」, 『朝鮮史研究會論文集』 9호(龍溪書舍, 1967)에 실려 있다.

109) 김석형은 1966년에 내놓은 『초기조일관계사』(일역은 『古代朝日關係史 - 大和政權と任那』, 東京 : 勁草書房, 1969)의 후편 『初期朝日關係文字資料

김석형은 또 '百殘□□□羅以爲臣民'은 문자가 불명하여 명확한 설명을 할 수는 없으나 고구려가 신라왕까지도 '신민'으로 하였다고 하였다.

박시형, 김석형에 의하여 정인보의 해석이 수정, 보완되고부터 일본의 전후 학계에는 임나일본부에 대한 새로운 관심이 일기 시작하였는데, 그 대표적인 인물이 나카쓰카(中塚明), 사에키(佐伯有淸), 하타다(旗田巍) 등이다. 그리고 재일한국인 학자로는 이진희, 김재붕 등이 있고 국내에서는 이병도, 문정창, 임창순, 김종무, 천관우, 정두회 등이 있다. 그러나 이들은 대개 정인보 선생의 논지에서 비롯된 문장상의 주어와 목적어가 무엇이냐에 초점을 맞추고 있다.

한편 비문변조설은 이진희에 의해 제기되었으나 아직까지 비문의 보완이나 문장상의 새로운 해석은 시도되고 있지 않다.

또 이형구, 박노희는 소위 신묘년 기사라고 하는 문장의 네 글자를 고증하는 데 주력하여 소위 신묘년 기사의 '倭'자와 '來渡海'자만은 부정될 수밖에 없다고 주장하고 있다. 따라서 이 문장의 사실(史實)은 왜(倭寇)와는 전혀 무관한 기록이란 사실을 논증하였다. 그것은 서법상(書法上)으로 '倭'자가 아니라 '後'자이며 '來渡海'가 아니고 '不貢因'이라고 고증한 것이다.[110] 이처럼 신묘년조에는 해석과 변조설의 여부로 많은 문제점이 있는 부분이다. 따라서 본고에서는 이 신묘년조를 직접 다루지는 않겠으며 다만 그 당시의 역사적 상황을 고려하여 과연 왜의 가야지역 경영이 가능했겠는가만을 논해 보겠다.

광개토왕비문대로 4세기 후반에 왜군이 출병했다면 그들은 고구려의 기마전과 조우했을 것이다. 그러나 기마전과 관련되는 무기와 마구가 기나이 지방에 등장하는 시기는 5세기 말이며 일본열도에서 생산되

の再檢討』, 勁草書房, 1969, 370쪽에서 광개토대왕릉비문을 다루고 있다.
110) 이형구・박노희, 「광개토왕릉비문의 소위 신묘년 기사에 대하여」, 『동방학지』 제29집, 1981, 44쪽.

기 시작하는 것은 6세기 초부터이다. 따라서 왜지에서의 신식무기와 마구의 출현은 '한반도 출병'의 결과가 아니라 전란을 피해 일본으로 집단 도래한 삼국 사람들에 의한 기술로 보아야 할 것이다.

전쟁에서 이긴 야마토 정권의 군대가 패한 적군의 무기를 1세기나 뒤에 채용할 리가 없기 때문이다.

다음으로 임나일본부를 2세기 유지하는 동안 왜군들은 적어도 가야지방 사람들이나 신라의 반격을 받았을 것이며 따라서 야마토 정권은 전황에 따라 제때에 대군을 보냈을 것인데 우리측과 일본측에 그에 관한 기록이 전혀 없다.

또한 6세기의 일본 선박은 아직 손으로 젓는 배이며 이것으로는 북서계절풍이 강한 11월부터 이듬해 봄까지 수시로 건넌다는 것은 상상조차 할 수 없는 일이다. 범선을 이용한 8세기의 견당선(遣唐船)조차 겨울이 오면 쓰시마에서 다음 해까지 기다려야 했기 때문이다. 사실 『삼국사기』에 의하면 왜가 4세기 후반~5세기에 신라 해안을 침범하고 있지만 그 시기는 현해탄이 잠잠해지는 4~9월에 집중되어 있다. 그들은 영토적 지배를 노린 것이 아니라 물자를 약탈하는 해적 같은 집단이었던 것이다.[111] 한편 고구려의 왜구 토벌과 관련하여 고구려의 5만의 병력과 맞서 왜군이 한반도에서 정규적인 군사활동을 하려면 최소한 5천에서 1만의 병력을 항상 수송할 수 있어야 했을 것이고, 그러한 목적을 위해서는 순수한 병력수송을 위해서도 200척에서 400척의 대선단을 필요로 하였고, 게다가 말이나 식량의 수송까지 고려하면 더 많은 배를 필요로 하였을 것이다.

冊二年春正月乙亥朔戊子 天皇崩 時年若干 於是 新羅王聞 天皇既崩 而驚愁之 貢上調船八十艘 及種種樂人八十 是泊對馬而大哭(『일본서기』 권13, 允恭 42년 春정월조)

---

111) 이진희, 앞의 글, 1984, 9~10쪽.

十七年 新羅部朝貢 秋九月 遣的臣祖砥田宿禰 小泊瀬造祖賢遣臣
而問闕貢之事 於是 新羅人懼之乃貢獻 調遣一千四百六十匹 及種種
雜物 並八十艘(『일본서기』 권11, 仁德 17년 秋9월조)

상기 『일본서기』의 기록을 검토하여 보아도 왜지에서는 배가 아주
많은 것을 표현할 때 주로 80척이라고 표현하고 있음을 볼 수 있다.

이러한 고대인의 관념을 고려하면 200척에서 400척의 배는 얼마나
많은 수인가를 알 수가 있다. 또한 한반도 진출을 위해서는 풍랑이 심
한 현해탄의 항해가 불가피하고 그것은 극히 위험한 일이다. 그러한
여건을 무릅쓰고 왜가 한반도로 진출해야 할 필요성이 어디에 있었겠
는가 하는 문제는 다시 고려해야 할 것이다.

이와 관련하여 왜의 일시적인 출병으로 한반도 경영은 불가능하였
을 것이므로 관계 지역에 상당한 병력을 상주시켜야 할 필요성을 쉽게
짐작할 수 있으나 임나 관계 기사 중에는 병력의 존재, 군사력을 통한
임나 문제 해결을 언급한 기사는 전무하다.

이상에서 살펴본 것과 같이 호태왕비에 보이는 왜의 존재는 임나경
영의 주체로 볼 수는 없으며 백제나 가야의 영향력 아래 이 당시 일시
적으로 동원된 북규슈 세력으로 이해해야 할 것이다.

다음은 호태왕비와 관련하여 임나일본설의 주요 근거인 진구 황후
의 한반도 출병기사를 검토해 보자.『일본서기』에서 가야와 왜의 교섭
관계가 나타난 사료는 진구 49년 기사년(己巳年)설이다. 쓰다(津田左
右吉)는 진구기(神功紀)의 신라침공 기사를 상세히 분석하여 그것이
사실이 아님을 천명하였으나 다만 진구 49년의 기사에 관해서는 어느
정도 긍정의 태도를 취하고 있다[112] 그리하여 그는 서기 370년 전후로

___

112) 진구기의 신라침공 기사가 역사적 사실이 아님을 증명하고 있다. ① 신
    라침벌(侵伐)의 기원이 구마소(熊襲) 정벌을 계획한 데 있고, 또 그것이
    신교(神敎)에 따랐다는 것 ② 신라가 금은진(金銀珍)의 나라이므로 침벌
    의 동기를 여기에 두고 있다는 것 ③ 신라국이 있다는 것이 아직 여러

부터 400년간에 왜인의 남한 진출을 인정하였다. 쓰다설을 참고하면서 더욱 이 사실을 구명한 스에마쓰(末松保和)는 그의 저서 『임나흥망사』 에서 결정적으로 진구 49년설을 역사적 사실로 인정하고 있다.[113] 이 것은 그가 진구 49년기의 기사를 이중적이고 이원적이라 생각하면서 도 그러나 그것은 이 기사를 성립시킨 사료의 이중윤색(즉 백제적 윤 색과 일본적 윤색) 때문에 온 것이므로 이 윤색된 부분을 탈피하면 거 기에는 역사적 사실을 전하는 진실이 있다고 인정한 데서 비롯된다.

　과연 스에마쓰의 견해와 같이 『일본서기』 진구 49년기의 기사 속에 서 역사적 사실을 찾아낼 수 있을 것인가? 먼저 진구 49년기의 기사를 재검토하기 위하여 그 원전을 전재한다.

> 卅九年春三月　以荒田別　鹿我別爲將軍　則與久氏等　共勒兵而度之
> 至卓淳國　將襲新羅　時或日　兵衆少之　不可破新羅　更復　奉上沙白
> 蓋盧　請增軍士　卽命木羅斤資　沙沙奴跪（是二人　不知其姓人也　但
> 木羅斤資者　百濟將也）領精兵　與沙白　蓋盧共遣之　俱集于卓淳　擊新
> 羅而破之　因以　平定比自烌　南加羅　喙國　安羅　多羅　卓淳　加羅　七國
> 仍移兵　西週至古奚津　屠南蠻忱彌多禮　以賜百濟　於是　其王肖古及
> 王子貴須　亦領軍來會　時比利　辟中　布彌支　半古　四邑　自然降服　是
> 以　百濟王父子及荒田別　木羅斤資等　共會意流村（今云州流須祇）相
> 見欣感　厚禮送遣之　唯千熊長彥與百濟王　至于伯濟國　登辟支山盟之
> 復登古沙山　共居磐石上　時百濟王盟之曰　若敷草爲坐　恐見火燒　且
> 取木爲坐　恐爲水流　故居磐石而盟者　示長遠之不朽者也　是以　自今
> 以後　千秋萬歲　無絶無窮　常稱西蕃　春秋朝貢　則將千熊長彥　至都下
> 厚加禮遇　亦副久氏等而送之

사람들에게 알려져 있지 않다는 것 ④ 황후가 친정(親征)하였다는 것 ⑤ 신라와 동시에 백제도 귀복하였다는 것 ⑥ 종교적 정신이 전체에 가득하 여 신교(神敎)와 신제(神祭)로 일관하였다는 것 ⑦ 설명이 너무나 설화적 색채로 충만하여 있다는 것 등을 들고 있다.

113) 末松保和, 『任那興亡史』, 46~63쪽.

이 기사는 전후의 사정이 조금도 이해할 수 없는 그야말로 기이한 내용으로 되어 있다. 이 기사를 자세히 주의하여 보면 대체로 2단으로 나누어 생각할 수 있다. 제1단은 '以荒田別 鹿我別爲將軍…… 相見欣感 厚禮送遣之'이고 제2단은 '唯千熊長彦興百濟王…… 亦副久氏而送之'이다. 즉 전자는 평정의 기사이고 후자는 맹약의 기사이다.[114]

제1단의 평정기사는 왜군이 탁순에 집결하여 신라를 파하고 이로 인하여 비자발(창녕), 남가라(금관), 녹국(喙國 : 慶山), 안라(함안), 다라(합천), 가라(고령) 등 7국을 평정하고 다시 병을 서로 이동하여 고해진으로 돌아 침미다례를 취하여 백제에 사(賜)하니 백제의 초고왕과 왕자 귀수가 군을 거느리고 와서 회합할 새 비리, 벽중, 포미지, 반고 등 4읍이 자연히 항복하였다고 한 기사이다. 이 사료에서 첫째 문제 되는 것은 고해진과 침미다례를 어디로 비정해야 할 것인가이다. 이에 대하여 스에마쓰는 『임나흥망사』에서 고해진을 전남 강진, 침미다례를 제주도로 비정하고 있는데 이것은 다음에 자연 항복한 4읍(비리, 벽중, 포미지, 반고)을 감안하여 생각한 것인지는 알 수 없으나 여기에는 무리가 있다. 그것은 우선 설사 왜군이 함안이나 합천에서 서회(西廻)하였다고 하더라도 그 중도에는 고성, 진주, 삼천포, 사천, 하동 등 많은 유력한 지점들이 그대로 간과되었다는 점이다.

둘째, 만약 함안에서 진해로 나와 배로 직행하였다면 남해와 고성, 삼천포, 여수 등지를 역시 통과하였어야 된다. 설사 그 목적지만을 기록하였다 하더라도 육로나 해로나 그 통로에 개재한 중요한 부족들과는 어떤 형태이든 간에 관계 교섭이 있었을 것이고 그러한 관계 교섭이 있었다고 한다면 그러한 부족들의 이름이 비자발, 남가라 운운으로 열기되어야 함이 당연한 일이 아니겠는가.

셋째로는 자연 항복한 4읍이 백제에 항복함인지 왜군에게 항복한 것인지 모호하다. 만약 이들 4읍이 아직 독립적인 정치세력으로서 왜

─────────────

114) 정중환, 앞의 글, 1968, 8~9쪽.

군이 도래하였다는 말을 듣고 자발적으로 견사(遣使)한 것을 뜻한다면 그런 의미로는 이 4읍이 왜군에 항복하였다고 설명될 수 있다. 그러나 이러한 가정에도 역시 무리가 따른다. 오히려 백제국왕 부자가 내회(來會)하였다는 사실로부터 이 4읍은 백제에 자진 항복한 것이라 생각하는 것이 더욱 타당할 것이다. 그 근초고왕은 남하한 적도 없고 왜군과 회맹한 적은 더욱 없다.

기년상으로 이 근초고왕 34년은 바로 진구 49년 기사에 해당한다. 따라서 이 기사는 백제의 고구려 공벌기사를 백제기에서 본떠 조작한 것이 아닐까 하는 생각이 든다.

제2단의 맹약기사도 제1단의 기사와 마찬가지로 윤색한 것이거나 과장한 것이 아니고 고사(古史)에 보이는 맹사(盟辭)의 미문여구를 임의로 인용, 조출(造出)한 허사에 지나지 않는다. 당시의 백제 사정으로는 근초고, 근구수(近仇首) 부자와 같은 영주(英主)를 맞이하여 북으로 고구려와 겨루며 대방 고지를 잠식하고, 남으로 마한의 전 성을 통합하면서 신라와 친교관계를 맺고 있었으니 왜와의 통교는 기록에도 전혀 없을 뿐 아니라 사실상에 있어서도 있을 수 없는 시기였다. 따라서 진구 49년기의 기사는 백제와 가야의 관계가 후에 『일본서기』에 의해서 야마토 정권을 주체로 하는 기사로 조작, 왜곡된 것으로 이해된다. 그렇다면 임나일본부설은 그 출발부터 입론의 근거를 상실했다고 보아야 할 것이다.

한편 고고학상으로도 임나일본부설을 뒷받침할 만한 유적이나 유물이 가야지방에서 발견되지 않고 있다. 일찍이 한무제가 평양 남쪽에 설치한 낙랑군의 경우는 토성터와 분묘, 봉니(封泥)까지도 발견되는데 임나일본부는 흔적조차도 없다.

주지의 사실이지만 우리 나라를 식민지로 하는 데 큰 계기가 된 러일전쟁이 시작된 1904년에 수많은 일본인 학자들이 한반도와 만주 일대를 조사하였다. 더욱이 그들이 임나일본부가 설치된 곳으로 본 경남 김해는 이 해부터 연이어 학자들의 조사가 이루어졌고 1917년부터는 가야 전역에 대한 조직적인 조사가 수년에 걸쳐 진행되었다.

그러나 이렇다 할 단서조차 찾아내지 못했으며 하마다(濱田耕作)는 "임나란 것이 일본의 건국기에 설치한 식민지였다고 하는 그러한 선입관은 버려야 하겠다"(『민족과 역사』, 1921)라고 서술하지 않을 수 없었다. 이미 지적한 바와 같이 일본의 정설로는 한반도 출병으로 철기(철정)와 기술, 노예를 획득하고 그것에 의해 야마토 정권의 생산력과 군사력이 현저하게 높아졌다고 한다. 만약 이 정설이 사실이라면 생산력의 전환을 보여주는 농공구나 기마전용 무기가 4세기 말~5세기 초의 기나이 유적지에서 발견되어야 할 것이다.

그러나 '한서(韓鋤)', '한초(韓鍬)'라고 불리는 선진농구나 대형 톱 등의 공구가 이 지방에 등장하는 시기는 5세기 후반이며, 철기의 대량생산을 보장할 수 있는 등요(登窯)의 출현도 5세기 후반이다. 그렇다면 5세기 중엽까지는 일본열도에서 철의 대량생산이란 생각할 수도 없으며, 또한 철정을 한반도에서 가지고 갔다고 하는 논리에도 납득이 가지 않는다. 왜냐하면 다른 기술자는 납치하면서 야마토 정권의 생산력과 군사력 발전에 없어서는 안 되는 제철기술자만은 빠지고 있기 때문이다. 그래서 필요에 따라 제때에 바다를 건너와 철정을 가지고 간 셈인데 범선시대가 아닌 당시의 수송력이란 보잘것 없었을 것이며 따라서 철정의 획득이란 상상도 못할 문제인 것이다.[115]

따라서 일본열도는 4~6세기경에도 여전히 철기의 대량생산 단계에 들어가지 못하고 가장 초보적이며 번잡한 해면철의 반단조를 통해 환원철을 생산하는 실정이었음을 알 수 있다.[116]

---

115) 이진희, 앞의 글, 1984, 8~9쪽
116) 岡崎敬, 「日本における初期鐵製品の問題」『考古學雜誌』 42 - 1, 1984 ; 森浩一, 「古墳出土の鐵鋌について」『古代學研究』 21, 22 ; 金廷鶴, 『任那と日本』, 小學館, 1981, 288쪽 ; 윤동석·신경환, 「한국 초기철기시대에 토광묘에서 출토된 철기유물의 금속학적 고찰」『고고학보』 12, 117~118쪽

이는 당시 일본열도가 내적 통일을 이룰 만한 군사력이나 경제력을 갖춘 국가의 출현 가능성을 일단 의심하게 만들고 나아가서는 '임나경영'을 통해서 한반도의 선진문물을 수용했다는 일본 학계의 정설을 근본적으로 재검토해야 할 불가피성을 느끼게 한다.

당시에 있어서 선진문물의 핵심이라고 할 수 있는 제철기술의 수용이 이 시기에 이루어지지 않았기 때문이다. 당시의 왜가 아직 철기 제작의 수준에 있어서도 한반도의 여러 국가보다 미흡한 단계에서 특히 철기가 전투력에 미치는 영향을 생각한다면 한반도까지 진출하여 가야를 경영하고 고구려와 대적하였다는 주장은 근거가 미약한 것이다.

임나일본부 문제는 묘제, 마구, 토기, 무기 등의 고고학적 자료를 도입하여 보면 그 허구성이 더욱 부각된다. 그 결과 묘제는 가야고분의 위치가 구릉 또는 산정이고 내부는 직하광(直下壙)을 파고 할석(割石)을 쌓아서 상부로 올라가면서 내경(內傾)하고 부정형 판석을 올려놓은 천장인 수혈식 석실인데 이보다 늦은 일본의 전기 고분 시대의 묘제가 이와 같다.[117] 또한 시기적으로 앞선 가야의 횡혈식 석실의 다음 묘제로서 일본 후기 고분도 횡혈식 석실임이 증명되었다.

한편 마구도 모든 면에서 가야 내지는 신라에서 건너간 것이 확실히 밝혀졌고 토기 또한 가야의 적색 연질토기와 도질토기가 일본의 하지키, 스에키에 지대한 영향을 미쳤음을 위에서 살펴보았다. 초기의 스에키는 쓰시마 지역 및 규슈의 구마모토 후나야마(船山) 고분, 시마네(島根) 가나자키(金崎) 고분 등에서 출토되고 있다.[118]

일본에서는 토기의 양식을 분류하면서 항상 후타고즈카식(二子塚

; 윤동석, 「패총유적에서 발견된 초기철기유물에 관한 금속학적 연구」 『대한금속학회지』 20 - 3, 1982 참조.

117) 정기한, 「가야문제에 대한 종합적 정리」, 고대교육대학원 석사학위논문, 1975, 43~44쪽.

118) 小林行雄 編, 『世界考古學大系』 3, 138쪽 ; 小野山節 編, 『古代史發掘』 6, 1975, 126~127쪽.

式), 고쿠쓰카식(穀塚式) 등 기나이 중심적으로 명명하고 있어서 그 양식의 시작이 기나이인 것처럼 되어 있으나 쓰시마나 규슈 지역 등에서는 한반도의 도질토기적 색채를 지닌 스에키가 빈번하게 나타나고 있다.

이처럼 일본 학계가 주장하는 '임나경영'의 시기와 스에키 전래시기 사이에는 1세기의 격차가 있고 또한 스에키의 초기형태의 분포는 규슈 중심적이어서 야마토 세력이 주체가 된 '임나경영'과 선진문물의 수용이라는 논리는 긍정되기 어려운 면이 많다.119)

이상에서 호태왕비,『일본서기』등 문헌자료와 고고학적 자료를 중심으로 4~5세기에 야마토 정권에 의한 가야지역 경영을 주장하는 '임나일본부설'이 허구임을 살펴보았다. 그렇다면 소위 '임나일본부' 그 자체도 허구일까. 필자는 적어도 사료상에 나타나는 임나일본부가 당시 가야와 왜의 밀접한 관계 속에 나타난 어떤 존재를 가리키는 것이 아니겠는가라고 생각한다.

먼저 일본부 관계의 기사를『일본서기』에서 찾아보자.

① 진구 섭정 전기(前紀) 일운(一云)에 '則留一人 爲新羅宰而還之 然後 新羅王妻 不知埋夫屍之地 獨有誘宰之情 乃誂宰曰 汝當令識埋 王屍之處 必敎報之 且吾爲汝妻 於是 宰言誘言 密告埋屍之處 則王 妻與國人 共議之殺宰'란 사료가 보이는데 이것은 아마도 고구려 수병(戍兵)이 신라에 주둔한 사실이 반영된 관념이라 하겠다.120) 또한 신

---

119) 현재의 스에키에 관한 연구에 있어서는 스에키의 편년을 기나이 지역을 중심으로 하는 분류 방식을 채택하고 있어 초기의 스에키가 북규슈 지역에서 발견된다는 증거를 찾기 어렵다. 그러나 최초의 스에키로 꼽히는 구마모토 후나야마 고분 출토의 배(坏)는 스에키 편년에 중요한 시사를 제공한다(橫山浩, 「手工業生産の發展 - 土師器と須惠器」『世界考古學大系』3, 1977, 138쪽). 또 쓰시마 아사히야마(朝日山) 고분, 시마네 현 가나자키 고분 출토품 등도 초기 스에키의 예에 속한다. 따라서 스에키가 반드시 기나이 지역을 중심으로 보급되었다는 견해는 근거 없는 것이다.

라왕처(新羅王妻)에 대한 기록은 전설이므로 특정인을 지정한 것이
아님을 알 수 있다.

　② 유랴쿠 7년(463)기에 '拜田狹爲任那國司俄而天皇幸稚媛', '吾者
據有任那 亦勿通於日本'이란 말이 보이는데 이는 당시 기비노시모쓰
미치노오미(吉備下道臣)의 반의(叛意)가 미연에 발각되어 주멸된 직
후의 일이니121) 기비노가모쓰미치노오미 다사(吉備上道臣田狹)를 임
나국사란 명목을 붙여 추방하고 그의 미부(美婦)를 탈취하였으며 그의
아들과 기비노아마노아타이 아카오(吉備海部直赤尾)로 하여금 신라를
치도록 파견하였다122) 함은 이를 기비노오미(吉備臣)의 반의를 해외
로 돌리려는 정치적 의도에서임을 짐작할 수 있다. 다사(田狹)는 임나

---

120) 유랴쿠(雄略) 8년기에 '自天皇卽位 至于是歲 新羅國背誕 苞苴不入 於今
　　八年 而大懼中國之心 脩好於高麗 由是 高麗王 遣精兵一百人守新羅 有頃
　　高麗軍士一人 取假歸國 時以新羅人爲典馬 而顧謂之曰 汝國爲吾國所破非
　　久矣 (一本云 汝國果成吾土非久矣) 其典馬聞之 陽患其腹 退而在後 遂逃
　　入國 說其所語 於是 新羅王乃知高麗僞守 遣使馳告國人曰 人殺家內所養
　　鷄之雄者 國人知意 盡殺國內所有高麗人 惟有遺高麗一人 乘間得脫 逃入
　　其國 皆具爲說之 高麗王卽發軍兵 屯聚筑足流城 (或本云 都久斯岐城) 遂
　　歌儛興樂 於是 新羅王 夜聞高麗軍四面歌儛 知賊盡入新羅地 乃使人於任
　　那王曰 高麗王征伐我國 當此之時 若綴旒然 國之危殆 過於累卵 命之脩短
　　太所不計 伏請救於日本府行軍元帥等 由是 任那王勸膳臣斑鳩……'가 보
　　이는데 당시의 고구려와 신라 관계로 보아 역사적 사실로 인정되는 바
　　일본이 신라에 수재(守宰)를 두었다는 것을 생각할 수 없다.
121) 유랴쿠 7년기에 '八月 官者(舍人을 말함)吉備弓削部虛空 取急歸家 吉備
　　下道臣前津屋 (或本云 國造吉備臣山) 留使虛空 經月不肯聽上京都 天皇
　　遣身毛君大夫召焉 虛空被召來言 前津屋 以小女爲天皇人 以大女爲己人
　　競令相鬪 見幼女勝 卽拔刀而殺 復以小雄鷄 呼爲天皇鷄 拔毛剪翼 以大雄
　　鷄 呼爲己鷄 著鈴金踞 競令鬪之 見禿鷄勝 亦拔刀而殺 天皇聞是語 遣物
　　部兵士卅人 誅殺前津屋幷族七十人'이라 기록되어 있다.
122) 유랴쿠 7년기에 '田狹旣之任所 聞天皇之幸其婦 思欲求援而入新羅 于時
　　新羅不事中國 天皇詔田狹臣子弟君與吉備海部直赤尾曰 汝宜王罰新羅'라
　　고 표기되어 있다.

에 와서 드디어 임나인의 후원 아래 야마토 정권에 반기를 들었던 사람이다.123) 그러므로 여기에 보이는 임나국사도 이것이 상주적인 기관이 아니었음을 알 수 있다.

③ 유랴쿠 8년기에 '伏請救於日本府行軍元帥'란 구절이 보이는데 이 구절과 7년기의 '임나국사'란 말을 연결하여 얼핏 생각하면 적어도 유랴쿠조에는 무엇인가 이에 해당하는 상주기관이 있는 것처럼 보인다.

그러나 이 '일본부행군원수'란 명칭은 현지 일본장수가 자칭한 임시 칭호로 이 때의 행군원수를 자칭한 자는 7년기에 보이는 임나국사인 다사일 것이 틀림없다. 다사는 야마토 정부에 반의를 품고 임나를 근거하여 신라의 원조를 받고 백제, 규슈의 호응을 기다려 전권하여 보겠다는 의도에서 행군원수란 명칭을 갖게 된 것이다. 따라서 임나나 신라에서도 그렇게 호칭하였다.

신라구원에 나선 가시와데노오미이가루가(膳臣斑鳩), 기비노오미오나시(吉備臣小梨), 난바노기시아카메고(難波吉士赤目子) 등은124) 다사와 같이 임나에 머물면서 본국에 반기를 들고 신라와 협조하면서 독립된 세력을 부식하려던 사람들이었다.

④ 게이타이(繼體) 3년기에 '遣使于百濟 括出在任那日本縣邑 百濟

---

123) 註 122에서 다사가 신라에 구원하러 갔다 하였고 아들 제군 등이 내도하니 말하기를 '汝之領項 有何牢錮而伐人乎 傳聞 天皇幸吾婦 遂有兒息 今恐 禍及於身 可蹻足待 吾兒汝者 跨據百濟 勿使通於日本 吾者據有任那 亦勿通於日本'이라 한 것으로 알 수 있다.

124) 가시와데노오미이가루가 이하 2인은 모두 다사오미(田狹臣)의 막료와 함께 임나에 내도하여 다사의 명령에 복종하였던 것이라고 생각된다. 가시와데노오미에 대한 설명은 이홍식 교수의 「임나문제를 중심으로 한 欽明紀의 정리」(『청구학총』 제25호)에서 상세히 하고 있는데, 가시와데노오미란 말은 아이누어(語)에서 온 보조군대(補助軍隊)의 부장을 말하는 것이라고 하고 있다. 기타 등도 대관(大官)이 아니니 신라에 구원차 간 것은 모두 다사의 명에 의한 것이라고 보아야 할 것이다.

百姓 浮逃絶貫 三四世者 並遷百濟附貫也'란 말이 있어 임나땅에 일본현읍이 있었던 것으로 기록되고 또 동 6년조에

遣穗積臣押山 使於百濟 仍賜筑紫馬卌匹 冬十二月 百濟遣使貢調
別表請任那國上哆唎 下哆唎 婆陀 牟婁 四縣 哆唎國守穗積臣押山
奏曰 此四縣 近連百濟 遠隔日本……

이라고 기록되어 있다.

　게이타이 왕은 권신 오토모노가네무라 오무라지(大伴金村大連)에 의해 옹립되었는데 바로 오토모노가네무라의 대한정책은 여국(與國)인 백제에게 임나정(任那政)을 위임하여 백제를 통하여 반도와의 관계를 유지하자는 것이었다. 그리하여 제1차로 임나지방에 있던 백제 출신자를 환적(還籍)시킨 것인데, 이 백제백성이란 자들은 대개 본국에서 득죄(得罪)하였거나 전쟁포로이거나 그렇지 않으면 왜인과의 사이에 출생한 '한자(韓子)'이거나 임나에서 소위 '토왜(土倭)'[125]로서 활동하던 사람들이었다. 이러한 사람들을 본국에서 사신을 보내어 괄출한 것이니 일본현읍이란 별도로 있는 것이 아니고 임나왕의 산하에서 일본세력을 배경으로 신라와 백제에서 자신의 독립을 보전하자는 이른바 친왜현읍(親倭縣邑)을 의미하는 것이다.

　치리국수(哆唎國守 : 穗積臣)도 그 해 4월에 본국에서 파견한 사람으로 본래 치리국수의 직함을 가진 사람이 아니라 이것 역시 자칭한 직명이 아닌가 생각된다.[126] 그러므로 게이타이기를 통해서도 상주한 일본관사(日本官司)는 발견할 수 없다.[127]

---

125) 토왜란 말은 임진왜란 때 많이 쓰인 말인데 왜적이 침입하자 적측(敵側)에 부용하여 그 향도자로 활동한 토착인을 말한다.
126) 이러한 예는 임진왜란 때 안국사(安國寺) 혜경(惠瓊)이란 자가 자칭 경상감사가 되어 도민에게 공납, 근농(勤農)의 행정을 실시함과 같은 비유이다.

⑤ 게이타이 23년(529)기에 '於是 加羅王謂勅使云 此津 從置官家 以來 爲臣朝貢津涉 安得輒改賜隣國 違元所封限地 勅使父根等 因斯 難以面賜 却還大嶋……'라 하여 별도로 일본관가를 둔 것처럼 생각된다. 그러나 여기서는 관가란 말의 해석 여하에 달린 것으로, 관가란 말은 궁가(宮家), 내관가(內官家), 어창(御倉), 둔창 등 천황 직속의 공납지를 의미한다. 즉 관가는 특별히 상주기관을 말하는 것이 아니라 일본에서 가야지방 전역을 일컫던 명칭인 것이다.

야마토 정권이 '임나부'나 관가라는 표현에 접하게 된 것은 규슈까지 진출한 6세기 초였다. 그리고 임나부나 관가의 의미를 야마토 정권에 연합하는 방법으로 굴절시킨 것은 백제였다. 그 이유는 야마토 정권의 군사력을 가야지역 쟁탈전에 이용하려는 데 있었다. 그러나 야마토 정권으로서는 서부일본을 통일한 단계에서 통일체로서의 자의식을 갖게 되고 이제는 자신의 영토가 된 규슈의 왜와 밀접한 관련을 가진 가야에 대해서도 백제의 부추김에 힘입어 연고권을 주장하기 시작하였다. 게이타이기 이후에 관가 등의 표현이 비로소 집중적으로 나타나고 있는 것은 이러한 상황을 종합적으로 반영해 준다.

⑥ 금관국이 신라에 통합됨에 따라 게이타이기 이후의 임나일본부는 안라(지금의 함안)를 중심으로 하면서 임나 회복을 위한 막부적인 군사회의가 자주 개최되었다고 한다. 그러나 그것은 어디까지나 임시적인 것이다.

⑦ 임나일본부에 대한 가장 명백한 해석은 게이타이 23년기의 '夏四月 壬午朔戊子 任那王己能末多干岐來朝 啓大伴大連金村曰 夫海表諸蕃 自胎中天皇 置內官家 不棄本土 因封其地 良有以也'이다. 오진(應神) 천황 이래 내관가를 두어 각자가 본토를 그대로 지켜 나가도록 함이란 말은 신묘 출병 이후로 임나지역을 내관가로 봉건하여 각자가 응분의 공납을 바치도록 하였다는 것이다. 결코 장군이나 감독자를 보

---

127) 정중환, 앞의 글, 1968, 30~34쪽.

내어 임나일본부라는 상설기관을 두고 공납을 처리한 것이 아니다. 만약 야마토 정권이건 규슈의 왜이건 간에 한반도 지역을 무력으로 복속시켜 둔창으로 경영하였다면 이는 왜의 중심지에서 가장 먼 둔창이므로 오히려 외관가(外官家) 혹은 외둔창이라 함이 적절하다.

그럼에도 불구하고 '내'라는 방향감각으로 표현하고 있는 것을 보면 이는 가야가 단순히 점령지역, 정복지역이라기보다는 왜왕조와 밀접한 관련이 있는 것이 아닐까, 다시 말하면 '내'라는 표현에서 시각의 중심을 느낄 수 있다. 그래서 '내'에 포함된 뜻은 내지 혹은 본국의 뜻으로 보여진다.128)

또한 규슈의 왜와 가야본국과의 끊임없는 공납이 이루어졌다는 것은 계속적인 교역이 양국 사이에서 지속되었음을 의미하는 것이다.

⑧ '請 以加羅多沙津 爲臣朝貢津路 是以 押山臣爲請聞奏 是月 遣物部伊勢連父根 吉士老等 而津賜百濟王 於是 加羅王謂勅使云 此津從置官家以來 爲臣朝貢津涉 安得輒改賜隣國 違元所封限地'(『일본서기』 권17, 繼體天皇 23년조).

상기 사료에서 '다사진(多沙津)은 관가의 설치 이래 가야의 조공을 위한 항구'라는 표기는 양국 사이의 교역의 중심지는 안라임을 밝혀주고 있는 것이다.

그 구체적인 사료로서 『일본서기』 권19 긴메이(欽明) 천황 2년 7월조를 들 수 있다.

⑨ '秋七月 百濟聞安羅日本府與新羅通計 遣前部奈率鼻利莫古·奈率宣文·中部奈率木刕眯淳·紀臣奈率彌麻沙等 (紀臣奈率者 蓋是紀臣娶韓婦所生 因留百濟 爲奈率者也 未詳其父 他皆效此也) 使于安羅 召到新羅任那執事 謨建任那 別以安羅日本府河內直 通計新羅 深責罵之'

사료에서 '추7월 백제는 안라의 일본부가 신라와 더불어 통모한다는

---

128) 이근우, 앞의 글, 1983, 94쪽.

말을 듣고'라는 기사가 있고 이어서 '따로 안라의 일본부의 하내직(河內直)이 신라에 내통한 것을 심하게 꾸짖었다'는 기록에서 양국 사이의 교역의 중심지는 안라 즉, 함안(咸安)임을 밝혀 주고 있는 것이다.

따라서 임나일본부는 백제나 가야의 영향력 아래에 있었던 규슈의 세력이 자기 본국인 가야 전 지역에 두었던 임시교역소였으며 그 중심지는 함안이었음을 뜻한다. 임나일본부가 설치되었다는 4~6세기는 가야 제국의 발전기로서 정치, 신분제도가 확립되고 또한 산업면에서도 농업생산력의 증대는 물론 인구가 증가하고 제철업은 초강(炒鋼)의 단계에 이르러 대량생산이 가능하였으므로 무기와 농기구의 발달이 현저하였으며 군사제도에 있어서도 보병·기병·궁병·가지극병 등 제 부대의 편제가 철저히 이루어져 있었다. 또한 신라와 백제도 연합작전을 펼 수 있을 정도의 역량을 지니고 있었던 시기였으므로 이 삼국의 당시의 국력으로 보거나 가야의 발전기라는 대세론에서 판단해 볼 때도 야마토의 왜가 가야 제 지역에 '임나일본부'를 설치하였다는 것은 있을 수 없는 억설이라고 하겠다.

이것은 한 마디로 『일본서기』만을 사료 비판 없이 무조건 수용하여 적극적으로 일본측 입장에서만 해석한 결과에서 온 소치라고 할 수 있다.

임나일본부는 야마토 정권에 의해 운영된 것이 아니라 규슈의 왜에 의하여 운영되었다. 그것이 4세기경의 한반도와 관련을 맺고 있었다고 할 경우에는 더욱 그러하다. 이 당시의 가야와 야마토와의 연관성은 있을 수 없기 때문이다.

결국 임나일본부는 규슈의 왜가 본국인 가야지방 전역에서 수시로 교역을 수행하던 임시교역소였으며 그 중심지는 함안이었고 신라와 백제까지도 이 곳을 통하여 문물을 교환하였는데 『일본서기』가 이를 과장하여 임나일본부로 표현하였던 것이다.

이렇게 가야와 규슈의 왜 사이에 자연스럽게 형성된 임시교역소의 역할이 게이타이 이전까지 계속되었는데 게이타이기부터는 백제가 가야 영토를 침략할 야욕을 품고 야마토 정권과 결탁하여 백제의 선진문물을 제공할 것을 약속한 대신 왜지를 통일한 야마토 정권으로 하여금 가야에 대한 연고권을 주장하게 하여 나온 것이 곧 인위적으로 설정된 임나일본부인 것이다.

여기서의 교역의 실질적 내용은 가야에서 생산되는 물자와 왜지의 것과의 교환이었을 것이며 또한 가야문명과 기술자의 도왜(渡倭) 교섭뿐 아니라 규슈의 왜는 자기 본국을 거점으로 백제에 대한 발달된 선진문물의 공급원으로서의 관계를 계속 유지하고 신라와의 관계를 새로이 개척하려던 의지로 점철되었던 것이다.

규슈의 왜의 출자는 가야와 밀접한 연관을 갖고 있었기 때문에 이러한 일반적인 교역소를 통하여 가야의 각종 선진문물을 수용함으로써 용이하게 자신들의 지배력을 유지할 수 있었을 것이다.

가야의 입장에서도 임시적인 교역의 장소가 있음으로써 선진기술의 전래뿐만 아니라 통제하기 어려운 왜인들의 침략적인 행위를 막을 수 있었을 것으로 생각한다.

또한 이 곳의 교역소에서는 농산물, 도자기, 농기구, 무기, 묘제 및 부장품, 악기와 생활필수품 등의 전수가 있었을 것이며 이러한 물품뿐만 아니라 그 제조법까지도 전달되었을 것으로 본다. 따라서 가야와 규슈의 왜는 상호간에 밀접한 관계를 유지하였을 것으로 생각된다.

이상에서 살펴본 바와 같은 역할을 수행하였을 것으로 보이는 규슈의 왜는 그들의 요구가 충족되지 않을 경우에 신라에 대한 해적적인 집단으로 화한 것으로 보이는데『삼국사기』에 나오는 왜의 신라 침범 기사가 이와 관련되는 것이 아닌가 생각한다.

'임나일본부'를『일본서기』는 야마토 정권의 한반도 지배기구로 둔갑시키고 대외관계 기사 전반에 걸쳐서도 조공관계가 설정된 것처럼 기술해 놓음으로써 한일고대사의 왜곡된 역사상을 노정시켰다.

V. 가야의 멸망

1. 멸망의 과정

6세기에 들어서면서부터 가야지역은 지리적으로 인접한 백제·신라로부터 계속적으로 국가 기반을 위협받기 시작하였다. 고구려에게 밀려 한강유역을 상실하고 남천한 백제는 중흥의 기틀을 다지면서 가야지역을 넘보기 시작하였고 한창 국가적 발전을 도모하는 신라도 가야지역으로 눈을 돌리기 시작하였다. 여기에 가야의 배후세력이었던 규슈 왕조가 야마토 정권에 패배하여 왜국의 향배가 달라지면서 가야는 국제적으로 고립되어 점차 멸망의 길로 들어서게 되었다.

가야의 멸망에 대해서는 사료가 극히 한정되어 있으나『일본서기』등을 참조하면서 그 과정을 대략이나마 추적해 보도록 하겠다.

백제가 언제부터 본격적으로 가야지역으로 진출하려고 했는지는 자세히 알 수 없으나『일본서기』를 보면, 게이타이(繼體) 6년(512) 12월에 백제가 야마토 정권에 사신을 보내어 가야국의 상치리, 하치리, 파타, 모루 4현을 요구하고 있다. 이 기사는 가야지역에 대하여 주도권을 장악하려는 백제의 의지를 반영하고 있다. 야마토 정권으로서는 한반도의 정세를 제대로 이해하지 못하고 있었을 것이고 또 가야지역에 대한 아무런 영향력도 갖고 있지 못한 형편이었음이 분명하다. 그러므로 야마토 정권은 수동적으로 백제의 요구에 응할 뿐이었다. 이어 백제의 의사를 전달하기 위하여 야마토 정권에 사신으로 갔던 호즈미오미노오시야마(穗積臣押山)는 '此四縣 近連百濟 遠隔日本 旦暮易通 鷄犬難別今賜百濟 合爲同國 固存之策 無以過此'라고 하여 백제의 기득권을 인정해 줄 것을 주장한 것이다. 이는 백제와 야마토 정권의 가야지역을 두고 한 최초의 협상이었다. 이렇게 해서 야마토 정권은 가야지역에 대한 백제의 주도권을 인정하고 양국은 상호 결탁하여 신라와 맞서게 되었다. 그 대가로 백제는 오경박사 단양이(段楊爾)를 파견하였는데[1] 이 때 반파국(伴跛國)이 백제가 영유하고 있는 기문(己汶)을 공격해 왔음을 알리고 있다. 이것은 백제가 야마토 정권을 이용하면서 가야지역을 잠식해 가는 상황에 대한 가야 제국의 반응이라고 하겠다.

또 게이타이 23년(529) 3월조에서는 6년의 백제 4현에 대한 영유권 인정과 마찬가지로 백제가 가라다사진(加羅多沙津)을 요청하고 있다.[2] 이처럼 백제가 조공국의 입장에서 영토를 하사해 주기를 간청하는 것 같은 표현을 사용하고 있는 것은 가야지역에 대한 규슈의 왜의 관련을 상기시키면서 야마토 정권을 한반도 문제에 깊숙이 끌어들이려는 의도였다.

한편 신라도 법흥왕대부터 가야지역에 대해 세력을 확장시켜 갔다. 『삼국사기』 법흥왕조에

九年(522) 春三月 伽耶國王遣使請婚 王以伊湌比助夫之妹送之
十一年 秋九月 王出巡南境拓地 加耶國王來會

---

1) 『일본서기』 권17, 繼體紀 7년 6월조.
2) 『일본서기』 권17, 繼體紀 23년 3월조, '百濟王謂下哆唎國守穗積押山臣曰 夫朝貢使者 恆避嶋曲 每苦風波 因玆 濕所齎 全壞无色 請 以加羅多沙津 爲臣朝貢津路 是以 押山臣爲請聞奏'.

라는 기록이 있는데, 이를 통해 가야지역에 대한 신라세력의 진출을
살필 수 있다. 위 기록의 가야왕은 곧 대가야로서 최치원 찬 석순응전
(釋順應傳)에3)

大伽耶國月光太子 乃正見之十世孫 父曰異腦王 求婚于新羅 迎夷粲
比枝輩之女而生太子

라 하였다. 이 사실은『일본서기』게이타이기 23년(529)조에

加羅王娶新羅王女 遂有兒息 新羅初送女時 並遣百人爲女從 受而散
置諸縣 令着新羅衣冠 阿利斯等 嗔其變服 遣使徵還 新羅大羞 飜欲
還女曰 前承汝聘 吾便許婚 今其若斯 請 還王女 加羅己富利知伽
報云 配合夫婦 安得更離 亦有息兒 棄之何往 遂於所經 拔刀伽 古
跋 布那牟羅 三城 亦拔北境五城

이라 하여 보다 상세히 보이고 있다. 위 사료를 통해 이 때의 통혼으로
우호관계가 맺어졌다기보다는 오히려 도가(刀伽) 이하의 3성과 북경
(北境) 5성이 신라에게 함락되어 신라의 가야합병의 단서가 되었음을
알 수 있다.
　　이후 신라의 가야지역으로의 진출이 본격화된 것 같다.『삼국사기』
법흥왕 11년(524)조에

王出巡南境拓地 加耶國王來會 十二年 春二月 以大阿湌伊登爲沙伐
州軍主

라고 한 기사가 있다. 이는 금관가야가 524년 이전에 이미 신라에 정복
된 사실을 보여준다.『삼국사기』에는 법흥왕 19년에 금관국이 내항(來

---

3)『동국여지승람』권29, 高靈縣 建置沿革條.

降)해 온 것으로 기록하고 있으나, 이 때의 항복은 형식적인 것에 불과하고 실제적으로는 위 기록대로 법흥왕 11년 이전에 신라에 편입되었다고 보아야 할 것이다. 이 점은 『일본서기』 게이타이기 21년에 신라에 병합된 남가라(금관가야)·녹기탄(喙己呑 : 대구)의 재건문제가 논의되고 있는 것을 보아도 짐작할 수 있다.[4]

또 신라가 남경(南境)을 척지(拓地)하는 데 있어서 김해지방에 이르려면 지리적으로 보아 비자벌(比自伐 : 창녕)을 지나야 될 것이므로 이 때에 창녕지방도 이미 신라에 정복되지 않았나 생각된다. 진흥왕이 창녕에 순수관경비(巡狩管境碑)를 세운 것이 561년이나, 창녕은 이 이전에 이미 정복된 지역으로 국왕이 친히 순수한 사실을 기념하기 위하여 관경비를 세운 것이라 생각된다.

이처럼 가야지역에 대한 신라의 영향력이 증대되면서 백제와 야마토 정권의 연합전선에 대처하여 가야지역 중 백제의 직접적인 간섭을 받지 않았던 나라들은 신라와 점차 밀착되었을 것으로 추측된다(欽明 2년 4월, 5년 3월조 기사 참조). 긴메이(欽明) 2년 6월조의 이와이(磐井)를 지원했다는 언급은 신라와 가야, 규슈의 왜를 연결해서 생각한 야마토 정권의 의식을 반영한 것으로 보인다. 앞에서 본 가야와 신라의 통혼은 야마토 정권이 백제에게 다사(多沙)에 대한 외교적 입장에서의 영유권을 인정한 데 대하여 가야국왕이 불만을 품고 신라와 결탁한 것으로 짐작되는 것이다.[5] 그러나 이것은 가야 제국 전체의 통일된 의사는 아니었다. 가야 제국이 신라, 백제 양국에 의해 강하게 영향을 받고 있었기 때문에 가야 제국 내부에서도 각기 입장을 달리하는 경우가 생겨나는 것이 당연하다. 즉 가야와 신라, 백제와 친백제계는 명확

---

4) 『일본서기』 권17, 繼體紀 21년조, ‘夏六月壬辰朔甲午 近江毛野臣 率衆六萬 欲住任那 爲復興建新羅所破南加羅 喙己呑 而合任那’.

5) 『일본서기』 권17, 繼體紀 23년 3월조, ‘遣物部伊勢連父根 吉士老等 以津賜百濟王…… 由是 加羅結儻新羅 生怨日本 加羅王娶新羅王女’.

히 이분되는 것이 아니라 신라와 친신라계 가야국, 백제와 친백제계 가야국이 성립되어 있었을 것이며, 야마토 정권은 백제에 경도되어 있기는 하지만 국외자의 입장이었던 것으로 추측된다.

게이타이 23년 4월에도 야마토 정권이 신라와 백제를 화해시키려 노력하고 있음을 볼 수 있는데, 이는 야마토 정권이 자신의 군사력을 동원하지 않고 객관적인 입장에서 사태를 무마시켜 보려는 의지를 보여주고 있다. 임나왕이 왜지에 가서 신라의 개경(開境), 개척의 사실을 알려 구조를 요청하니 왜국왕은 임나에 있는 게누노오미(毛野臣)에 조서(詔書)하여 신라와 가라의 화해를 도모하려 하였다. 게누노오미는 웅천을 본거지로 하여서 신라, 백제 2국의 왕을 소집하였으나 모두 위비(位卑)한 자를 파견하여서 돌려보냈다. 여기에 신라는 별도로 대신 이질부례지간기(伊叱夫禮智干岐 : 異斯夫)를 파견하여 3천 군사를 인솔하고 게누노오미에게 가자 게누노오미는 군세에 놀라서 웅천에서 다시 기질기리성(己叱己利城 : 久斯牟羅)으로 이동하였다.

이질부례지간기는 다다라(多多羅 : 부산?)에 나아가서 3개월이나 기다렸으나 게누노오미는 끝내 응하지 않으므로 이질부례지간기는 부근의 4촌을 평정하고 돌아왔다.[6] 게누노오미가 처음 본거지로 한 웅천은 후의 웅신현(熊神縣)으로 지금의 창원군 웅천면이며 신라의 군세에 두려워하며 도망한 기질기리는 즉 후의 굴자군(屈自郡)으로 지금의 창원으로 짐작된다.

이처럼 야마토 정권은 임나 문제를 두고 외교적 교섭을 시도하였으나 신라의 강경한 태도에 부딪쳐 실패하였다. 야마토 정권이 임나 문제에 극히 소극적인 반면에 백제의 임나 재건 노력은 한층 절실했다. 야마토 정권이 '임나부'의 재건을 위해 노력하지 않은 진정한 이유는 야마토 정권으로서는 한반도로 군사를 파견할 만한 능력을 갖추고 있었다고 보기도 힘들지만 또 '임나부'의 부흥이 야마토 정권의 관심사가

---

6) 『일본서기』 권17, 繼體紀 23년 9월조.

되지 못하였다고 하는 데 있었다.

그러나 금관국이 신라에 병합되고 그 왕 구해(仇亥)가 신라에 항복하자 왜국의 입장도 변화하기 시작하였으며 백제도 신라와 공동으로 회복한 한강유역을 다시 신라에게 빼앗기게 되자 본격적으로 가야지역으로의 진출을 서두르게 되었다. 이에 성왕을 중심으로 백제와 가야, 왜국 간의 협력이 이루어지게 되어 신라와의 일대 격전이 전개되었으니 그것이 곧 관산성 전투이다. 그러나 이 전투에서 백제는 패배하고 성왕이 전사하였으며 왜국도 더 이상의 가야 부흥을 꾀할 수 없게 되었다. 이후 신라는 관산성 전투 다음 해인 555년에 창녕에 비자벌주(比自伐州 : 下州)를 설치하고[7] 561년에는 진흥왕이 친히 하주에 순행하는[8] 등 가야지역에 대한 군사 압력을 계속 증대시켜 나갔다. 그리하여 가야는 신라 진흥왕 23년(562)에 결국 신라에 완전히 병합되고 말았다.

> 伽耶叛 王命異斯夫討之 斯多含副之 斯多含領五千騎先馳 入栴檀門 立白旗 城中恐懼 不和所爲 異斯夫引兵臨之 一時盡降(『삼국사기』 진흥왕 23년조)

여기서 가야라고 한 것은 고령의 대가야를 의미한 것이다.[9] 또 이 때에 가야지역의 중요세력인 안라 등도 모두 신라에 병합되었으니 『일본서기』 긴메이기 23년조에서 ‘春正月 新羅打滅 任那官家’라 하고 그 분주(分註)에

> 一本云 二十一年 任那滅焉 總言任那 別言加羅國(大加耶) 安羅國(咸安) 斯二岐國(三嘉) 多羅國(陜川) 卒麻國 古嵯國(固城) 子他國

---

7) 『삼국사기』 신라본기 진흥왕 16년 정월조.
8) 창녕진흥왕순수비 참조.
9) 배기룡, 「新羅의 加羅倂合過程考」, 동아대교육대학원 석사학위논문, 1977, 28~29쪽.

散半下國 乞飡國 稔禮國 合十國

이란 기록을 통해서도 알 수 있다.

2. 멸망의 요인

(1) 대내외적 요인

가야 제국이 앞에서도 살펴보았듯이 훌륭한 문화수준과 국력을 가졌음에도 불구하고 통일왕국을 형성하지 못하고 멸망한 이유는 무엇이었던가 하는 문제를 검토해 보자.

이 문제에 대해서 생각해야 할 것은 가야지역에는 내적, 외적 요인으로 인하여 독자적인 통일세력의 형성을 보지 못하였다는 점이다.

가야 제국이 낙동강유역의 풍부한 농업생산력과 철기문화를 바탕으로 일찍부터 낙동강 유역 곳곳에 부강한 읍락국가를 형성하여 발전해 왔음은 앞에서 살펴본 바와 같다. 그런데 이들 가야 제국은 3~4세기 백제와 신라가 각각 마한과 진한 지역에서 영도세력으로 등장하여 여러 국들을 정복하고 고대국가를 성립시킨 것과는 달리 여전히 통일된 정치세력을 형성하지 못하고 분립되어 있었다.

주지하다시피 고대국가의 형성은 이미 기술한 바와 같이 어느 강력한 부족이나 국가의 무력에 의한 정복에 기인한다. 그러나 가야 제국은 오늘날 남아 있는 고분유적으로 보면 각 세력이 거의 백중지세에 있었음을 알 수 있다. 이러한 세력의 균형된 열국관계에 있어서는 어느 한 나라에 의한 정복활동이란 어려운 것이다.

또한 가야 제국은 대개 지리적 조건에 따라 분지에 형성되었는데 이러한 지리적 조건도 각 소국가 간의 통합을 저해하는 한 요소가 되기도 하였을 것이다. 마한은 백제국(伯濟國)이 비교적 광활한 한강 하류의 충적평야를 차지하고, 또 선진의 낙랑·대방과 대치하고 있어서 일찍 부족적 단결을 이루었다. 또 선진의 고구려 또는 낙랑문화와 접촉하여 마한의 남부지방과는 문화적 차이가 현격하였던 것으로 보인다. 이것은 『삼국지』 위지의 찬자가 한전에서 이미 지적한 바가 있다. 이와 같은 여러 읍락국가 사이에 무력적 또는 문화적으로 현격한 차이가 있을 때에는 어느 강력한 읍락국가에 의한 정복활동이 쉽게 이루어지는 것이다. 삼한 중 마한지역에서 가장 일찍 백제가 통일왕국을 형성한 것은 위와 같은 조건이 갖추어져 있었기 때문이다.

진한지역에서의 국가적 통합은 사로국이 차지하였던 경주지방이 진한의 다른 읍락국가의 지리적 조건에 비하여 가장 유리한 가운데 이루어졌다. 오늘날 청동기시대로부터 초기철기시대에 걸친 유적으로 보아서도 경주지역이 월등하게 앞서 있었던 것이 증명된다. 그러므로 사로국이 중심이 되어 진한의 여타 읍락국가들을 정복하여 신라왕국을 이룩할 수 있었던 것이다.

위와 같은 마한과 진한 지역에 견주어 볼 때, 변한지역에서는 어느 읍락국가가 다른 읍락국가보다 월등하게 빼어났다는 유적이나 증거를 찾아보기가 힘들다. 즉 가야 제국들 간에는 세력의 균형이 유지되었던 것으로 보인다. 예컨대 고고학적 증거로 보아 가장 빼어난 지역의 하나였다고 생각되는 달구벌은 『일본서기』에도 시사되고 있는 바와 같이 강력한 신라에 가까이 있어 그 위험을 끊임없이 받았으므로 서남쪽에 이웃한 다른 가야 제국을 정복, 통합할 웅지를 펴지 못했던 것으로 보인다. 그보다 중요한 요인은 기원 1~2세기경부터 가야지역 중 가장 선진적인 문화중심지로서 국가의 발전이 크게 이루어졌던 본가야 세력이 규슈의 왜지역으로 진출하였다고 하는 점을 들 수 있다. 만약 그렇지 않았다면 김해의 본가야를 중심으로 통일국가를 이루어 신라나 백제와 같은 고대국가로의 성장이 가능하였을 것으로 보인다.

김해가야가 기원 3세기 초에 갑자기 약화되고 있는 이유는 신라와의 관계에서라기보다 김해가야의 내부사정으로 인한 세력의 약화로 이해해야 한다고 생각한다.

『삼국유사』 가락국기조는 후한 헌제(獻帝) 입안(立安) 4년(199)에 수로왕의 사망을 전하고 있다.[10] 정약용은 수로왕 이후 아들 거등왕이 즉위하여 신라에게 화친을 청한 사실과 김해가야의 내부사정에 연결하여 대신라 자세의 방향전환을 시사하고 있다.[11] 김해가야의 내부사정에 대해서는 표면상으로는 왕이 교체된 것을 의미하는 것처럼 보여지나 이 시기에 김해가야의 지배집단이 일본으로 이주한 것에서 그 원인을 찾으려는 견해가 일찍이 제기된 바 있다.[12]

이 당시의 규슈의 왜는 가야의 분국과 같은 입장이었기에 서로의 왕래는 활발하였을 것이고 교역도 빈번히 수행되어 본가야의 많은 선진문물과 인력이 이주한 반면, 본가야의 국력은 집중되지 못하고 분산되었다. 이것이 본가야를 약화시키는 요인이었고 그렇기에 수로왕으로 대표되는 김해가야의 전성기는 종말을 고하고 이후의 김해가야는 신라와의 실력대결을 피하고 우호관계를 유지함으로써 자국의 안전과 독립을 보장받으려는 방향으로 나가게 되었다. 따라서 가야 제국은 통일될 기회를 잃고 분산된 채 병존하면서 신라와 백제에게 항상 위협을 당하였다.

또한 가야지역은 문화 전체의 역량축적이라는 면에서 볼 때 4세기 전반부터 5세기 초에 걸쳐 한 차례 좌절의 위기를 겪고 문화 중심의 지반을 옮겨 재출발하였기 때문에, 신라문화처럼 오랜 기간 동안 지속적으로 대내결속을 다질 만한 여유가 없었다. 그리하여 가야 제국은 강한 전제왕권을 확보하지 못한 채 경쟁적인 국제관계에 노출되어 한

---

10) 『삼국유사』 권2, 가락국기, '以獻帝立安四年己卯三月二十三日而殂落 壽一百五十八歲矣'.

11) 정약용, 「弁辰別考」『與猶堂全書』6(영인본), 서울 : 경인문화사, 1970, 310쪽.

12) 천관우, 「삼한의 국가 형성(하)」『한국학보』3, 1976, 147~148쪽.

계상황에 이르러서는 분열상을 보이는 모순을 드러내어 결국 대내 통제력 및 무력의 열세를 극복하지 못하고 신라의 팽창과정 속에 흡수당하고 말았던 것이다.

또 다른 가야의 멸망 원인으로 들 수 있는 것은 당시 백제, 가야, 신라, 왜 사이에 전개된 변동이다. 이 점에 대해서는 앞의 가야의 멸망과정에서 다루었기 때문에 다시 언급하지 않겠지만 그 중에서 특히 주목되는 것은 왜의 향배이다. 앞에서 본 것처럼 당시 야마토 정권은 가야(임나) 문제에 대하여 상당히 소극적인 입장을 견지하고 있었다. 야마토 정권이 임나의 멸망에 대하여 얼마나 미온적이었는지는 게이타이 23년의 군사적 지원 규모를 보면 잘 알 수 있다.

이러한 야마토 정권의 입장은 과거 가야와 밀접한 관계를 갖는 규슈왕조와는 달리 백제를 통해서 문화의 수용이나 교역을 행하고 있었기 때문으로 생각된다.

원래 대외교역의 능력면에서 볼 때 가야는 무역을 기반으로 성장하였다고 볼 수 있을 정도로 적극적이었다. 그러나 낙랑의 멸망 이후 그를 대신한 백제는 대외교역면에서 낙랑과 그 성격을 달리하여 단순한 경제이익만 추구하는 것이 아니라 정치적 복속을 위한 군사력 동원까지 도모하고 있었다. 왜와의 교역에 대해서도 백제는 가야의 중계이익을 허용치 않고 직접 나섰던 것으로 보이며, 그러한 대외교역 경쟁의 측면에서 가야는 보다 높은 문화 전수의 조건을 앞세우는 백제에게 패배하지 않을 수 없었다.

그리고 백제가 '임나부'의 재건을 위해 야마토 정권보다 더욱 노력했던 이유도 그러한 명목 아래 야마토 정권의 힘을 끌어들여 신라에 위협을 가함으로써 가야지역의 주도권을 장악하려는 데 있었다고 하겠다. 본래 일본측 기록에는 없었을 관가나 '임나일본부' 등의 표현이 백제계 사서에서 나타나는 것도 그러한 까닭에서이다.[13] 나제동맹에 의

---

13) 이근우, 앞의 글, 1983, 90쪽.

하여 고구려의 남하를 저지한 신라와 백제는 정치·경제적 이해관계에 따라 결국 한강 하류지역과 가야 문제를 놓고 충돌하게 된 것이다.

이와 같은 상황 속에서 백제는 자국의 선진문화를 매개로 하여 가야와 야마토 정권과의 교역관계를 대신함으로써 가야를 고립시키고 야마토 정권과의 밀착된 외교관계를 수립하여 가야지역의 통합을 시도하게 되었다.

따라서 가야는 자기의 배후세력인 규슈의 왜를 대신하여 들어선 야마토 정권의 지원을 상실한 것이 멸망의 주원인이 되었다. 가야 제국은 친백제계와 친신라계로 나뉘면서 전전긍긍하다 관산성 전투에서 성왕의 패사로 백제세력의 몰락이 결정되자 신라의 무력과 회유로 가야 전체지역을 상실하고 말았던 것이다.

가야가 멸망한 대외적 요인은 백제와의 국제교역 경쟁에서의 실패[14]와 백제외교의 수완에 눌려 자국의 배후세력을 상실한 것이었다.

여기에 대내적으로 중앙집권의 결핍에서 비롯되는 국력의 열세가 가중되어 가야는 냉엄한 국제정세 속의 희생물이 되어 멸망하였던 것이다. 물론 본가야의 적극적인 왜지 진출로 인하여 국력이 분산되고 문화면에서의 지속적인 발전과 축적이 결여되어 가야 제국의 통합은 더욱 어려웠으며, 이것이 또한 멸망의 또 하나의 요인이 되었음은 앞에서 살펴본 바와 같다.

(2) 자연환경 변화 요인

앞에서와 같이 가야의 멸망 요인에 관해 대내외적인 고찰을 시도해 보았는데 이제는 최근에 연구된 바 있는 윤선 등의 이론(1994)[15]을 근거로 지질학적인 입장에서 본가야(금관가야)의 멸망 요인을 고찰해 보

---

14) 윤동석·이남규, 『가야의 제철공정과 기술발전』, 고대생산기술연구소, 1986, 66~68쪽.
15) 윤선·장두곤, 『부산의 地史와 경관』, 부산라이프신문사, 1994 참조.

고자 한다.

그 내용은 다음과 같다. 그들은 낙동강 하구지역에서도 여러 가지 지질사건들이 일어났음을 지적하였다. 또한 신생대 제4기 홀로세(1만 년 전~현재)에 들어와 낙동강 하구역에서 일어난 환경 변화를 패총과 같은 고고학적, 지질학적 자료를 근거로 밝혀 봄과 동시에 더 나아가 본가야(금관가야)의 흥망성쇠를 자연환경의 변화라는 측면에서 살펴보았다.

철제기술을 갖고 외국과의 교역으로 번성하였던 본가야(금관가야)의 경우, 우선 항구가 절대 필요하였을 것으로 보인다. 그렇다면 금관가야의 항구는 어디에 있었겠는가? 좋은 항구로서의 조건은 충분한 수심과 파랑(波浪)이 있는 곳이어야 하므로 마산만과 같은 만이 이에 해당된다. 그러나 낙동강 하구역의 서쪽 해안 즉 녹산에서부터 서쪽의 용원동에 이르는 곳까지는 항구로서 천연적 조건을 갖춘 곳은 없다. 또한 용원동 서쪽의 응동만은 김해로부터는 너무 멀다. 그리고 응동만의 남양동~청안동을 항구로 사용하였을 경우, 규모도 작을 뿐만 아니라 운송된 화물을 다시 험준한 산악로를 통하여 육로로 수송해야 하므로 항구로는 적합하지 못하다.

그러나 함안을 중심으로 한 아라가야는 천연의 양항(良港)인 마산만을 갖고 있어 강력한 국가로 성장할 수 있었다. 이에 대응하여 금관가야의 경우 1세기에서 3세기까지 낙동강 하구역 안쪽, 즉 지금의 김해평야 일대가 바다였다면 천연의 항구를 갖고 있었던 것이 된다. 그 후 바다가 점점 메워져서 늪지대나 습지대로 변하였다면 금관가야는 항구를 상실하게 되고 따라서 외국과의 교역이 원활하게 이루어지지 못하여 점차로 국력이 쇠퇴하게 되었던 것으로 볼 수 있다. 지금까지 김해평야에 관한 지질학적 연구가 많이 진전되지는 않았지만 몇 가지 지질학적 사실과 고고학적 연구 결과를 종합하여 1세기에서 4세기경까지의 김해지역의 자연환경의 변천을 고찰하고자 한다.

낙동강 하구 주변에 많은 패총이 널리 분포되어 있다는 것은 선사시대의 인간생활과 자연환경에 관한 자료를 제공하여 준다. 또한 주변 산야에는 자연이 남겨 놓은 환경 변화의 기록이 묻혀 있어 이를 찾아봄으로써 낙동강 하구역의 옛모습을 그려볼 수 있다. 그리고 수가리 패총은 경상남도 김해군 장유면 수가리 가동부락의 해발고도 6~7m의 산사면에 위치하고 있다. 즉 수가리 패총은 모두 5개소의 패총으로 되어 있는데 신석기시대의 것이 4개소(제1, 2, 3, 4구) 있고, 철기시대의 것이 1개소(제5구) 있다.[16]

이 패총들에서 많은 굴, 꼬막, 바지락, 소라, 달팽이의 껍질, 즉 패각(貝殼)들과 함께 석기, 토기, 골각기 등의 문화유물이 출토되었는데 문화유물들은 그 시대의 생활상에 관한 정보를 제공하여 주며 조개나 소라, 달팽이의 패각들은 당시의 자연환경에 관한 정보를 제공해 준다. 윤선, 이언재[17]는 수가리 패총에서 출토된 조개, 소라, 달팽이의 종류들을 검토하여 낙동강 하구역의 해수면의 변동에 관하여 논하였는데 그들이 언급한 금관가야 시대에 형성된 제5구 패총의 내용을 요약하면 다음과 같다.

제5구 패총은 수가리 패총 중에서 유일한 철기시대 패총으로 유적의 범위는 29×5m로 좁고 길게 형성되어 있다. 원래는 폭이 더 넓었을 것이나 전면이 이미 많이 파괴된 것 같다. 돌이 많은 경사면에 형성되었기 때문에 부분적으로는 층서가 불분명한 곳도 있으나 대체적으로 표토층 외에 I, II, III, IV층의 4개층으로 구분된다.

제I층 : 유일한 순패층(純貝層)으로 중심부 두께가 80cm 정도이며

---

16) 수가리 패총은 부산대박물관에 의하여 1978년과 79년 두 차례에 걸쳐 발굴되었다.

17) 윤선·이언재, 「수가리패총의 연체동물 화석군집과 해수면 변동」 『고생물학회지』 1권, 1985, 141~152쪽.

대형의 굴각과 현지성 소형 패각들로 구성되어 있다.

　제Ⅱ층 : 두께 30~60cm 정도의 흑갈색 부식토층이다.

　제Ⅲ층 : 두께 5~30cm 정도로 패각과 부식토가 섞여 있는 흑색 부식토 패각 혼합층이다. 해수에 의하여 마모된 패각편이 다소 두껍게 쌓여 있으며 고고학적 추정연대는 1~3세기이다.

　제Ⅳ층 : 두께 15cm 내외의 갈색 부식토층이다.

　이상과 같은 제5구 패총의 층서에서 해수면에 관한 내용을 알 수 있는 층은 마모패편(磨耗貝片)이 들어 있는 제Ⅲ층이다. 이 층의 마모패편은 패각들이 바닷가의 연안에서 파랑에 쓸려 굴러다니면서 닳아서 모서리가 둥글게 마모되어 있는 것과 똑같은 것들이다.

　제Ⅲ층의 마모패편은 연안에서 파랑에 의하여 쓸려 다니면서 마모된 것들로서 이 층이 형성된 장소는 연안이며 당시의 해수면의 위치와 같다. 제Ⅲ층이 형성된 1~3세기에 해수면은 현재보다 4 내지 5m 정도 높았다고 결론짓게 된다. 그리하여 현재의 김해평야와 을숙도 등 삼각주는 그 당시 없었고, 대신에 푸른 바닷물이 넘실거리고 있었으며 이를 고(古) 김해만이라고 하였다.

　바닷물의 후퇴, 즉 해수면의 강하(降下)현상의 원인 중 하나는 해수면 자체의 강하이고, 다른 하나는 지반의 융기이다. 해수면의 강하 또는 상승은 빙하의 소장(消長)에 의한 것으로서, 극지방의 빙하가 성장하면 해수면은 강하하고 빙하가 쇠퇴 즉 녹으면 해수면은 상승한다. 3세기 이후 해수면의 강하가 4 내지 5m 정도 일어날 수 있을 만큼 극지방의 빙하가 성장하였다는 기록은 없다. 그러므로 고(古) 김해만의 해수면의 강하는 해수면 자체의 강하에 의해서가 아니고 지반의 융기에 의한 것으로 해석된다. 예안리 고분군 지대의 환경 변화를 해석해 보아도 같은 결론에 도달하게 된다.

　즉 3세기경에는 예안리 고분군 지대가 현재보다 해수면이 약 5m 정도 높았고, 2~3m 이상의 수심을 가지며 파랑의 힘도 셀 뿐만 아니라 바닷물의 유동도 활발하면서 패분(貝粉)이 섞여 있고, 깨끗하고 고운 모래가 쌓이는 사빈해안(砂濱海岸)이었으며, 또한 까치산과 마산 사이에는 육계사주(陸繫砂洲)가 형성되고 있었다. 늦어도 4세기경에 들어서서 무슨 이유에서인가 바닷물이 후퇴하기 시작하여 모래층은 파랑과 연안류(沿岸流)의 영향으로부터 벗어나 안정된 상태에 놓이게 되었으며, 그 당시 사람들은 깨끗한 해빈사(海濱砂) 모래층에 묘지를 조성하게 되었다. 7세기경에 이르기까지 바닷물은 계속 후퇴하여 이질퇴적물(泥質堆積物)이 쌓이는 습지대 환경으로 변하여 오늘에 이르게 되었다. 예안리 고분군의 3세기경의 환경은 수가리 패총 제5구 패총으로부터 추리하여 본 고 김해만의 환경과 일치한다.[18] 따라서 제철 무역국가였던 금관가야의 3~4세기부터의 쇠퇴는 고 김해만의 환경변화에 기인한 것으로 추정된다.

금관가야는 규슈의 왜지역과 활발한 교역을 하기 위해서는 좋은 항구를 가지고 있지 않으면 안 되었다. 김해지역에서 좋은 항구가 될 수 있는 곳은 바로 김해지역 그 자체이다. 현재와 같은 환경 즉 김해평야와 낙동강 삼각주가 있는 상태가 1~3세기경에도 그대로 있었다면 금관가야는 항구를 갖지 못한 무역국가가 된다. 그러므로 1~3세기경에는 현재와는 전혀 다르게 출렁이는 푸른 바닷물이 현재의 김해평야 일대를 덮고 있지 않으면 안 된다. 앞에서 논의하여 온 바와 같이 수가리 패총의 기록과 예안리 고분군의 모래층의 기록에서 보면 1~3세기에는 수심이 적어도 2~3m 되는 바닷물이 현재보다 5m 정도 높은 해수면을 이루고 김해평야 일대를 덮고 있었다고 추정된다. 이 고 김해만은 천혜의 항구 조건을 갖추었으므로 결국 금관가야는 최고의 양항을 갖고 있었던 것이다.

이러한 항구 조건은 3세기 말 내지 4세기 초부터 바닷물이 후퇴함에

---

18) 윤선·장두곤, 앞의 책, 109~110쪽.

따라 사라지게 되어 금관가야는 항구를 상실하게 되고, 국력의 기반이 되었던 교역이 어렵게 됨으로써 쇠퇴의 길로 접어들게 되었다. 따라서 1~3세기에 걸쳐 가야 제국 중 가장 번성하였던 금관가야는 내부의 사회적 병리나 모순에 의하여 쇠퇴의 길을 걸은 것이 아니고 천혜의 항구였던 고 김해만이 해수면이 낮아지고 매립이 진행됨으로써 항구로서의 기능을 상실하게 됨에 따라 지배계층의 일부는 신라와 손을 잡아 후에 삼국통일의 주역을 맡게 되고, 일부는 일본 규슈의 왜지역으로 이주하여 우수한 제철기술을 바탕으로 하여 일본 고대국가 형성과 발전을 이룩한 하나의 세력으로 자리잡게 되었다는 것이다.

이상과 같이 본가야의 멸망 요인을 자연환경 변화의 측면에서 찾아보려 한 윤선 교수 중심의 지질학자들의 견해는 대내외적 요인과 함께 종합적으로 가야의 흥망성쇠를 고찰할 수 있는 자료를 제공해 준다는 점에서 대단히 중요한 의미를 갖는다.

결국 가야의 멸망을 자연환경 변화라는 측면에서 찾으려는 고찰은 앞으로의 가야사 연구에 대해서 문헌사학뿐만 아니라 인접과학인 고고학, 민속학, 문화인류학의 연구가 필수적이라는 사실 외에도 지질학과 같은 자연과학의 도움이 꼭 필요하다는 것을 일깨워주고 있다.

VI. 결 론

　가야는 백제, 신라와 함께 동시대에 건국되어 6세기까지 독자적인
문화적 저력과 주체적인 역사적 발전 속에서 그들과 동등한 위치에서
강력한 국가로 존속하였다. 그럼에도 불구하고 사료의 부족으로 인한
인식 결여로 가야를 삼국시대라는 개념의 틀에 의해 신라와 백제 사이
의 부수적 위치에서 존립하다가 신라에 병합되어 버린 소집단으로 인
식하는 경향이 있었기 때문에 가야사에 관한 연구가 부진했던 것이 사
실이다. 그러나 근래에 이르러 가야지역에서의 유적발굴 증가와 『삼국
사기』 상대기사에 대한 적극적인 해석 및 『일본서기』에서의 소위 '임
나일본부'설에 관한 비판이 일면서 가야사에 관한 관심과 연구가 활발
히 진행되었다.

　이러한 추세에 의한 한국고대사 연구의 일환으로 가야의 발전사를
체계화시키기 위하여 고금의 연구자료를 총합, 분석하여 가야의 형성
과 발전, 문화양상 그리고 가야의 왜지 진출과정과 멸망 등에 관하여
고찰해 보았다. 이러한 작업과정에서 활용된 유일한 자료는 『삼국유
사』 왕력(王歷)과 가락국기이고 나머지 사료는 단편적인 것에 지나지
않았다. 따라서 이를 보완하기 위해 고고학 연구 결과를 최대한 활용

하였으나 여기에는 적지 않은 한계성을 지니고 있었다. 우선 고고학 용어의 적확한 구사가 아쉬웠으며 편년이나 계통 분류, 성격 규명에 서로 다른 견해가 제시됨으로써 이를 활용하는 데 제약이 있었다.

이러한 여러 가지 한계를 극복하기 위해 문헌사료를 최대한으로 확대해석한 자료와 고고학적 연구 결과를 연관시키면서 고찰해 본 결과 얻은 결론은 다음과 같다.

1. 가야의 형성과 발전

김해지방을 중심으로 존립했던 정치집단들의 형성과정에 관한 사실은 B.C. 1세기 이전의 선주 세력집단의 사적 고찰을 통해 이해할 수 있기는 하겠지만 『삼국지』의 변진 구야국(狗邪國)과 같은 지배집단은 철자원의 발전, 철기 제작기술의 보급, 농업의 다양화, 대외교역의 전개 등 정치, 문화적 발전의 추세 속에서 수로(首露)집단과 같은 새로운 지배세력을 바탕으로 적극적인 계기가 마련되어 형성되었다. 그러므로 수로집단의 대두와 구야국의 성립은 김해지방에 최초로 형성된 정치집단으로 보기보다는 김해읍 주촌면, 대동면, 장유면 등지에 전반적으로 분포되어 B.C 3세기경 이래로 존속해 왔던 선주 세력집단들을 통합한 과정으로서 보다 발전된 정치 단위체라 볼 수 있다.

가야의 변천사를 요약해 보면 가야의 태동기는 B.C. 3세기경에서 B.C 1세기경으로 부족국가시대이고 성립기는 A.D 1세기에서 A.D 2세기경으로 도시국가시대이다. 발전기는 A.D 3세기경에서 A.D 5세기 말엽으로 영역국가시대이며 쇠퇴기는 A.D 6세기 초엽에서 중엽 멸망까지이다.

그리고 가야는 많은 소국으로 구성되어 있었고 그 중 큰 세력을 가진 국가는 5, 6개국 정도였다. 소국들은 소규모의 독립국가로 이들 5, 6

개 국가 주위에 인접해 있으면서 큰 국가를 중심으로 몇 개의 세력권을 형성하여 유지되어 왔다. 이 때 형성된 세력권은 김해나 웅천 중심의 본가야권, 고령과 대구 중심의 대가야권, 함안·진해·창원·칠원 중심의 아라(안라)권 그리고 충무·고성(古城)·거제 중심의 소가야권 등이 있었으며, 이 중에서도 더욱 큰 세력권은 본가야권과 대가야권, 아라가야권이었다. 이들 세력권은 제각기 자기의 국익을 위하여 활동을 했을 것으로 본다.

가야 제국들의 전체적인 강역은 동쪽의 경우 의성, 대구, 경산 및 양산 일대이고 서쪽은 지리산, 남쪽은 창해(滄海)이며 북쪽은 문경지방으로 상정할 수 있다. 가야의 국가체제로서의 관료기구와 신분제도를 보면 금관국의 경우 중앙관료기구가 매우 세분되어 있었다. 천부경(泉府卿)과 사농경(司農卿)의 존재는 재정에 관한 일을 맡았던 중앙관청이 하나가 아니라 둘이었다는 것을, 그리고 종정경(宗正卿)의 존재는 왕실계통의 일을 맡아본 중앙관제까지 정비되어 있었다는 사실을 알려준다. 또한 왕실창고인 내고(內庫)가 있었는데 이것은 국가재정을 관리하는 관청과 왕실재정을 관할하는 관청이 따로 분리되어 있었음을 보여준다. 그 밖에 무기고도 있었는데 이러한 사실은 군대와 군사 관계의 일을 맡았던 통치기구가 정비되어 있었음을 시사해 준다.

특히 구간(九干)의 구명(舊名)이 '宵人(小人)野夫之號'여서 이를 고친다는 것은 가야사회 내에서 지배신분 계급의 확고한 형성을 반영한다고 볼 수 있다. 『삼국유사』 가락국기에서 유수간(留水干), 유천간(留天干) 및 신귀간(神鬼干)의 3직명만 특별히 표출한 것은 도간류(刀干類)와 천간류(天干類)의 그 계층의 관위질서가 아도(我刀)~오상(五常), 유공(留功)~유덕(留德), 신도(神道)~신귀(臣貴)의 3계층 혹은 4계층으로 분화, 발전한 것을 의미한다.

금관국에 독자적인 신분제도가 확립되어 있었는지에 관한 기록은 가락국기에서는 확인할 수 없지만 그 가능성은 충분히 있다고 본다.

한 예로 거등왕 때부터 구형왕(仇衡王) 때까지는 태자(太子), 왕자(王子), 자(子)를 구별해 놓았는데 이것은 지배계급 내에 '정통'과 '비정통'의 신분을 분류할 정도의 신분질서가 있었음을 말해주는 것이다. 한편 『일본서기』에 언급되어 있는 가야의 신분으로는 '한기'와 '하한기' 그리고 '상수위', '이수위' 등이 있다. 이것은 가야에 독특한 신분제도가 있었음과 가야 제국 지배층에 계층의 분화가 있었음을 의미한다. 이와 같은 신분의 분화현상은 가야 제국에 권력의 분할과 계급의 층서화가 이룩되었을 정도로 정치적 발전을 보였다는 점에서 고대국가 수준의 영역국가를 확립하였음을 알 수 있다. 본서에서는 본가야와 대가야로 나누어 독자적 정치신분제도의 발전을 고찰해 보았다.

이러한 가야는 스스로 체제를 유지하기 위하여 군사제도도 갖추고 있었다. 부대의 편성은 일반부대의 경우 보병과 기병이, 그리고 특수부대로서는 궁병대(弓兵隊)와 개지극부장대(皆知戟部裝隊)가 있었다. 이들 부대의 지휘는 대도(大刀)를 지닌 신분계층인 상한기와 하한기, 상수위나 하수위와 같은 지배 신분계층이 보기감(步騎監)이나 노동감(弩憧監) 또는 개지극당감(皆知戟幢監) 등과 같은 계층의 지휘관을 장악하고 통솔하면서 이끌어 나갔으리라 본다. 그리고 이 부대를 구성했던 병사들은 대부분이 부역에 동원되었던 양인들이었으며 보조원으로 노비들이 참가하였을 것으로 생각된다.

또한 가야에서 무기로 생산되었던 대도와 창, 모(矛), 궁(弓), 시(矢) 등은 왜지에까지 전파되어 왜국의 공격용 무기 개발에 기여를 했을 뿐만 아니라 5세기 이후 기마전술도 왜지에 지대한 영향을 주었음을 볼 때, 가야의 무기 생산기술과 기마전술이 매우 발전되었다는 사실을 짐작할 수 있겠다. 따라서 가야 제국이 주위의 강력한 국가인 백제와 신라 사이에서 6세기 중엽까지 유지될 수 있었던 것은 이와 같은 정치신분제도와 군사제도가 형성되어 있었기 때문이다.

또한 가야 제국 형성의 원동력은 정치적, 군사적 측면 이외에 사회의 하부구조인 경제적 측면에서 고찰해 볼 때 가야의 산업으로 우선 농업을 들 수 있겠다. 가야 제국은 낙동강 본류와 지류 유역에 펼쳐진 충적평야에 위치해 있으며, 이 곳은 수도경작에 적합한 평야지대이다. 그러므로 가야에서는 농업이 발달하였고, 특히 벼농사가 상당한 수준에 이르렀다. 그리고 가야 제국 중에서도 본가야는 한국의 곡창지대로 유명하다. 금관가야국 역시 김해평야에서의 풍요로운 농산물의 부를 바탕으로 형성되었다.

한편 이 지역에서의 풍부한 농산물과 대량의 포목(布木) 생산력은 이와 비례하는 급격한 인구의 증가를 초래하였는데 이러한 인구증가는 국가 성립의 기초를 이루었다고 생각한다. 그리고 도작농사를 하기 위해 수리시설이 필요하였는데 이 시설은 지방주민의 협동작업과 이를 통솔할 수 있는 강력한 권력자의 옹립과 등장이 필연적으로 요망되었다. 또 이 때는 이미 자급자족의 단계를 넘어선 상태로 여기에서 얻어진 잉여생산물은 공물이나 무역의 수단이 되었을 것으로 본다. 이러한 경제적 여건들은 가야 제국의 발전과 부국화 및 지배자의 권력증대 그리고 이들 국가들의 권력구조를 강화시켜 주는 요인이 되었다.

금관가야, 소가야, 안라가야 등이 위치한 남해안에는 대륙붕이 발달하고 수심이 얕으며 해안의 굴곡이 심하고 도서와 항만이 많은 곳이므로 바다의 수많은 자원을 이용하면서 발전하였다. 어염 및 해산물을 소유한 소가야 즉 지금의 하동, 고성(古城), 남해, 거제, 통영 등과 자타국인 사천(泗川), 곤명(昆明), 금관국인 김해, 안라국인 창원, 칠원 등의 해산물은 낙동강의 수로와 육로를 통해 내륙의 가야에 공급하는 교환경제구조를 가지고 있었다. 이러한 풍부한 해산물이 부의 재력으로 활용되어 충무, 고성(固城), 거제 등지의 소가야와 창원, 진해, 함안의 안라가야 및 김해, 웅천의 금관가야 등의 가야 제국이 형성되는 주요 요인으로 작용하였다. 그러므로 농산물과 해산물을 겸유한 김해가야, 안라가야와 또한 낙동강 수로를 통한 교환경제로 부를 축적한 대가야는 각자 세력권을 형성하였으며 어느 가야 제국보다도 강성한 나라로 등장하게 되었다.

금관국은『일본서기』에서 '수나라(須奈羅)', '소나라(素奈羅)'라 일컬었던 나라였다. 이들 일련의 국명은 '싀ㄴㄹ' 즉 철국(鐵國)이란 뜻이고, 이 금관국의 수로왕은 김해의 철산을 지배한 단야왕(鍛冶王)이었다. 수로족들은 이 지방의 풍부한 철산을 개발하였고 이 풍부한 철기 생산에 따른 부력으로 금관가야국을 형성하였으며 후에 강대한 금관국을 이루었다. 또한 가야 제국 가운데 강자로 군림한 대가야의 야로철산(冶爐鐵山)은 고금을 막론하고 유명하며 이 막대한 철산이 대가야로 하여금 가야 제국 중 최강의 국력을 갖게 했다.

아라가야는 주위의 대곡(大谷)철산과 창원철산의 풍부한 철을 이용하고 고성(固城) 중심의 소가야도 천성광산을 배경으로 철기문화를 이루었던 것으로 추측할 수 있다.

이와 같이 가야지역은 철산자원이 풍부하고 철제기술이 발달하여 철기의 대량생산이 가능하였는데 이를 더욱 촉진시킨 것은 초강법의 개발이었다. 초강법에 의한 철생산량은 막대한 양의 농기구를 생산하여 농산물의 획기적이며 비약적인 생산을 가져오게 했다. 또한 무기의 대량생산도 이루어져 여러 병종의 부대가 편성될 수 있었으며, 대규모의 병력동원과 전투규모의 확장도 가능하였다. 따라서 가야는 외적으로부터 각자의 영역을 방어할 수 있는 능력을 보유하게 되었고 경우에 따라서는 정복전쟁도 전개할 수 있는 고대국가 수준의 기반을 갖추게 되었다. 결국 가야의 제철업은 개발의 중추이며 원동력이었던 것이다.

가야의 문화는 우선 고고학적 유물인 토기와 관모(冠帽)를 통하여 그 편모(片貌)를 알아보고자 하였다.

가야토기는 생활용구와 의전기구로 사용되었다. 특히 도질토기에서는 아름다운 장식과 탁월한 기교의 제작수법 등을 엿볼 수 있다. 그리고 신앙에 의한 주술적인 요소를 내포하고 있거나 제사에 따르는 공헌적인 기형, 기내(器內)에 게와 패류 같은 식료가 담겨져 있는 것 등은 이 당시 토기의 용도뿐만 아니라 생활상까지 알 수 있게 하였다. 고분에서 출토된 차형(車形) 토기와 주형(舟形) 토기는 그 형태를 통하여 이 당시 수레와 선박이 운송수단으로 사용되었음을 규득(窺得)할 수 있게 한다. 따라서 가야는 토기의 제작기술면에서 신라와 대등한 수준을 나타내고 있으며 제사의식과 주술적인 신앙, 식료품을 통한 그들의 생활상 그리고 운송수단이 발달한 국가였던 것이다.

관모가 출토된 고분은 대체로 구릉의 경사면에 축조되어 가야 제국의 구영역 내에 산재해 있다. 가야의 관모는 고신라 고분에서 출토된 관모의 시원형 형식으로 신라 고분문화의 발전에 기여할 정도의 수준이었다. 또한 관모의 제작은 철의 대량생산이 이루어지면서 다양한 철기를 만드는 제작기술이 발달하여 축적되는 동시에 금과 동을 다루는 수공업기술도 발달하였기 때문에 가능하였다. 이러한 기술은 전문수공업자들을 요구하게 되었고 이들은 직업의 전문화가 이루어진 가야사회를 구성하는 한 부류였다.

가야의 음악으로서 가야금은 대표적이다. 가야금은 가야국 가실왕이 12현금을 만들어 12개월의 율려(律呂)를 본받고 이에 우륵을 시켜 12곡을 작곡하게 하였다. 우륵의 12곡은 대부분 지명을 표현한 것인데 이를 통하여 각지에 흩어져 있는 가야소국들의 지방문화가 생성하고 있었다는 역사적 사실과 이 음악은 향토색이 짙은 가야의 지방속악이었음을 알 수 있다. 가야금과 금관옥적 등은 가야 고유의 현악기이며 취악기로서 가야악 연주의 주류를 이루었다.

이러한 고유의 악기를 가진 가야인들은 지방속악과 춤을 곁들인 생동감 있는 예술문화를 창조하였다. 가야의 음악은 가야의 악곡 이외에도 더욱 많은 곡들이 후대에 전해졌으며 또한 무용도 출소(出所)를 잊어 가면서 통일신라시대로 전승되었다.

제천의식에서 구송된 신화는 구전문학의 한 장르이다. 상고대의 어

느 시기로부터 신화가 비롯되면서 우리 문학도 시작되었는데, 구지가
는 우리 문학에 기여한 공이 자못 크다고 할 수 있다. 구지가는 민족문
학의 창조적 원천으로서 살아 움직이고 있는 것이다. 가야의 문학수준
을 나타내는 다른 하나는 강수에 관한 기록이다. 강수의 뛰어난 학문
과 문장은 신라문학의 향상에 크게 기여하였다.

가야 제국의 독자적인 민족문화 형성을 뒷받침한 사상은 불계(祓禊)
사상, 덕치주의사상, 불교사상 그리고 도가사상 등이다. 이와 같은 가
야의 제 사상은 가야가 인접국가들과 평화, 선린의 관계를 유지시키는
기본사상으로서 영향을 미쳤으며 가야의 사회발전의 추진력에 도움을
주는 중요한 역할을 하였다. 또한 가야에는 샤머니즘(巫覡信仰)이 만
연되었다. 한시(漢詩)가 고급지식인의 문학이라면 일반 백성들 사이에
는 무속신앙과 관련한 신가(神歌)가 널리 불려지고 있었다. 주술적 내
용을 담은 신가로서 지금까지 전해지고 있는 것은 가야의 구지가(龜旨
歌)를 들 수 있다. 이것은 가야에 샤머니즘이 정착되었음을 대변해 주
는 것이다.

이와 같이 가야는 독자적인 정치제도와 군사제도 및 자주적인 신분
제도를 갖추고 있었고, 이를 뒷받침할 만한 산업의 발전과 문화역량을
지니고 있었으므로 삼국과 대등한 고대국가 수준의 국가발전을 이룰
수 있었다. 따라서 한국고대사는 지금까지 정설화되어 온 삼국시대가
아니라 가야국을 포함하여 사국시대(四國時代)를 상정할 수 있지 않
을까 생각한다.

2. 가야의 왜지진출과 세력확장

규슈 왕조의 왜는 한반도를 출생지로 하는 민족으로서 백제, 신라
및 가야와 같은 우리들의 조상이다. 그런데 가야는 본국에서 규슈 지

역으로 진출하기에 앞서 쓰시마 지역을 안전하게 확보하고 그 곳을 발판으로 규슈에 문화를 전파하고 자유스러운 인간이동을 가능하게 함으로써 쓰시마는 가야의 특수 교역지가 되었다. 이러한 현상은 『삼국지』 위지 동이전의 변진조를 통해서 알 수 있다.

A.D. 1세기경에 쓰시마에 문화가 전파된 것은 쓰시마의 고쇼지마(小姓島) 유적에서 출토된 토기와 지내식 토기 C가 서로 닮았다는 점에서 확인할 수 있다.

가야는 먼저 쓰시마에 제철기술과 철을 전수하였고, 이어서 북규슈 지방으로 전승되었을 것이다. 또한 야요이 시대의 미(米)와 청동기의 경우에도 같은 경로로 규슈 지역에 전파되었다고 생각한다. 나아가 해산물의 획득을 위해 거제도와 제주도 방면으로 활동무대를 넓혀 쓰시마, 규슈와 더불어 광역 해상문화권을 이루었을 것으로 보인다.

다음은 지석묘와 토기의 전파관계를 보기로 한다.

왜지의 거석문화 가운에 그 대표예가 될 수 있는 것은 지석묘인데 그 지석묘에 대한 연구는 야요이 문화의 원류를 규명하는 하나의 방법이 될 뿐만 아니라 왜지 지석묘의 개별적인 특징이 한국 남부지방의 지석묘와 상호 유사하므로 양국의 지석묘 비교연구는 한일교섭사 연구에 중요한 자료적 위치를 차지하고 있다. 지석묘에 대한 각종 보고서 및 연구논문의 종합적인 요지는 모두가 한결같이 왜지 지석묘는 한국 남부지방 지석묘의 일부 형식을 취해서 야요이 문화 형성기에 이루어진 신 묘제라는 것이다. 요컨대 왜지의 지석묘는 B.C. 4세기 말에 한국 남부지방에서 규슈 지방으로 처음 전파되었던 것이다.

한편 토기를 보아도 한국토기의 영향 아래에서 발전하고 있음을 알 수 있다. 이미 선사시대에 한국의 무문토기가 왜지의 야요이식 토기에 영향을 주었고 또한 김해식 토기도 왜지에 전수된 사실을 왜지의 토기사에서 엿볼 수 있다.

또한 북규슈의 정치세력은 야요이 후기 이래로 철기를 주로 변한＝

가야지역으로부터 수입하였다는 것을 『삼국지』 위지 한전의 기록에 의하여 알 수 있는데 이것 또한 철제농구와 무기의 대량생산을 가능하게 하여 그들의 정복국가 건설에 유리하였을 것이다.

야요이 시대 때 가야지방으로부터 북규슈 지방으로 농경문화를 소유한 이주민의 물결의 흐름이 계속되었다. 그들은 농업생산력의 발달에 의하여 축적된 부를 기반으로 선주민인 조몬 문화인들을 쉽게 정복, 지배할 수 있었다. 야요이 문화가 동부로 급속히 전파된 것은 그것을 증명하며 4세기경까지는 북규슈의 농경민족이 주축을 이룬 정치세력이 기나이 지방에 진출하여 그 지방의 군소 정치집단을 정복하고 야마토 지방에 왕국을 건설할 수 있었던 것이다.

가야의 문화가 이렇게 고대 왜지에 전수되었듯이 또한 원주민 왜인이나 가야계 이주민들도 기나이 지방을 출발하여 규슈 지방을 거쳐 가야지방이나 백제지역으로의 평화적인 왕래도 가능했을 것으로 본다. 가야가 왜지로 진출하는 데는 현해탄이 가로막혀 있었기 때문에 조선술의 발달과 항로의 개척이 필요하였다.

『삼국지』 위지 왜인전에 의하면 한국의 남해안에서 일본열도로 가는 길은 구야한국(狗邪韓國 : 김해)에서 쓰시마 → 이키 → 이토국을 경유하며, 이 길이 이주민들에 의해 가장 많이 이용되었다. 또 다른 항로로는 이즈모 항로를 들 수 있다. 가야 제국은 이러한 항로를 이용하여 북규슈나 이즈모 지방에 왕래하였을 것이며, 이러한 항해는 조선술이 발달해 있어야 가능했을 것이다. 즉 가야는 조선술이 발달해 있어서 왜지, 중국 및 낙랑, 대방 등지를 자유로이 왕래할 정도의 수준을 가진 해상국가였다.

3~5세기 왜의 성격을 살펴보면 일본고대사의 출발점이라고 볼 수 있는 야마타이국이 2세기 후반경에 출현하고 있다. 야마타이국은 왜지 최초의 정치적 통합체로서 나타나고 있으며 그 위치는 북규슈 지역임을 확인하였다.

또한 일본의 고대사를 구성하는 핵심적인 내용 중의 하나는『송서』,
『남제서』,『양서』의 421년에서 502년 사이에 나타나는 왜 오왕의 기사
이다. 당시의 왜 오왕의 활약상은 규슈 왕조가 그 주변의 소세력을 정
복, 병합하여 일본열도를 통합하려는 의도에서 나온 것이다. 이러한 규
슈 활동과 때를 같이하여 긴키 나라 지방에 자리잡은 천황가의 야마토
정부도 점차 그 주변일대를 병합하여 나아갔다. 마침내 6세기 초에는
이 2대 왕조가 충돌하는 사태가 빚어졌으며 이 때에 야마토 정권은 북
규슈를 정복하였다. 그 이전 시대에 있어서 한반도 및 중국과 통교하
던 왜의 실체는 규슈의 지쿠시를 중심으로 하면서 가야를 본국으로 여
기는 규슈의 왜왕조였다. 이러한 관점에서 일본 학자들이 당연하게 받
아들인 왜 오왕은 야마토계의 일본천황이라는 전제에 대하여 근본적
인 의문이 제기된다.

따라서 일본 고대국가의 성립은 규슈 왕조의 뒤를 이은 야마토 왕조
에서부터 시작된다. 결국 일본 고대 황국사관의 중심인 '임나일본부'도
이러한 맥락에서 그 실체를 찾아볼 수 있다.

임나일본부설을 주장하는 일인이 내세우는 중요한 논거는 먼저『일
본서기』진구 49년 기사조이다. 이 기사는 당시의 백제 사정을 잘 서술
하고 있다. 백제는 근초고, 근구수 부자와 같은 영주를 맞이하여 북으
로 고구려와 겨루며 대방 고지를 잠식하고 남으로 마한의 전역을 통합
하면서 신라와 친교관계를 맺고 있었다. 그러나 백제와 왜의 통교에
대한 기록은 전혀 찾아볼 수 없을 뿐만 아니라 사실상에 있어서도 있
을 수 없는 시기이다.

다음은 광개토왕비문의 신묘년 기사이다. 주지하는 바와 같이 신묘
년은 서기 391년이다. 이 구절은 상하 구절과 관련되는 것이고, 또 이
비문 전체와의 관련하에 해석되지 않으면 안 된다. 그러므로 이 비문
을 바르게 읽고 역사과학의 올바른 방법에 의하여 비문 전체를 본다
면, 그들이 주장하는 바와 같이 일본의 남조선경영설의 논거가 되지

못함을 알 수 있다.

'임나일본부'는 규슈의 왜가 본국인 가야 전 지역에 두었던 임시교역소로서 그 중심지는 함안이다. '임나일본부'가 설치되었다는 4~6세기까지는 가야 제국 자체로 보아도 발전기로서 정치적 신분제도가 확립되었고, 문화도 향상되는 시기였다. 또한 산업면에서도 농업의 생산력은 증대하고 인구가 증가하였으며 제철업은 초강의 단계인 대량생산이 가능하여 무기와 농기구가 발달하였고 군사제도도 확립되어 보·기병, 궁병, 가지극병 등의 제 부대를 편성, 유지할 수 있었다. 즉 가야는 신라, 백제와 연합작전을 펼 수 있을 정도의 국력을 지니고 있던 시기였으므로 야마토의 왜가 가야 제 지역에 '임나일본부'를 설치하였다는 것은 가야의 발전기라는 대세론에서 판단해 볼 때도 있을 수 없는 억설인 것이다.

'임나일본부'는 규슈의 왜가 본국인 가야지방 전역에서 수시로 행하였던 임시적 교역소로서 이 곳을 통하여 백제까지도 교역을 교환하였는데 『일본서기』가 이를 과장하여 임나일본부로 표현한 것이다. 이렇게 가야와 규슈의 왜 사이에 형성된 임시적 교역소가 게이타이(繼體)이전까지 계속되었는데, 게이타이기부터는 백제가 가야영토 침략의 야욕으로 야마토 정권과 결탁하여 백제의 선진문물을 제공할 것을 약속하는 대신 왜지를 통일한 야마토 정권으로 하여금 가야에 대한 연고권을 주장하게 하였다. 이렇듯 인위적으로 설정된 것이 '임나일본부'인 것이다.

한편 가야는 백제와의 국제교역 경쟁에서 패배한 후 배후세력으로서 왜국의 지원을 잃고 결국 이 지역으로 팽창해 오는 신라세력을 막지 못하고 멸망의 길을 걸어갔다. 524년경 금관가야가 먼저 신라에게 병합되고 이후 백제와 왜의 연합군이 관산성 전투에서 패배하면서 결국 대가야도 562년에 신라에 복속되었다. 가야 멸망의 요인은 본가야의 왜지 진출로 인한 국력의 분산과 문화면에서의 지속적인 발전과 축적의 부재로 가야 제국의 통합이 어려웠기 때문이다. 여기에 6세기 백제, 신라, 가야, 왜의 국제관계의 세력변동 속에서 끝내 지원세력을 잃고 멸망하고 말았다. 가야의 멸망은 대내외적 요인 이외에도 자연환경 변화의 요인을 들 수 있다. 1~3세기에 걸쳐 가야 제국 중 가장 번성하였던 금관가야는 천혜의 항구였던 고 김해만이 해수면이 낮아지고 매립이 진행됨으로써 항구로서의 기능을 상실하였다는 것은 이를 말해주고 있다.

참 고 문 헌

1. 사료

『三國史記』

『三國遺事』

『舊唐書』

『南齊書』

『翰苑』

『後漢書』

『日本書紀』

2. 연구논문 및 보고서

姜奉遠, 「伽耶諸國의 形成 및 疆域에 關한 硏究」, 경희대대학원 석사학위
　　　　논문, 1984.

金基雄, 「三國時代의 馬具小考」『白山學報』5, 1968.

金基雄, 「三國時代의 武器小考」『韓國學報』5, 1976.

金基雄, 『伽耶の古墳』, 東京 : 學生社, 1978.

金基雄, 「馬具」『日本文化의 源流로서의 比較韓國文化』, 東北亞細亞硏
　　　　究會, 1981.

金達壽, 『日本 속의 韓國文化』, 조선일보출판부, 1986.

金東鎬,「固城松川里솔섬石棺墓」東亞大博物館古蹟調査報告書 제13책, 1977.

金秉模,「韓國巨石文化源流에 關한 研究」『韓國考古學報』10·11, 1981.

金錫亨,『古代朝日關係史』, 東京:勁草書房, 1970.

金龍基,「金海農所里貝塚 發掘調査報告」, 부산대박물관, 1965.

金元龍,『新昌里甕棺墓』(서울대고고인류학총간 제1책), 1964.

金元龍,「三國時代 開始에 관한 一考察」『東亞文化』7집, 1967.

金元龍,『韓國考古學槪論』, 一志社, 1973.

金元龍,「楊平郡大心里遺蹟 發掘報告」『팔당소양댐수몰지구 유적발굴 종합조사보고』, 1974.

金元龍,「邪馬臺國小考」『學術院論文集』제14집, 1975.

金元龍,「金海府院洞期의 設定」『韓國考古學報』12, 1982.

金貞培,「韓國의 鐵器文化」『韓國史研究』16, 1977.

金貞培,「蘇塗의 政治史的 意味」『歷史學報』79, 1978.

金貞培,「三韓社會의 國의 解釋問題」『韓國史研究』26, 1979.

金廷鶴,「熊川貝塚研究」『亞細亞研究』5-4, 1967.

金廷鶴,「金海地方의 先史文化」『金海地區綜合學術調査報告書』, 1973.

金廷鶴,「金海禮安里古墳群 發掘調査報告」『韓國考古學報』2, 1977.

金廷鶴,『任那と日本』, 東京:小學館, 1977.

金廷鶴,「한국청동기문화의 편년」『한국고고학보』5, 1978.

金廷鶴,「古代의 韓日關係」『한국고대와 인접문화와의 관계』, 한국정신문화연구원, 1981.

金廷鶴,「古代國家의 發達(伽耶)」『韓國考古學報』12, 1982.

金廷鶴,「伽耶史의 研究」『史學研究』37호, 한국사학회, 1983.

文暻鉉,「伽耶史의 新考察」『大邱史學』제9집, 1975.

文暻鉉,「伽耶聯盟形成의 經濟的 考察」『大邱史學』제12·13집, 1977.

朴敬源,「慶尙南道史前遺蹟遺物地名表」『考古美術』9, 고고미술동인회, 1961.

朴敬源,「先史時代의 文化財」『慶尙南道誌』, 12, 15, 1978.

申敬澈,「釜山福泉洞古墳群遺蹟 第1次發掘調査概要と若干の私見」『古代文化』, 34-1, 1992.

申敬澈,「咸陽白川里古墳群發掘調査概要」『韓國考古學年譜』8, 1981.

申璟煥,「貝塚遺跡에서 發掘된 初期鐵器遺物에 對한 金屬學的 硏究」, 고대대학원 석사학위논문, 1983.

申瀅植,「新羅軍主考」『白山學報』19, 1975.

沈奉謹,「日本彌生文化形成科程硏究」『東亞論叢』 제16집, 1979.

沈奉謹,「韓日支石墓의 關係」『韓國考古學報』10・11, 1981.

沈奉謹,『金海府院洞遺蹟』, 동아대박물관, 1981.

沈奉謹,「金海池內洞甕棺墓」『韓國考古學報』12, 1982.

沈奉謹,『陜川三嘉古墳群』, 동아대박물관, 1982.

安春培,「伽耶地域 先史文化의 變遷」『韓國考古學報』12, 1982.

尹武炳,「金海出土의 異形銅劍・銅鉾」『柳洪烈博士 華甲記念論叢』, 1971.

尹錫曉,「伽耶의 政治, 社會變遷에 對하여」『慶熙史學』9・10합집, 경희대학교사학회, 1982.

尹錫曉,「伽耶의 文化硏究」『漢成大學校論文集』6집, 1982.

尹錫曉,「伽耶의 倭地進出에 對한 硏究」『白山學報』28호, 白山學會, 1984.

尹錫曉,「本伽耶의 史的硏究」『漢成大學校論文集』9집, 1985.

尹錫曉,「伽耶의 軍事制度에 對하여」『慶熙史學』14집, 경희대학교사학회, 1987.

尹錫曉,「伽耶諸國의 形成에 對한 考察」『漢成大學校論文集』 11집, 1987.

尹錫曉,「伽耶의 政治, 軍事制度와 文化樣相에 關한 考察」『伽倻文化』5호, 재단법인가야문화연구원, 1992.

尹錫曉,「阿羅伽耶에 關한 硏究」『伽倻文化』7호, 재단법인가야문화연구원, 1994.

尹世英,「古新羅, 伽耶古墳의 編年에 關하여」『白山學報』12, 1974.

尹世英, 「古新羅, 伽耶古墳의 編年에 關한 硏究」, 경희대교육대학원 석사
　　　학위논문, 1979.

尹龍鎭·金鍾徹, 『大伽耶古墳 發掘調査報告書』, 高靈郡, 1973.

李根雨, 「'任那日本府'說에 對한 批判的 硏究」, 한국정신문화연구원부설
　　　한국학대학원 석사학위논문, 1984.

李南珪, 「남한 초기철기문화의 일고찰」『考古學報』 12, 한국고고학회,
　　　1982.

李丙燾, 『韓國史』古代篇, 을유문화사, 1959.

李丙燾, 「首露王考」『歷史學報』제17·18합집(東濱金庠基敎授 華甲記念
　　　史學論叢), 1962.

李丙燾, 『國譯 三國史記』, 을유문화사, 1980.

李永植, 「伽耶諸國의 國家形成問題」, 고대대학원 석사학위논문, 1983.

李永植, 『加耶諸國と任那日本府』, 吉川弘文館, 1993.

李午熙, 「伽耶時代 鐵製馬冑에 對한 保存處理」『文化財』14호, 문화재관
　　　리국, 1981.

李殷昌, 「伽耶地域 土器의 硏究」『新羅伽耶文化』제2집, 영남대 신라가
　　　야연구소, 1970.

李殷昌, 「新羅馬刻土製品과 伽耶鎧馬武人像土器」『新羅伽耶文化』 11,
　　　1980.

李殷昌, 「伽耶古墳의 編年研究」『韓國考古學報』12, 1982.

李賢惠, 「三韓의 '國邑'과 그 成長에 對하여」『歷史學報』69, 1976.

李賢惠, 「三韓社會 形成過程의 硏究」, 이화여대대학원 박사학위논문,
　　　1983.

林炳泰·李熙德, 『韓國史大系』, 三珍社, 1973.

林孝澤, 「落東江下流 伽耶土壙墓의 硏究」『韓國考古學報』4, 1978.

全吉姬, 「伽耶墓祭의 硏究」『梨大史苑』3, 이화여대사학회, 1961.

丁仲煥, 『加耶史草』, 부산대 한일문화연구소, 1962.

丁仲煥, 「加耶史研究」『東亞論叢』4집, 동아대논문집, 1968.

丁仲煥, 「三國遺事와 日本書紀에 보이는 祓禊思想」『東國史學』15·16

　　　　　　합집, 1981.

車柱環,『新羅社會와 道家思想』(韓國哲學研究 上卷), 東明社, 1979.

千寬宇,「三韓의 國家形成」『韓國學報』下, 1976.

千寬宇,「復元加耶史」『文學과 知性』, 1977.

崔鍾圭,「中期古墳의 性格에 對한 若干의 考察」『釜大史學』7, 1983.

崔鍾圭・安在晧,「新村里墳墓群」『中島』Ⅳ, 국립박물관, 1983.

甲元眞之,「朝鮮半島の有莖式磨製石劍」『古代文化』24 - 7, 1972.

甲元眞之,「西北歐洲地方の支石墓一考察」『熊本法文論集』41, 1978.

甲元眞之,「朝鮮支石墓の再檢討」『古文化論考』10輯, 1980.

廣江耕史,『出雲の土馬』16, 國學資料院, 1981.

今西龍,「咸安第3・4號墳調査記」『1917年度古墳調査報告』, 1920.

今西龍,「伽耶疆域考」『朝鮮古史の研究』, 東京：國書刊行會, 1937.

大矣田章,「キリシアの軍士組織」『古代史講座』5, 東京：學生社, 1962.

末松保和,『任那興亡史』, 吉川弘文館, 1949.

末永雅雄,『日本上代の武器』, 東京：弘文堂書房, 1943.

末永雅雄,「日本の武器」『末永雅雄著作集4』, 雄山閣, 1991.

末永雅雄,「歷史時代遺跡と土器」『末永雅雄著作集5』, 雄山閣, 1991.

梅原末治,『朝鮮古代の墓制』, 座石寶刊行會, 1947.

森本六爾,「彌生式土器聚成圖錄」第1輯, 1933.

森貞次郎,「日本における初期支石墓」『金載元博士回甲記念論集』, 1969.

森貞次郎・岡崎敬,「福岡縣板付遺蹟」『日本農耕文化の生成』, 東京堂,
　　　　　　1961.

三品彰英,「古代祭政と穀靈信仰」『三品彰英論文集』제5권, 1973.

森浩一,「古墳出土の鐵鋌について」『古代研究』21・22, 保育社.

緒方勉,『彌生式土器集錄』, 日本考古學會, 1963.

小林幸雄,「彌生式土器集成」, 日本 東京堂刊, 1964.

小林幸雄 編,『世界考古學大系』3 日本(Ⅲ), 平凡社, 1969.

松尾禎作,「北九州支石墓の研究」『松尾禎作先生還曆記念論集』, 佐賀縣,

1957.

奧野正男,「韓鍛, 卓素·の系譜」『日本文化と朝鮮』3, 1978.

日本考古學會 編,『日本考古學辭典』, 1978.

長崎縣敎育委員會,「對馬」, 長崎縣文化財調査報告書　第17集,　長崎縣,
　　　　1975.

齋藤忠,「容器の發達」『日本考古學圖鑑』, 1965.

井上光貞,『日本國家の起源』, 岩波新書, 1960.

井上秀雄,『任那日本府と倭』, 東京：寧樂社, 1978.

佐伯有淸,『日本古代の傳承と東アシア』, 吉川弘文館, 1996.

中山平次郎,「大甕を發見せる古代遺蹟」『考古學雜誌』11 - 2, 1920.

坪井淸足,「熊本縣下益城郡隈庄町祇園地」『彌生式土器取生圖解說』, 熊
　　　　本縣學會, 1953.

穴澤味光·馬目順一,「昌寧校洞古墳群 - '梅原考古資料'を中心とした谷
　　　　井濟一氏發掘資料の硏究」『考古學雜誌』60 - 4, 日本考古學會,
　　　　1975.

【ㅅ】

윤석효(尹錫曉)

1944년 충남 당진 출생
연세대학교 문과대학 사학과 졸업
경희대학교에서 문학박사 학위취득
현재, 한성대학교 사학과 교수
저서 및 논문 : 『伽耶國と倭地』, 「伽耶의 文化研究」,
　　　　　　　 「本伽耶의 史的研究」, 「伽耶의 政治社會變遷에 대하여」,
　　　　　　　 「阿羅伽耶에 關한 研究」 등

신편 가야사

—

윤석효 지음

초판 1쇄 발행 · 1997년 5월 6일
초판 2쇄 발행 · 1997년 10월 27일

발행처 · 도서출판 혜안
발행인 · 오일주
등록번호 · 제22 - 471호
등록일자 · 1993년 7월 30일
121 - 210 서울 마포구 서교동 326 - 26
전화 · 3141 - 3711, 3712
팩시밀리 · 3141 - 3710

값 10,000원
ISBN 89 - 85905 - 39 - 2 03910